本书是科技部国家重点研发计划资助项目

"公元前 1500 年至公元前 1000 年中华文明早期发展关键阶段

核心聚落综合研究·长江流域商代都邑综合研究"

（项目编号 2022YFF0903603）的阶段性成果

国家社科基金重大项目

"湖北黄陂盘龙城遗址考古发现与综合研究"（项目编号 16ZDA146）成果

本书出版得到

国家文物保护资金补助项目经费支持

三

玉石器研究

苏　昕　荆志淳／主编

盘龙城

（1995～2019）

武汉大学历史学院
湖北省文物考古研究院　　／编著
武汉市文物考古研究所
盘龙城遗址博物院

科学出版社

北　京

内 容 简 介

　　本书梳理了盘龙城遗址出土的玉器、绿松石器以及石器材料。通过对以往出版以及未披露的资料进行整合，对盘龙城遗址过往所发现的三类器物进行报道。此外，本书还对以往存在问题的资料进行了补正，主要包括玉器以及石器的材质方面。最后，运用光谱、元素、矿相等多种分析方式，在物料的产源方面进行探索，进而阐释盘龙城先民在矿物资源利用中的策略。

　　本书可供考古学、文物学、历史学、地质学等相关学者，以及院校师生阅读和参考。

审图号：鄂S（2024）021号

图书在版编目（CIP）数据

盘龙城：1995～2019. 三，玉石器研究 / 武汉大学历史学院等编著; 苏昕，荆志淳主编. -- 北京：科学出版社，2024. 10. -- ISBN 978-7-03-079551-9

Ⅰ. K878.34；K876.84

中国国家版本馆CIP数据核字第2024HN7834号

责任编辑：雷　英　董　苗／责任校对：邹慧卿
责任印制：肖　兴／书籍设计：北京美光设计制版有限公司

科　学　出　版　社 出版
北京东黄城根北街16号
邮政编码：100717
http://www.sciencep.com

北京中科印刷有限公司印刷
科学出版社发行　各地新华书店经销
＊
2024年10月第　一　版　　开本：889×1194　1/16
2024年10月第一次印刷　　印张：14 1/2
字数：418 000
定价：280.00元
（如有印装质量问题，我社负责调换）

总 序

　　《盘龙城（1995～2019）》是《盘龙城——1963～1994年考古发掘报告》（湖北省文物考古研究所编著）的续编。全书共分五卷，分别为《田野考古工作报告》《景观与环境》《玉石器研究》《陶器研究》《青铜器研究》。第一卷《盘龙城（1995～2019）（一）：田野考古工作报告》为报告卷，分为上下两册，公布1995～2019年盘龙城遗址考古调查、勘探、发掘收获及相关田野考古所获遗存检测数据等，由武汉大学历史学院、湖北省文物考古研究院、武汉市文物考古研究所、盘龙城遗址博物院编著。第二至五卷为研究卷，主要围绕1954～2019年考古工作收获，分别对景观与环境、玉石器、陶器、青铜器开展专题研究。其中《景观与环境》卷主编为邹秋实、张海，《玉石器研究》卷主编为苏昕、荆志淳，《陶器研究》卷主编为孙卓、荆志淳、陈晖，《青铜器研究》卷主编为张昌平、苏荣誉、刘思然。全书由张昌平总主编。

　　盘龙城遗址考古工作在不同阶段的项目负责单位和项目性质有所不同。1995～1998年，考古项目由湖北省文物考古研究所负责；1998～2012年，考古项目由武汉市文物考古研究所负责；2013～2019年，考古项目由武汉大学历史学院负责。

　　盘龙城考古一直是有多家考古机构合作工作，2013年后，以上单位以及盘龙城遗址博物院一直作为合作单位参与考古工作。盘龙城考古作为国家重点大遗址保护项目正式启动，工作得到国家文物局大遗址考古项目的多年连续支持。2017年，盘龙城被纳入"考古中国·长江中游地区文明进程研究"重点项目。十多年来，盘龙城考古一直围绕以上项目，既为大遗址保护、遗址公园建设与展示等社会性工作方面提供支撑，也在中华文明进程研究等学术性方面取得进展。

　　《盘龙城（1995～2019）》在编撰中力求保持五卷主要内容在体例上的一致，但各卷具体表述方式由分卷主编自行拟定。以下对一致性体例作概括说明。

　　（1）各卷均采用2014年由武汉大学历史学院在盘龙城遗址布设的三维测绘坐标系统，高程系统采用1985国家高程基准。

　　（2）各卷涉及的发掘区、探方以及遗迹等编号，均按目前学界一般惯例方式。其中发掘区和探方等编号，Q代表发掘区、T代表探方、TG代表探沟、JPG代表单个遗迹中所设的解剖沟。遗迹的编号中，H代表灰坑、G代表灰沟、F代表房址、Y代表窑、J代表井、M代表墓葬、D代表柱洞。此外，遗迹的序号仍然按地点分别从1995年之前的遗迹编号顺编。

（3）为明确和简化表述，遗迹编号的构成采用"地点名+遗迹序号"的方式，如2016年发掘的小嘴Q1610T1714的H73，编号为小嘴H73；地层单位编号的构成采用"区号+探方号+地层序号"的方式，如2016年小嘴Q1710T0116第5层，编号为Q1710T0116⑤。编号不再沿用1994年之前用汉语拼音首字母表示地点的方式，如PYW表示盘龙城杨家湾遗址，也不再保留此前发掘简报中带有发掘年份的方式。

（4）器物标本用罗马数字编号。除常规序号之外，对墓葬中的采集品独立编号，并在数字前另加零，如杨家湾M13：01。对墓葬中同一件器物碎片散落在不同地点，在器物编号后加小号，如杨家湾M17：14-1。

（5）遗迹等区域范围的比例尺及描述尺寸，以米为计量单位；遗物图形的比例尺及描述尺寸，以厘米为计量单位。遗物容积按毫升计算，重量按克计算。

（6）学界对于一些考古学文化的写法、称谓和内涵存有差异，本书采用"二里冈文化"的写法。对二里冈文化的不同阶段，一般称"二里冈文化早期""二里冈文化晚期"，同时根据情况保留"二里冈上层第一期""二里冈上层第二期"等称谓。对中商文化的不同阶段，一般称"中商文化白家庄期""中商文化洹北期"。

目 录

第五章
石质资源的开发与利用

第六章
结语

第一章

绪 论

作为一类重要的资源类型，石质资源所涵盖的类别十分丰富，其中既包括反映社会上层的珍贵石材，如玉、绿松石等，也有体现日常生活与生产的一般石器。因此，对石质资源的分析与探讨将为我们从多个维度解读古代社会提供一条重要的途径。通过对于石质遗存的探讨，我们将有机会了解更多有关人类行为以及社会组织方面的内容，如物料的选择与来源、产品的生产模式、社会组织、聚落变迁。通过以上几个方面的分析，我们可以看到石质资源的背后隐含了丰富而复杂的人类行为与选择以及社会生产方面的信息，值得深入探讨。

尤其是物料方面，在反映资源利用情况中有着重要的指示作用。通过对器物材质或物料的分析，我们首先可以看到古人对于"料"的选择与考量，了解"物"与"料"之间的联系。此外，材料本身可能来自于某些特定的区域，如陶器的制作需要特定的黏土和羼料、青铜器的生产则需要特定区域的矿石，而石质资源也同样如此，尤其是一些珍贵的石材，可能往往来自于某些特定的地区。而通过对于相关物料的追踪，我们将了解这些材料是否存在远距离的获取与运输，从而为我们了解古代社会的资源利用和获取能力以及相应的社会组织运转机制提供线索和帮助。

二里冈文化是一支辐射范围广、扩张力强的青铜时代早期的考古学文化，它代表着早期青铜文明逐渐走向顶峰的阶段。在众多二里冈文化扩张的区域之中，南方是其着重发展的区域之一。而在整个南方地区，盘龙城遗址所体现出的物质文化，是同时期其他南方遗址所无法企及的，由此可见盘龙城遗址对于整个二里冈文化的重要性，尤其是在南方的重要性。因此，我们有必要对于这样一处二里冈文化的南方重镇进行详尽的研究。目前，我们对盘龙城遗址的陶、铜等资源类型已有了较为充分的认识和研究成果，但是对于石质资源的分析，我们却不甚了解。因此在本书中，我们将着眼于盘龙城遗址中的石质资源，其中包括玉器、绿松石器、一般石器，基于对器物物料的分析，试图揭示石质资源背后所反映的社会场景，以帮助我们进一步了解商代南土社会。

自20世纪50年代发现以来，盘龙城遗址经历了半个多世纪的考古工作。整个考古工作也大致可以划分为四个阶段：对遗址的发现与试掘（1954～1973）、对遗址核心城址的发掘（1973～1976）、对城址外围地点配合农田基本建设的发掘（1976～1997），以及21世纪以来对盘龙城整个城市聚落的考古勘探与发掘（2001年至今）[①]。经过这几十年不断的考古工作，大量的古代遗存被揭露出来，同时学界对于盘龙城遗址本身内涵的认识也在不断丰富。所以，如果我们从认识的层面来看盘龙城遗址的话，可总体划分为两大阶段。第一阶段对应前三个考古工作阶段，即21世纪前的考古工作，这一时期的考古工作主要在于对盘龙城遗址基本年代框架的建设；第二阶段对应第四个考古工作阶段，即21世纪以来的考古工作，这一时期的考古工作主要从整个城市的角度来探求盘龙城遗址在空间上的变化，如遗址地理景观的改变、城市布局的变迁等[②]。因此，现阶段对于盘龙城遗址的空间与时间两个维度的认识大致已有了一个清晰的轮廓。同时在进行考古遗存具体分析的时候，需要将其放入所对应的

① 万琳：《盘龙城遗址考古研究与文物保护综述》，《南土遗珍——商代盘龙城文物集萃》，第6～11页，湖北教育出版社，2016年。

② 武汉大学历史学院、湖北省文物考古研究所、武汉市文物考古研究所等：《近年来盘龙城遗址考古工作的主要收获》，《盘龙城与长江文明国际学术研讨会论文集》，第33～42页，科学出版社，2016年。

环境之中去考量，而不仅仅是就遗存本身而研究遗存，因此我们需要在一定的空间与时间内考虑相关遗存的情况。对于本书而言，为了更好地了解盘龙城遗址所出石制品的状况，我们首先应当了解其所处的空间与时间信息，因此本章将主要对盘龙城遗址的地理环境与年代框架进行简要的介绍，为之后的分析工作提供基础。

第一节 地理空间与遗存分布

一、地理、地质条件概况

盘龙城遗址位于湖北省武汉市黄陂区境内。这一部分我们将从宏观到微观介绍其所处的地理环境。

湖北地处长江中游地区，处于我国第二阶梯向第三阶梯的过渡地带，地貌以山地丘陵为主。湖北整体处于北、东、西三面的群山环绕之中，如武陵山、巫山、大巴山、桐柏山、大别山、大洪山等，同时在山前地带有广大的丘陵区分布。中南部为江汉平原，与湖南的洞庭湖平原连成一体。整体上可归纳为三面高出、中南低平，大致为西北高、东南低的不完整盆地形态。

武汉位于湖北中部，主体位于江汉平原东部。从地质构造方面，武汉地区属于扬子淮台地的一部分，同时又属于新华夏第二沉降带的偏东一侧。在地貌方面则处于鄂东山地与江汉平原的接触过渡地带，前者属于燕山褶皱山地，后者为中生代以后的沉积平原[1]。整个武汉自北向南可大致划分为三个区域，分别为剥蚀丘陵区、剥蚀堆积垅岗区和堆积平原区[2]，同时由于长江、汉江等地上河流、亚热带区的丰沛降水，以及地下水三方面的作用，使得武汉形成了河湖密布的水文景观。

盘龙城遗址所在武汉市黄陂区地处武汉的偏北区域，其北面有大别山脉环绕，西面则为随枣走廊，南面则与汉口接壤，整个遗址的海拔在20～40米，且自北向南逐渐降低。遗址所在区域内河湖较多，府河从遗址南侧自西向东穿过，同时遗址东侧紧邻盘龙湖，由于河湖的水力作用，遗址呈现出低丘与河湖相间的地貌状态（图1.1）。

关于地质条件，盘龙城所处的江汉地区位于秦岭造山带与扬子台地交会的过渡地带。桐柏山、大洪山和大别山是整个区域北部和东部的基本地质特征。大巴山和武陵山则是西部地区的主要地质单元。幕阜山延伸至整个江汉地区的南半部，特别是长江南岸。从地质角度看，江汉地区大致可分为三个板块：东北板块、西部板块和南部板块。

具体而言，盘龙城属于江汉地区的东北板块，该区域以桐柏山－大别山形成的地质基础

---

① 丁宝田：《武汉地区环境地貌》，《武测科技》1988年第3期。
② 杨育文、敖晨霞、熊增强：《武汉地质条件与城市地质问题概述》，《城市勘测》2015年第6期。

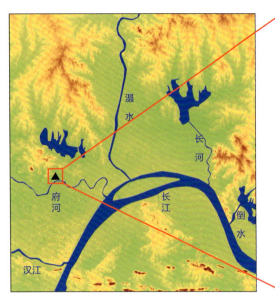

图 1.1　盘龙城遗址位置示意图

为特征。从地貌上看，该地区可分为两个截然不同的部分：北部山区和南部丘陵与平原交错区。在北部山区，河谷受到较大程度的侵蚀，导致坡度较陡。这些地区的主要岩石类型是高度变质的火山岩和片麻岩，偶尔会出现超基性岩和小部分酸性岩。主要岩层为花岗岩。南部地区的地形以平坦的平原和低山丘陵为主。主要地质特征为变质岩，包括板岩、片岩、闪长岩、花岗岩和辉长岩等中性和碱性变质岩。

二、相关遗存概述

盘龙城遗址于1954年发现，1963年开始进行第一次考古发掘，至今60余年的时间里，考古工作从未停止，因此大量与石质材料有关的遗存被发现，其中包括房屋、铺石，以及在地层、灰坑和墓葬等单位中出土的玉、绿松石、石等各类质地的遗物。根据现有的考古工作材料报道，我们可简要介绍目前已进行过的考古工作，并在此基础之上对遗址内遗存的分布状况进行梳理。

1963年，由湖北省博物馆指导，开始对盘龙城遗址进行了第一次的考古发掘。此次考古发掘位于盘龙城遗址楼子湾地点，发现并发掘了5座商代墓葬和2座坑形遗迹，同时这次发现也是首次发现二里冈文化时期成排分布的墓葬[1]。虽然在简讯中提及有玉器发现于墓葬之中，但并未详细提及型制等信息以及图片和线图。这也是首次提及盘龙城遗址所发现的石质遗存，而在此后的很长一段时间里，则并没有相关信息的报道。

时间至1974年，由俞伟超先生主持，北京大学历史系考古专业与湖北省博物馆联合对盘龙城遗址进行发掘。此次发掘解剖了城址北城墙，同时在城内发现了三座大型宫殿建筑基址，

---

[1]　郭德维、陈贤一：《湖北黄陂县盘龙城商代遗址和墓葬》，《考古》1964年第8期；湖北省博物馆：《一九六三年湖北黄陂盘龙城商代遗址的发掘》，《文物》1976年第1期。

编号为F1～F3，并全面揭露了其中的F1，发现了规律整齐的石柱础结构，并对其空间结构、营建方式等进行了一定的推测。这也是首次在盘龙城遗址发现与建筑相关的石质遗存。同年，还在李家嘴清理了M1、M2和M3三座高等级贵族墓葬，并发现大量精美的玉器、绿松石器和石器[①]。1976年，由李伯谦先生再次率北京大学与湖北省博物馆联合发掘遗址，并对1974年发现的F2宫殿基址进行了全面的揭露，对部分柱础进行了解剖并发现了较多的柱础石[②]。

1975年，湖北省博物馆在盘龙城遗址设立专门的盘龙城考古工作站，专门负责有关盘龙城遗址的各项考古工作，陈贤一先生担任站长，此后至1994年，工作站对遗址城垣及其周边的王家嘴、杨家嘴、杨家湾等遗址点开展了一系列的考古工作，累计发掘面积近7000平方米[③]。在这期间，有关石质遗存的发现数量最多，其中既包括位于王家嘴和杨家湾等地的各类房屋遗迹中所发现的柱础石，也包括墓葬中大量出土的玉器、绿松石器、石器，以及在灰坑、地层中零星发现的各类小件石质文物。

2001年，通过对艾家嘴、杨家湾等地点的考古调查与勘探工作，发现了疑似外城垣的夯土结构以及石块和小件石器[④]。2006年，开始对遗址内的自然村落进行拆迁，同时考古人员对拆迁区进行了发掘，并在杨家湾南坡发现了带有大型石柱础的建筑遗存，同时在杨家嘴东侧发现并发掘了15座商代墓葬，并在这些墓葬中出土了数十件玉、绿松石、石等材质的遗物[⑤]。2007～2008年，针对杨家湾南坡所发现的大型石柱础建筑遗存进行了发掘工作，同时将该处建筑遗存编号为F4，并基本揭露了该建筑基址的面貌，其柱础石体量、数量、分布也与70年代所揭露的宫城区F1和F2十分接近[⑥]。

2012年起，考古工作开始由多家机构承担，湖北省文物考古研究所、武汉市文物考古研究所、盘龙城遗址博物馆、武汉大学历史学院开始联合对遗址外围区域进行勘探，并在大邓湾、小王家嘴等遗址核心区的外围地区发现大量商代遗存，其中大量石质遗存被发现[⑦]。而在2013年，武汉大学历史学院在对杨家湾F4及周边地区进行发掘的过程中，发现在其西侧有7座排列整齐的同时期墓葬，并发现有绿松石器、玉戈、玉钺等高等级的石质遗物[⑧]。2014年，武汉大学历史学院在杨家湾以及杨家嘴等多处地点进行了考古发掘，其中在杨家湾F4南侧的商代地层中发现绿松石和玉饰品各一；在对杨家湾顶部的发掘中，发现了一系列的生活垃圾堆积区域，并在其中发现有完整及残破的石斧、石刀等遗物；在对杨家湾北侧的发掘中，不仅

---

① 湖北省博物馆、北京大学考古专业盘龙城发掘队：《盘龙城一九七四年度田野考古纪要》，《文物》1976年第2期。
② 湖北省文物考古研究所：《盘龙城——1963～1994年考古发掘报告》，第4页，文物出版社，2001年［以下简称《盘龙城（1963～1994）》］。
③ 《盘龙城（1963～1994）》，第9、10页。
④ 刘森森：《盘龙城外缘带状夯土遗迹的初步认识》，《商代盘龙城与武汉城市发展研讨会论文集》，第190～198页，武汉出版社，2002年。
⑤ 孙卓、陈晖：《盘龙城杨家湾遗址2006～2013年度考古发掘收获》，《盘龙城与长江文明国际学术研讨会论文集》，第43～45页，科学出版社，2016年。
⑥ 邹秋实：《盘龙城遗址地理环境变迁初探》，武汉大学硕士论文，2016年。
⑦ 资料来源于盘龙城遗址博物院内部勘探记录。
⑧ 武汉大学历史学院、盘龙城遗址博物馆、武汉市文物考古研究所：《武汉市盘龙城遗址杨家湾商代建筑基址发掘简报》，《考古》2017年第3期；武汉大学历史学院、盘龙城遗址博物院：《武汉市盘龙城遗址杨家湾商代墓葬发掘简报》，《考古》2017年第3期。

对2001年所发现的疑似外城垣结构进行了解剖并了解了其基本结构，其中值得注意的是在解剖过程中发现呈条带状分布的石头带[①]，而在杨家嘴坡顶则发现一处房屋基址，并有成条分布的石头作为基础的一部分；在杨家嘴东南侧还发现一座商代墓葬，并发现1件玉柄形器[②]。同年，由武汉市文物考古研究所主持，对盘龙城遗址宫城区进行了勘探，不仅确定了城垣的内外边界、各城门的位置，还发现了由石板构成的排水管等结构[③]。2015年，由于在小嘴的勘探中发现有较厚的文化层堆积，武汉大学历史学院对该处遗存进行了发掘工作，发现该处有大量的灰烬堆积以及砺石、磨石等可能与冶金有关的遗存，同时还发现成排有规律的石头码放的条带状遗迹，该地点被初步判定为一处与铸造有关的功能区[④]；此外，在对杨家湾西侧的发掘中发现了水井、灰坑等与生活有关的遗迹现象，并发现少量的石器；同时，根据2012年的勘探结果，对盘龙城遗址核心区外围的小王家嘴进行了发掘，揭示出一片保存较好的盘龙城晚期墓地，并在随葬品中发现较多的玉器和石器，以及少量的绿松石片[⑤]。2016年，为进一步认知小嘴的遗存状况与布局，武汉大学历史学院继续在该点进行发掘工作，同时对小嘴东侧干涸的破口湖底进行发掘，发现在湖底淤泥之下依旧存在有商代文化层，并有少量石器发现[⑥]；在杨家湾北坡，基于2014年的发掘工作情况，又对杨家湾疑似外城垣处进行了多道解剖，并发现了延续的呈条带状分布的石头带，发掘工作的结果对外城垣是否存在，以及杨家湾北坡的布局结构有了新的认知。2017年，武汉大学历史学院对小嘴再次进行发掘，并在原发掘区西侧发现房屋、灰坑等遗迹现象，以及砺石、磨石等遗物；在宫城南侧的王家嘴，发现一座商代墓葬，除铜器外，还随葬有少许玉器和绿松石器；此外，为进一步了解杨家湾北坡结构，在杨家湾北坡东侧对多处陡坎进行了解剖，发现了与之前相类似的规律的石头带分布在陡坎的边缘，同时发掘出土的遗物也证实了该石头带属于商代[⑦]。

可以看到，盘龙城遗址的各处基本都有石质遗存的发现。在小件遗物之中，玉器和绿松石器通常见于墓葬之中，但在地层以及灰坑中也有零星发现，而石器的情况则相反。大型的石构也可主要分为两类，一类为柱础石以及与房屋基础有关的石构遗存，这类遗存在宫城区、王家嘴、小嘴、杨家湾等地均有分布；另一类为石头带遗存，主要分布于杨家湾北坡的陡坎处，其功能则有待进一步探索。

---

① 武汉大学历史学院、湖北省文物考古研究所、盘龙城遗址博物院：《武汉市盘龙城遗址杨家湾2014年发掘简报》，《考古》2018年第11期。

② 武汉大学历史学院、湖北省文物考古研究所、盘龙城遗址博物馆筹建处：《2014年盘龙城杨家嘴遗址M26、H14发掘简报》，《江汉考古》2016年第2期。

③ 武汉市文物考古研究所、盘龙城遗址博物院：《2014年盘龙城遗址部分考古工作主要收获》，《盘龙城与长江文明国际学术研讨会论文集》，第46～57页，科学出版社，2016年；武汉市文物考古研究所、盘龙城遗址博物院：《盘龙城遗址宫城区2014至2016年考古勘探简报》，《江汉考古》2017年第3期。

④ 武汉大学历史学院、湖北省文物考古研究所、武汉市文物考古研究所等：《近年来盘龙城遗址考古工作的主要收获》，《盘龙城与长江文明国际学术研讨会论文集》，第40页，科学出版社，2016年。

⑤ 武汉大学历史学院、湖北省文物考古研究所、武汉市文物考古研究所等：《近年来盘龙城遗址考古工作的主要收获》，《盘龙城与长江文明国际学术研讨会论文集》，第40页，科学出版社，2016年。

⑥ 武汉大学历史学院、湖北省文物考古研究所、盘龙城遗址博物院：《武汉市盘龙城遗址小嘴2015～2017年发掘简报》，《考古》2019年第6期。

⑦ 武汉大学历史学院、湖北省文物考古研究所、武汉市文物考古研究所等：《近年来盘龙城遗址考古工作的主要收获》，《盘龙城与长江文明国际学术研讨会论文集》，第40页，科学出版社，2016年。

第二节　分期与年代

　　年代问题是考古学研究的基本关注点，也是考古学研究的基础，只有在准确的时间框架下，我们才能对遗存进行进一步的研究与阐释。通常年代框架的建立是通过对地层叠压关系的梳理以及对遗物形态演变的观察之后做出的综合考量，其所反映的是遗存的相对年代，即一类遗存较之一类遗存更早或更晚。随着科技手段的发展，目前有不少研究者通过碳–14测年的手段对年代进行着更精确的测算，而这一年代则称之为绝对年代，即具体的时间年代。

　　分期通常是指对文化发展阶段的划分，其目的在于揭示人类文化的发展阶段，同时归纳各个发展阶段的特征。当研究对象不同时或研究目的不同时，分期的方案也相应地会发生改变。如对于夏商时期而言，陶器的分期与青铜器的分期便不尽相同。

　　对于本书所要研究的主体对象玉器、绿松石器、石器而言，很多器物类型自新石器时代开始，其加工方式成为了定式，同时在形态方面也基本趋于稳定，不仅各地区之间的不同类别器物的形态十分接近，在不同时代，如新石器时代、夏商时期等，一些器物的形制也没有发生太大改变。如石器的形态，自磨制技术出现以来，基本未出现太大的改变。这使得研究者很难通过对磨制石器的形态研究构建出一套以石器为观察点的年代框架体系。而对于玉器而言，其本身虽然具有一定的年代特征但也并非十分明确和强烈，就单件器物而言，有时也难以判断具体的年代。同时，玉器可能还存在传世的情况，这给年代判断造成了更大的困扰。绿松石器的情况也大体如此，而且由于绿松石器多为其他器物的附属品或装饰品，往往没有固定的形态，而是依据所依附的器物进行调整，所以绿松石器的年代更加难以确定。综上所述，对于本书而言，很难基于盘龙城遗址所出土各类石质物品建立完善的年代框架体系，故而需要采用目前学术界已有的分期与年代方案，在已有的框架下观察他们各自的发展规律。

　　关于盘龙城遗址的年代问题，虽然有一定的争议，如在开始与结束的时间上以及各个期别所对应的中原文化的具体年代上各家说法有一定的出入，但是大致的年代范围则没有太大的争议。由于盘龙城遗址的文化面貌与中原文化[①]基本一致，因此盘龙城遗址的年代基本是以中原文化的年代划分为主要参考。所以，盘龙城遗址所处年代大致在二里头文化晚期到二里冈文化晚期或中商时期之间。根据碳–14的测年结果显示，遗址所处的绝对年代大致在公元前16到前13世纪[②]。

[①]　本书所说中原文化主要为处于中国中原地区的考古学文化体，即二里头文化、二里冈文化等，由于这些考古学文化均对盘龙城的形成与发展产生过重要影响，或者说盘龙城的主要来源和主体文化内涵均来自于这些考古学文化，虽然它们之间存在着差异性，但同时这些考古学文化又在中原地区连续地传承，在某种程度上可视为连续发展的状态，故而在本书中将其统一称为中原文化。

[②]　该数据来源于武汉大学历史学院2014～2017年盘龙城遗址发掘内部所测碳–14数据，以及《盘龙城（1963～1994）》附录六。

关于分期，目前已有的分期框架体系主要为依据盘龙城遗址所出土的陶器和铜器的发展规律对遗址本身所作出的分期。2001年所出版的《盘龙城——1963～1994年考古发掘报告》［以下简称《盘龙城（1963～1994）》］首次对盘龙城遗址的分期作出了划分，将遗址的时间发展阶段划分为七期。其中第一期大致相当于二里头文化二期或三期偏早阶段；第二期相当于二里头文化三期；第三期相当于二里头文化四期偏晚阶段或二里冈下层时期；第四期和第五期相当于二里冈上层一期偏晚阶段；第六期相当于二里冈上层偏早阶段；第七期相当于二里冈上层偏晚阶段[①]。

除《盘龙城（1963～1994）》之外，不少学者对盘龙城遗址的分期方案及年代问题提出过自己的看法与意见，其中主要以《中国考古学·夏商卷》（以下简称为《夏商卷》）[②]、王立新[③]、蒋刚[④]、豆海峰[⑤]、李丽娜[⑥]、张昌平和孙卓[⑦]等的意见最具有代表性。

对于本书而言，就像我们在前文中所说的那样，由于各类石质物品本身的发展速率十分缓慢，有些器物自新石器时代以来样式基本定型，因此难以像陶器那般较为及时地反映时间的变化，甚至不如青铜器反映时间的能力强，也就很难基于它们建立时间框架。所以必须采用已有的分期体系作为我们观察石质物品的时间标尺。

首先，在盘龙城遗址的发掘报告中，所有的石制品都被划分进了《盘龙城（1963～1994）》中所使用的七期体系，此后的有关盘龙城遗址的发掘简报等均沿用了这一分期方案，所以目前已刊布的石制品，以及近年发掘出土的石制品，对于它们的年代问题，均是基于《盘龙城（1963～1994）》中七期的方案所作出的判断。因此，对于过往已刊布的材料以及近年发掘出土的材料，我们将直接采用七期的方案，对其进行年代的判断。

其次，由于本书所观察的石质材料是一项与城市生活息息相关的人类行为，因此对于它们的历时性考察也应当置于整个城市的发展之中。而纵观目前已有的各家分期方案，仅有张昌平、孙卓的"三阶段"说从城市聚落发展的角度来审视盘龙城遗址，这为我们从城市生产与生活的角度下观察盘龙城石制品提供了时间上的标尺。此外，"三阶段"说在提供时间标尺的基础上也为我们展现了各个阶段不同的聚落分布形态。对于不同阶段而言，聚落的分布状况是不尽相同的，因此对于一些采集的器物或没有明确出土单位的器物，当我们知道它们的采集地点，也大致可以判断出其所处的时间范围。通过空间分布看时间早晚，"三阶段"说通过另一种途径帮助我们大致判断它们所属的年代。

---

① 《盘龙城（1963～1994）》，第441～446页。本书中所用的关于商文化的分期，尤其是关于早商文化的分期，采用由安金槐先生根据二里冈遗址所提出的二期四段的分法，即二里冈下层一期、二期和二里冈上层一期、二期。这一分期方案受到了学界的广泛认可，不仅在盘龙城发掘报告中采用这一方案，不少学者的分期方案也都以此为标尺。

② 中国社会科学院考古研究所：《中国考古学·夏商卷》，第198～200、266～269页，中国社会科学出版社，2003年。

③ 王立新：《早商文化研究》，第66、67、114、115页，高等教育出版社，1998年。

④ 蒋刚：《湖北盘龙城遗址群商代墓葬再探讨》，《四川文物》2005年第3期；蒋刚：《盘龙城遗址群出土商代遗存的几个问题》，《考古与文物》2008年第1期。

⑤ 豆海峰：《长江中游地区商代文化研究》，第51～69页，吉林大学博士学位论文，2011年。

⑥ 李丽娜：《试析湖北盘龙城遗址第一至三期文化遗存的年代和性质》，《江汉考古》2008年第1期。

⑦ 张昌平、孙卓：《盘龙城聚落布局研究》，《考古学报》2017年第4期；孙卓：《盘龙城遗址出土陶器演变初探》，《江汉考古》2017年第3期。

表1.1 "三阶段"与"七期"对应表

张昌平、孙卓	《盘龙城（1963～1994）》
第一阶段	第一至第二期
第二阶段	第三至第五期
第三阶段	第六至第七期

最后，由于"三阶段"说脱胎于"七期"说（表1.1），因此我们可以很容易地将已在七期范围内确定年代的石制品归入三阶段内，从而统一时间体系，在同一时间框架下观察其发展规律。

综上所述，本书将主要采用"三阶段"说作为年代框架的标尺，从而能够从城市发展的角度观察石质资源利用上的变化。而对于已通过七期体系判别过的器物而言，仍保留其原有的期别，但在整体观察时，会将其归入三阶段内。

第三节　研究思路与方法

本书的主要研究对象是盘龙城遗址出土的玉器、绿松石器和石器。我们将主要通过对器物材质的分析入手，着重探讨原料的来源以及利用模式。考虑到各类器物的特性和保存状况，我们分别对玉器进行了近红外光谱分析，对绿松石器进行了宝石学、红外光谱和拉曼光谱、地球化学的分析，对石器进行了矿相、粒径、地质调查等方面的分析。在了解有关器物的材质之上，结合对器物加工的观察，从而帮助我们进一步了解盘龙城先民对材料的利用，以及石质资源利用背后所反映的社会层面的有关问题（图1.2）。有关具体的分析方式，则在接下来有关玉、绿松石、石器分析的各个章节中进行更为详细的说明。

图 1.2　研究思路导图

第二章

玉器

第一节　发现概述

盘龙城遗址在近70年的考古工作之中，共计发现商代玉器达160件。但也由于发掘时间跨度大，导致所披露的有关资料较为分散。在此，我们将对盘龙城遗址目前已发现的玉器材料进行初步梳理。以下将分别从类型、年代、使用场景、玉料等四个方面分别对相关材料进行简要说明。

一、类型

盘龙城遗址所见玉器类型与同时期其他商代遗址中的玉器并无太大不同，但同时也兼具一些长江流域自新石器时代以来所保留下来的一些传统。整体而言，盘龙城玉器多为素面并无太多繁复的纹饰，仅可见一些简单的刻划所形成的几何形纹样。造型上多以简单的片状几何形为主，而少见仿生类造型，同时还可能存在新石器时代以来所遗留下的传世器物。而在制作工艺上，依据器物的主要形态，可大体推断出，应以玉料切割为片状成型后，再进行装饰。其中装饰方式主要为三种，分别为钻孔（包含单面钻和对钻）、阴线刻划、减地阳线装饰。前两者主要见于片状器物之中，如戈、钺等，而后者则常见于仿生类玉器之中，如蛇形、蝉形器等。

盘龙城所发现的大量玉器很好地反映了商代早中期的玉器特点。其器物风格与制作技术直接继承或沿袭了中原地区自二里头文化以来所流行的几何形素面玉器的传统，同时在戈、柄形器等方面又进一步发展，使之成为商代玉器的典型代表。在广泛采用中原文化风格与技术的传统之上，一些仿生类玉器的出现则可能更多的是继承了本地区新石器时代石家河文化的传统，如蝉、隼等造型以及镂空和减地雕刻的手法。而这些仿生类的造型，也可能为后续殷墟时期众多仿生类玉器的出现提供了基础。

具体到盘龙城遗址所发现的玉器类型而言，在160件玉器之中，依据器物形态可划分为24小类。其中以柄形器、戈、饰品为主要类型，分别有61、34、20件，其余21类器物类型的各自数量均不超过10件，包括斧2件、锛1件、凿3件、刀1件、铲3件、钺5件、璋1件、戚1件、璜5件、琮2件、璧2件、璇玑1件、权1件、簪7件、纺轮1件、蛇形器1件、蝉形器1件、三角形器1件、柱形器1件、环2件、管3件。器物类型主要的分布情况可参考图2.1。

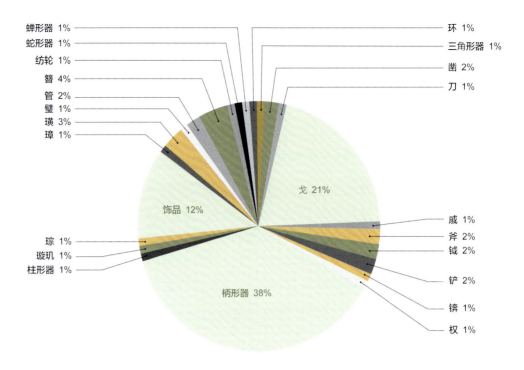

图 2.1　盘龙城遗址玉器类型分布图

二、年代

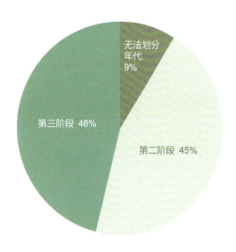

图 2.2　盘龙城遗址玉器年代分布图

　　玉器的一些特征虽然具有一定的年代指示意义，但实际上通常还需要参考玉器本身所处单位的年代特点。由于盘龙城所发现的玉器之中存在一部分采集品，且年代特征不详，因此共有15件玉器难以判断年代，而其余的145件，在综合考虑出土单位年代以及器物特征的基础之上，可进行年代上的判断。初步结果为盘龙城遗址第二阶段共发现玉器71件，第三阶段共发现玉器74件（图2.2）。从以上的统计结果来看，盘龙城遗址的第二、三阶段所发现的玉器数量基本相当，而第一阶段却没有玉器的发现。

三、使用场景

　　盘龙城遗址所发现的玉器主要集中于遗址的中心区域以及周边各个地点的一些贵族墓葬之中。在出土有玉器的墓葬之中，往往还可见青铜器、绿松石器等体现高等级身份的随葬品。玉器的出土位置通常在棺椁的范围之内，距离墓主人较近。一般情况下，小件玉器，如簪、柄形器、饰品等通常放置于棺内，而一些较为大型的玉器，如戈、璋等则主要发现于棺、椁之间，或棺顶部以及腰坑之内。此外玉器的体量通常与墓葬等级和规模之间有着较为强烈的关联，这点以玉戈的情况最为明确，大型的高等级墓葬之中，玉戈的尺寸也就往往越大，而相对小且等级较低的墓葬中出土的玉戈，其尺寸也相对较小[①]。对于另外一类常见的玉器——柄形器而言，其大小往往十分一致，且广泛地出土于各类贵族墓葬之中，因此，柄形器似乎缺乏如玉戈一般对于贵族内部身份区分的指示意义。此外，玉器有时并非完整出土，而是以碎器的形式出土于墓葬的填土或腰坑之中[②]。除在墓葬中出土之外，一些地层、灰坑之中亦有发现，并且考古人员在进行地表调查时，也经常采集到商代玉器。而这些灰坑、地层、地表采集的玉器与墓葬中所发现的别无二致，因此一些器物可能本身是来自于墓葬之中，在受到后期扰动或破坏后，混入到了其他单位之中或地表之上。

根据玉器出上单位的情况统计，盘龙城遗址墓葬中共发现玉器108件、灰坑中10件、地层中9件、采集33件（图2.3）。

四、玉料

盘龙城所出土的玉器中，其中有85件经过材质的鉴定，并刊布过有关信息。在已公布的信息中，并非全部的玉器为矿物学上的软玉，而是存在大量非软玉类的"美石"。根据已经发表的资料显示，属于矿物学意义上软玉类的器物有19件，而"美石"类的器物则有66件，其中包括叶蜡石1件、砂金石2件、蛇纹石63件。各类材质所占比例情况可详见图2.4。

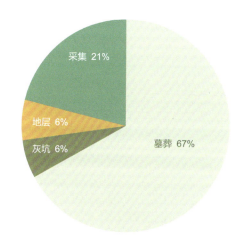

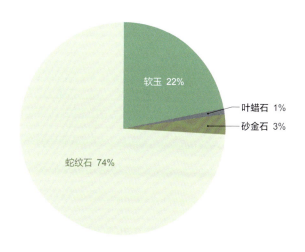

图2.3 盘龙城遗址玉器出土单位分布图　　　图2.4 盘龙城遗址玉器材质分布图

---

① 张昌平：《从出土玉戈看盘龙城等城市的高等级贵族》，《江汉考古》2018年第5期。
② 李雪婷：《盘龙城遗址碎器葬俗研究》，《江汉考古》2017年第3期。

五、典型器物介绍

盘龙城遗址出土玉器种类繁多，共涉及24个小类。因此在本节中，我们将对遗址中出土的典型器物类型进行介绍。首先，通过对典型器物的梳理，我们将对盘龙城出土玉器有一个总体的认知。其次，器物的介绍与梳理也为随后的分析提供基础。

（一）柄形器

柄形器是盘龙城遗址中发现数量最多的玉器，共计61件。玉柄形器整体呈长条状，由扁方体的柄端、凹腰以及柄身构成。柄形器制作过程中也采用切割方式获取坯料，继而对坯料进行修整。基于柄形器的整体形态以及制作工艺，根据刃部形态上的差异，可将其分为四型。

A型　刃部较平，为平刃玉柄形器。标本李家嘴M2：41，整体呈长条状，刃端有大小两个钻孔，均为单面钻，柄首有一凸弦纹，器身横截面为长方形。整体长12.8、宽3.2、厚1.1厘米（图2.5，1）。

B型　刃部呈斜尖刃状，由两侧向中间收尖，为尖刃玉柄形器。标本李家嘴M2：31，整体呈长条状，横截面为长方形。器长9.6、宽2.3、厚1.8厘米（图2.5，2）。

C型　刃部向一侧倾斜，为斜刃玉柄形器。标本杨家湾M11：20，整体作扁平长方形，下端刃部向一边倾斜，柄内收，柄首作方框状，器身横截面呈长方形。整体长13.5、宽2.4、厚0.4厘米（图2.5，3）。

D型　刃部呈现阶梯状态，为梯形刃玉柄形器。标本楼子湾M4：14，器物整体呈长方形，刃部较平，并在向柄首延伸处形成两处阶梯，使得器物刃端形成"凸"字形状态，柄内收，柄首呈方框状，器身横截面为长方形。器长9.8、宽2.1、厚1厘米（图2.5，4）。

图2.5　盘龙城出土玉柄形器

1. A型（李家嘴M2：41）　2. B型（李家嘴M2：31）　3. C型（杨家湾M11：20）　4. D型（楼子湾M4：14）

（二）戈

盘龙城遗址共发现玉戈34件，为发现数量第二多的玉器类型。这些玉戈在形态上整体为扁平长条形，一端有锐尖，戈援两侧有锋刃，内为长方形，且在援与内之间有圆孔。结合玉戈的基本形态以及部分玉戈表面的痕迹，可以推测玉戈的大致制作过程如下：首先对玉料进行切割，将其切为扁平的玉坯，进而制作内、援。此外，通过玉戈中部多有脊以及两侧边缘有刃的特点，可以推测其制作时经过打磨，方向是从中间向两边，刃部这种打磨会加重。在盘龙城出土的玉戈中，刃部也常见磨痕。通过对玉戈制作过程的推测，以及玉戈的基本形态，可以看到对其形态影响最大的是援部的制作。因此，根据其援部形态上的差异，可将盘龙城出土的玉戈大致划分为两型。

A型　援部一端微弧，一端平直，戈头一端略弧。标本李家嘴M2：13，通体宽长，前锋作锐角状，援上下有边刃，援正面中部起棱，内呈长方形，近栏有一圆孔。器物通长61.6、内长12.8、宽8.8、援长48、宽9、厚0.8厘米（图2.6，1）。标本李家嘴M2：28，形制与李家嘴M2：13相近，惟内短，正面中部微起脊。上有7组阴刻线，每组由阴刻的直线2～4根等组成，中间的两组间加饰菱格划纹，背面有浅槽和打制痕，内端内凹。全长45.6、宽8.8、厚0.8厘米（图2.6，2）。

B型　援部两端均平直，戈头一侧略弧，另一侧较为平直。标本李家嘴M2：58，出土时断为五块，锋残，援部上下刃，栏处有一圆形穿孔，内援之间的连接作阶状。该器物后经修复，戈体平直，内方正规整。器物通长34、宽6.4、厚0.8厘米（图2.6，3）。李家嘴M1：33，体宽大，前锋上下缘折为三角尖状，援长，内援间作阶状，内端作弧状。内上有三根凹弦纹，间饰网状划纹，一侧有棱牙，援部靠栏处有一圆穿。全长39、援长28.8、宽8、内长10.2、宽7.3厘米（图2.6，4）。

图2.6　盘龙城出土玉戈

1、2.A型（李家嘴M2：13、李家嘴M2：28）　3、4.B型（李家嘴M2：58、李家嘴M1：33）

（三）饰品

盘龙城遗址出土的玉饰品共有20件，以片状、珠状为主。主要发现于墓葬之中，其中片状玉饰常常呈现破损的形态，疑似为一些其他器物断裂所形成，如环、柄型器、凿、刀等，而珠状玉饰在一些墓葬中通常为几件共出，并在位置上与墓主骨骼十分接近，如颈部或腕部，因此珠状玉饰推测原为项链等饰品中的组成部分。以下进行简要的介绍。

A型　片状玉饰，器物整体呈片状或长条状，常残缺。标本小王家嘴M26：10，器物整体呈长条状，微弧，两端残缺，横截面为圆角长方形，疑似为玉环残缺的一部分（图2.7，1）。器物残长2.5、宽0.7、厚0.57厘米。标本采集：310，采集于王家嘴，出土单位不详。该器物呈微弧长条状，一端残缺，另一端有一细小穿孔并有多条放射状划线，因此推测该器物原为璜等器物的一部分（图2.7，2）。该器物目前残长5.1、宽1.6、厚0.2厘米。

B型　珠状玉饰，器物整体呈珠状。标本王家嘴：317（图2.7，3）。该器物残缺，整体呈管珠状，截面呈圆形，且器物中部有一贯穿两端的圆孔。残长1.4、截面直径1.4厘米。标本盘龙城采集：318，采集地点不详。该器物完整，无残缺，整体呈圆饼状，有贯穿两端的穿孔（图2.7，4）。其长轴为1.8、短轴为1.7、厚约0.5厘米。

（四）斧

玉斧在盘龙城所发现的数量十分有限，仅有2件，且保存状况不佳，腐蚀较为严重。玉斧在形态上与盘龙城所出石斧十分一致，主要的区别在于玉斧的顶部往往存在穿孔，而石斧则没有。以下对两件石斧进行简要的介绍。小王家嘴M24：20（图2.8，1），平面整体形状为梯形，平顶，弧刃。近顶部有一穿孔，为双面钻所形成，刃部则呈双面刃形态。器表较为

图2.7　盘龙城出土玉饰

1、2. A型（小王家嘴M26：10、采集：310）　3、4. B型（王家嘴：317、盘龙城采集：318）

粗糙，有较为明显的腐蚀，并失去玉器原有的光泽与光滑度。器物全长14.7、顶部宽4.5、刃部宽5.9、厚1.45厘米。杨家湾M11：8（图2.8，2），平面呈长方形，平顶，弧刃。近顶部有一穿孔，为双面钻，刃部则呈单面刃形态。器表缺乏光泽，较为粗糙。器身长16、宽4.7、厚2.1厘米。

（五）锛

玉锛仅在盘龙城杨家嘴墓葬中出土了1件，其形制与遗址中出土的石锛十分接近。杨家嘴M16：22（图2.9），平面整体形状为梯形，平顶，平刃。顶部残缺，刃部呈单面刃形态。器表较为粗糙，有较为明显的腐蚀，并失去玉器原有的光泽与光滑度。器物残长8.7、顶部残宽5.3、刃部宽6、厚1.55厘米。

图 2.9　盘龙城出土玉锛

（杨家嘴 M16：22）

图 2.8　盘龙城出土玉斧

1. 小王家嘴M24：20　2. 杨家湾M11：8

（六）凿

盘龙城共出土玉凿3件，根据加工方式和器物形态可以分为两型。

A型　为柄形器改制所得。与柄形器的形制大体一致，区别在于刃部。在柄形器原有的基础上，将刃部进一步打磨至十分薄且尖锐的状态，而器身的其余部分则很少进行改动。典型标本有楼子湾H1⑨：1（图2.10，1），器身整体呈长条形，束柄，柄首呈方框状，器身平直，刃部微弧、尖锐，呈单面刃形态。器物全长11.6、宽1.2、厚0.5厘米。

图 2.10　盘龙城出土玉凿

1. A型（楼子湾H1⑨：1）　2. B型（楼子湾：0313）

图2.11　盘龙城出土玉刀

（杨家湾 M19：11）

B型　与盘龙城出土石凿形制较为接近。典型标本有楼子湾：0313（图2.10，2），器身整体呈梯形，平顶，器身两侧平直，刃部向一侧倾斜，呈单面刃形态。在器身一侧有钻孔，为单面钻。器物通长8.9、顶宽1.5、刃宽2.9厘米。

（七）刀

玉刀仅在盘龙城出土了1件。杨家湾M19：11（图2.11），器物左端残缺，右端较宽，下缘和右侧见刃，刀身靠右端有一穿孔，左侧残缺处可见另一穿孔，两孔均为单面钻。器物残长8.7、残宽5.5～7厘米。

（八）铲

盘龙城共出土玉铲3件，与石铲的形态基本一致。标本杨家嘴M16：10（图2.12，1），器身整体平面形状呈长方形，微弧顶，器身平直，平刃，呈双面刃形态。同时，在器身上有两处穿孔，均为单面钻所形成。器物全长12.1、宽5.8、厚0.7厘米。标本杨家湾M13：18（图2.12，2），残缺，保存状况不佳，整体与杨家嘴M16：10的形制相仿。平顶，器身两侧平直，弧刃，器身中部有一穿孔，为双面钻。器物表面腐蚀严重，缺乏玉器原有的光泽与光滑度。器物残长8.9、宽3.7、厚0.9厘米。

图2.12　盘龙城出土玉铲

1. 杨家嘴M16：10　2. 杨家湾M13：18

（九）钺

盘龙城共出土玉钺5件，根据器物的形态可以分为两型。

A型 器物整体的平面形态为梯形，与遗址中所出石钺形态接近。标本小王家嘴M24∶19（图2.13，1），器身整体呈梯形，器体单薄，顶部平直，弧刃，刃部微弧。近顶端有一穿孔，为单面钻。器物全长19.1、顶部宽8.6、刃部宽10.3厘米，穿孔两侧直径分别为1.3、1.1厘米。标本小王家嘴M18∶1（图2.13，2），形制与小王家嘴M24∶19相仿，但刃部残缺，器表腐蚀十分严重，呈现疏松的孔状态结构。近顶部有一穿孔，为双面钻。器身残长14、顶宽6.4、厚1.44厘米，穿孔直径为1.5厘米。标本杨家湾M13∶17（图2.13，3），器型与前两者一致，但仅存器物中段及刃部，穿孔以上残缺。器身两侧有扉棱状装饰，穿孔为单面钻。整体器物残长6.8、宽6.3、厚0.3厘米，穿孔直径为1.1厘米。

B型 器物中部有大穿孔，与盘龙城所出青铜钺形制接近。标本采集∶20（图2.13，4），器物整体残缺，仅保存穿孔的四分之一，以及部分刃部和器身。推测整体的平面形态为梯形，两侧平直，弧刃，器身中部有一大的圆形穿孔。目前器物残长8.9、厚1.1厘米。

（十）璋

玉璋仅在盘龙城童家嘴墓葬中出土了1件。童家嘴M1∶4（图2.14），器物保存完整，整体平面形状为梯形，下缘成刃，在器身两侧有扉棱状装饰。器身上共有三处穿孔，靠近顶部的两个较大，靠近刃部的穿孔则较小，三个穿孔均为单面钻。器身上端长16.5、下端长22、宽8.2、厚1.2厘米，穿孔大小为0.4～1.5厘米。

图2.13　盘龙城出土玉钺

1～3. A型（小王家嘴M24∶19、小王家嘴M18∶1、杨家湾M13∶17）　4. B型（采集∶20）

图 2.14　盘龙城出土玉璋（童家嘴 M1：4）　　　　图 2.15　盘龙城出土玉戚

（杨家湾 M17：12）

（十一）戚

玉戚仅在盘龙城杨家湾墓葬中出土了1件。杨家湾M17：12（图2.15），器物保存完整，整体平面形状为梯形，器物上端呈圆弧状，下缘呈弧状刃、较钝，在器身两侧有齿状扉棱装饰。器身上未见穿孔。整体器物长5.5、宽5厘米。

（十二）璜

盘龙城共出土玉璜5件。标本李家嘴M1：30（图2.16，1），器身整体平面形状呈月牙形，器体单薄，上下两侧均有齿状扉棱装饰，左端似鱼尾状，右端平直并向一侧倾斜。器身上均匀分布有四条线状镂空，同时在右侧第二条镂空上方存在一单面钻穿孔。器物通长13.5、宽2.6、厚0.53厘米。标本杨家湾H6：44（图2.16，2），平面呈半月形，下侧有齿状扉棱装饰，同时在靠近右端的地方有一直角锯齿状凸起（牙），器身上翘的两端分别有两个细小的穿孔，在其上侧则还各自存在半个穿孔。器物的整体形态表明，该件器物可能为璇玑一类的器物破损后改制而成。器表呈现疏松的孔状态结构。近顶部有一穿孔，为双面钻。器身整体长11.6、宽2.7、厚0.4～0.5厘米。标本李家嘴：0316（图2.16，3），器物平面形态呈半月状，器体较厚，在右端有一细小穿孔，为双面钻，此外并无任何附加装饰。器物整体长5、宽1.6、厚0.8厘米。标本杨家嘴M21：6（图2.16，4），器身整体平面形状呈半月形，器体宽厚，下侧有齿状扉棱装饰，右端似鱼尾状，左端上有一单面钻穿孔。器物通长5.2、宽1.3、厚0.7厘米。

（十三）琮

盘龙城共出土玉琮2件，皆为采集品。童家嘴：0328（图2.17，1），残缺，仅存器物一角。素面，无装饰。器物残高5.3厘米。盘龙城遗址博物院馆藏5.25674号（图2.17，2），保存完整，整体呈内圆外方的筒状，素面，无任何装饰。通高17.2、孔径5.2、外宽7.3厘米。在商代，玉琮并不流行，这类器物主要流行于新石器时期的长江下游，盘龙城所出土的两件玉琮或许一方面指示出这些器物或为新石器时代所留存下来的传世物品，另一方面展现了长江中、下游之间的联系。

图 2.16 盘龙城出土玉璜

1. 李家嘴M1：30 2. 杨家湾H6：44 3. 李家嘴：0316 4. 杨家嘴M21：6

图 2.17 盘龙城出土玉琮

1. 童家嘴：0328 2. 盘龙城遗址博物院馆藏5.25674号

图 2.18 盘龙城出土玉璧

1. 小王家嘴M14：1 2. 小嘴M3：6

图2.19 盘龙城出土玉璇玑

（杨家嘴 M16：3）

图2.20 盘龙城出土玉权

（楼子湾 M6：4）

（十四）璧

盘龙城共出土玉璧2件，均为有领璧。小王家嘴M14：1（图2.18，1），破损十分严重，虽保留大部分，但仍有一部分器身缺失。其整体为圆环状，内周出矮领。素面，无装饰。器物外径8.4、内径5.8、厚0.34、领高0.7厘米。小嘴M3：6（图2.18，2），保存较为完整，平面呈圆环状。玉璧好（孔）四周有领两面突出，领的部分略向外撇，体扁薄而匀称。一面可见在肉上有九组同心圆纹饰，每组由至少两条细同心圆阴线弦纹组成。在肉上无纹饰的区域也可见与弦纹轨迹相同的密集而浅的痕迹，或为在器表上遗留下的制作痕迹。领部厚度与肉部厚度同为0.35厘米，直径23、好直径7、领高1.4厘米。

（十五）璇玑

玉璇玑仅在盘龙城杨家嘴墓葬中出土了1件。杨家嘴M16：3（图2.19），器物保存完整，整体呈圆环形，器体较薄。在器物下端的两侧有齿状凸脊（牙），整体素面，但器表隐约可见平行状擦痕，疑似为制作过程中所留。该器物外径7.6、孔径3、厚0.3～0.4厘米。

（十六）权

玉权仅在盘龙城楼子湾的墓葬中出土了1件。楼子湾M6：4（图2.20），器物整体保存较为完整，整体呈水滴状，上端小，下端大，器体厚实。器物上端有一穿孔，为双面钻所形成，穿孔下有一周凹痕，凹痕下为素面。权下端左侧有部分残损。通高11.1、上端穿孔直径1.2厘米。

（十七）簪

盘龙城共出土玉簪7件，根据簪棍的数量可以分为两型。

A型 单棍簪。标本杨家湾M7：15（图2.21，1），器物保存较为完整，仅尖端有部分残缺。器身呈一端尖锐的圆棍状，器体纤长，簪头及簪棍为素面，无装饰。器物全长17.2、截面直径0.8厘米。标本杨家湾M7：16（图2.21，2），形制与杨家湾M7：15一致，但保存更为完整。器身长14.6、截面直径0.6厘米。标本杨家湾M7：17（图2.21，3），器型与前两者一致，但仅簪棍的尖端有所残缺，其余部分保存良好。整体器物长16.8、截面直径0.6厘米。

B型 双棍簪。标本杨家湾M7：18（图2.21，4），器物保存较为完整，仅尖端有部分

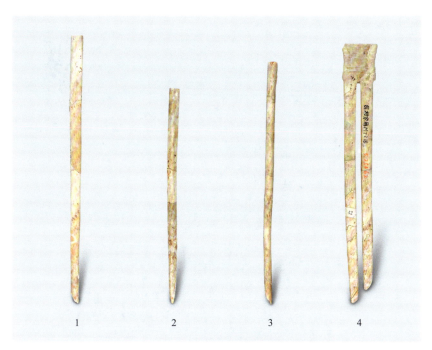

图 2.21　盘龙城出土玉簪

1～3. A型（杨家湾M7∶15～杨家湾M7∶17）　4. B型（杨家湾M7∶18）

残缺。簪头呈方形，上有两组阳线弦纹装饰，其中每组装饰还包含两条平行的阳线弦纹。从簪头伸出两支平行的柱状簪棍，并在远离簪头的一端逐渐收缩呈锐尖。器身通长16.7厘米，其中簪头长、宽均为2.3厘米，簪棍长13.8～14.4、截面直径0.6厘米。

（十八）纺轮

　　玉纺轮仅在盘龙城杨家嘴采集了1件。杨家嘴∶0323（图2.22），器物保存完整，呈圆环状，素面，无装饰。中部有一穿孔，为单面钻所得。器物直径为5.4、孔径0.77、厚0.7厘米。

（十九）蛇形器

　　玉蛇形器仅在盘龙城李家嘴的墓葬中出土了1件。李家嘴M3∶3（图2.23），器身残缺，仅存一端，所存部分呈一蛇首、双蛇身缠绕的形态，而另一端则残缺。从整体形态上推测，该蛇形器可能为玉簪的簪头部分，簪棍则断后缺失。目前该器物残长8.8、宽1.3厘米。

（二十）蝉形器

　　玉蝉形器仅在盘龙城楼子湾的墓葬中出土了1件。楼子湾M4∶12（图2.24），器身

图 2.22　盘龙城出土玉纺轮

（杨家嘴∶0323）

图 2.23　盘龙城出土玉蛇形器　　　图 2.24　盘龙城出土玉蝉形器

（李家嘴 M3：3）　　　　　　　　（楼子湾 M4：12）

残缺，仅存一端，所存部分为方柱状，四面均装饰有蝉的造型，而另一端则残缺。从整体形态上推测，该蝉形器可能为玉簪的簪头部分，簪棍则在器物断裂后缺失。目前该器物残长4.1、宽2厘米。

（二十一）三角形器

玉三角形器仅在盘龙城杨家嘴墓葬中出土了1件。杨家嘴M16：19（图2.25），器物保存完整，整体平面形状呈三角形，其中长、短两边均有刃部。通体素面，无任何装饰。该三角形器长直边为12.7、短直边为4.2、斜边为16.8、厚约0.7厘米。

（二十二）柱形器

玉柱形器仅在盘龙城小王家嘴墓葬中出土了1件。小王家嘴M14：2（图2.26），器物残缺，整体呈圆柱形，两端均有残损，上端收束，并有一周凸棱。中部装饰有四组交叉的平行阳文。残高3.5、截面直径1.4厘米。该类型器物罕见于商代，从器物特征看类似于石家河文化时期的玉鸟柱残块，因此推测该器物可能为石家河文化时期的遗物。

（二十三）环

盘龙城共出土玉环2件。采集：306（图2.27，1），采集于杨家湾，保存完整。其整体为圆环状，素面，无装饰。器物外径2.1、内径0.7、厚0.4厘米。杨家湾T3⑤：12（图2.27，2），器物破碎严重，仅存器身的一小部分，且断裂成两段，截面呈扁圆形。器物残长3.8、截面宽0.7厘米。

（二十四）管

盘龙城共出土玉管3件，根据管的形态可以分为两型。

A型　喇叭形管。杨家湾M17：8（图2.28，1），器物保存较为完整，器身呈圆截锥状，中部有一穿孔，为双面钻。器表另见一钻凿痕迹，通体素面，无装饰。器物全长6.5、

图 2.25　盘龙城出土玉三角形器

（杨家嘴 M16：19）

图 2.26　盘龙城出土玉柱形器

（小王家嘴 M14：2）

1

2

图 2.27　盘龙城出土玉环

1. 采集：306　2. 杨家湾T3⑤：12

1

2

3

图 2.28　盘龙城出土玉管

1、3.A型（杨家湾M17：8、小王家嘴M26：9）　2.B型（采集：309）

截面直径2.5～3.5、孔径1.2厘米。小王家嘴M26：9（图2.28，3），形制与杨家湾M17：8大致相仿，但更为纤细。器身长6.1、截面直径1.9～2.3厘米、孔径0.6～0.9厘米。

B型　直筒型管。采集：309，采集地点不详。该器物完整并无残缺，整体呈短管状，截面呈圆形，且器物中部有一贯穿两端的圆孔（图2.28，2）。全长3.1、截面直径2.3厘米。

第二节　研　究　方　法

　　材质是我们所关注的问题，同时也是盘龙城遗址所出玉器当前存在的疑点。从以往的材质分析中可以看到，从矿物本身的角度出发，盘龙城所出玉器并非传统意义上所认知的软玉，而绝大多数只能被归入"美石"的范畴之内。而这也就带来一个问题，即盘龙城的先民是否对"玉"这一概念与当代人之间有着不同的理解。

　　此外，以往的鉴定全部是基于裸眼观察，并没有任何有关矿物、结构、化学等方面的信息对裸眼观察的结果进行辅证，考虑到盘龙城遗址本身酸性的保存环境，很多器物出土时都经过强烈的腐蚀，往往造成其原始性状发生了改变，因而影响了裸眼判断的准确性。

　　考虑到我们所提出的问题以及以往鉴定中存在的缺失，在本书的研究之中，我们选取了盘龙城遗址中出土的64件玉器进行近红外光谱的分析，以帮助我们更为准确地认知盘龙城出土玉器的材质（附表一）。同时也为我们探索盘龙城先民如何认知、使用这类材料提供更为科学的基础。因此，在本节中，我们将首先对"玉"的矿物学概念和性质进行简单的介绍，其后对研究中所采用的近红外光谱分析的原理及应用性加以简要阐释。

一、玉的概念与性质

　　从矿物学的角度出发，玉包括软玉和硬玉两种类型，其中玉或玉器通常意指软玉，而翡翠通常是硬玉的代表。在矿物学中，软玉的传统定义是在显微结构中具有交织状纤维特征的透闪石－阳起石系列矿物的集合体[①]。由此概念出发，软玉的主要矿物成分是透闪石和阳起石，但这并不意味着透闪石与阳起石就是软玉，或者大量包含着两类矿物的就是软玉。透闪石与阳起石是自然界中常见的造岩矿物，但只有在特定的条件以及环境中才会形成透闪石－阳起石集合所变的软玉，因此软玉的地质分布并不常见。

　　由于分布地点的差异，软玉的颜色通常会有所不同，常见的颜色包括白、灰白、绿、黄、褐、黑等，当然最为常见的颜色为黄绿和绿色。一些研究显示，软玉的基本色调与材质

---

① Hansford S H. *Chinese Carved Jades*. Greenwich, Conn. New York Graphic Society, 1968; Bradt R C, Newmham R E, Biggers J V. Toughness of jade. *American Mineralogist*, 1973, 58(7-8): 727-732; 闻广：《中国古玉的考古地质学研究——玉：中国古代文化的标志》，《国际交流地质学术论文集——为二十七届国际地质大会撰写·6》，第265～277页，地质出版社，1985年。

本身铁含量的多寡有着直接的联系。随着铁含量的升高，颜色也是逐渐加深[1]。同时由于软玉本身的交织纤维结构，也使软玉具有较高的通透度以及光洁度。

二、近红外光谱分析原理与玉石器材质鉴定

玉器的一些特征虽然具有一定的年代指示意义，但实际上通常还需要参考玉器本身所处单位的年代特点。

近红外光（NIR，700～3000nm，14285～3333cm^{-1}）是介于可见光和中红外光之间的电磁波，属于分子振动光谱，包含丰富的氢基团（OH、CH、SH、NH）特征信息。我们在分析盘龙城出土玉器时所使用的近红外仪是澳大利亚Integrated Spectronics公司生产的PIMA（Portable Infrared Mineral Analyzer便携式红外矿物分析仪）是一种短波红外反射仪，波长范围1300～2500nm。在该范围内，光谱吸收主要是水和羟基（OH）在中红外的伸缩和弯曲基频振动所引起的倍频和合频[2]。由于不同矿物中与OH搭配的金属阳离子晶格占位之差别，反映倍频和合频的光谱吸收之具体位置、强度、形状都会有所差别，正是这些差别构成了近红外光谱矿物分析的基础。大量研究证明，1300～2500nm范围内的近红外光谱可以准确有效地鉴定、区分各类含羟基的矿物、碳酸盐和其他矿物[3]。由于软玉的主要成分透闪石－阳起石［$Ca_2(Mg, Fe^{2+})_5Si_8O_{22}(OH)_2$］是含羟基的钙角闪石矿物。因此，通过近红外光谱的分析可以有效地将软玉识别出来。

软玉矿物的特征光谱吸收包括1396nm OH伸缩振动的一级倍频吸收，1916nm是OH伸缩振动和H-O-H弯曲振动的合频，还有位于2100～2400nm范围内反映OH伸缩振动和Mg-OH弯曲振动合频的三个特征吸收（2118nm、2318nm、2384nm），这三个特征吸收是鉴定透闪石－阳起石系列矿物最重要的指标。由晶体场效应、电价置换等电子作用所造成的分子光谱吸收在1300～2500nm范围内出现很少也很弱，例如2450～2500nm的过渡金属元素电子跃迁；但是晶体场效应有时会间接影响1300～2500nm光谱的形态，例如过渡金属元素Fe^{2+}电子跃迁引发的850～1200nm光谱吸收可以影响1300～1600nm光谱的总体形状，特别是其倾斜方向和坡度，例如含铁量高的阳起石－透闪石系列矿物呈现面向短波长方向倾斜的光谱，并且坡度往往很陡，而含镁高含铁低的透闪石矿物的光谱则面向长波长方向倾斜。而这往往与场地和矿床相关。

自然界软玉主要有两种地质产状，一种是产于镁质大理岩，另一种与蛇纹石化超基性

① Wen Guang, Zhichun Jing. Mineralogical studies of Chinese archaic jade. *Acta Geologica Taiwanica*, 1996(32): 55-83; Burns Roger G. *Mineralogical Applications of Crystal Field Theory. No.5*. Cambridge University Press, 1993; Wilkins, Cuthbert J, Tennant W, et al. Spectroscopic and related evidence on the coloring and constitution of New Zealand jade. *American Mineralogist*, 2003, 88(8-9): 1336-1344; Nassau K. The origins of color in minerals. *American Mineralogist*, 1978, 63(3-4): 219-229.

② Hawthorne Frank C, ed. *Spectroscopic Methods in Mineralogy and Geology. Vol. 18*. Walter de Gruyter GmbH & Co KG, 2018.

③ Clark Roger N, Trude V V King, Matthew Klejwa, et al. High spectral resolution reflectance spectroscopy of minerals. *Journal of Geophysical Research: Solid Earth*, 1990, 95(B8): 12653-12680.

岩伴生[1]。前者有新疆昆仑和田、辽宁宽甸、四川汶川、韩国春川、西伯利亚贝加尔湖一带等，后者包括新疆天山玛纳斯、河南淅川、台湾花莲、加拿大英属哥伦比亚等地区。研究表明产于蛇纹石化超基性岩中的软玉过渡金属元素Fe^{2+}含量相对较高，而与镁质大理岩相关的软玉则Fe^{2+}含量普遍较低，换言之，过渡金属元素Fe^{2+}高低反映软玉矿床主体地质类型的差别[2]。如上所述，1300~1600nm波长的反射强度和总体形状是由过渡金属元素Fe^{2+}在850~1200nm的吸收来决定的。含Fe^{2+}高的蛇纹石化超基性岩中的软玉其1300~1600nm光谱向短波长方向倾斜，倾斜度越大反映Fe^{2+}越高，而产于镁质大理岩中的软玉1300~1600nm光谱平缓或向长波方向倾斜，含Fe^{2+}越低，向长波方向的倾斜则越大。因此，近红外光谱对软玉地质类型的判断会是有效的，而在此基础上我们才有可能进一步探讨玉料来源等相关问题。

和其他光谱分析技术（如中红外、XRD等）相似，正确鉴定矿物组成很大程度取决于标准参考物光谱数据库的建立。美国地质调查所等机构建立了相当丰富的近红外光谱数据库。虽然这些数据库包括了不少透闪石和阳起石的光谱数据，但软玉的数据几乎缺乏。由于软玉是一种特殊的透闪石－阳起石矿物集合体，累积现代已知软玉样品的近红外光谱是一项基础性的研究，对于准确而有效地判别各类软玉的光谱特征至关重要。我们用近红外光谱鉴定玉器矿物组成，主要参照美国地质调查所矿物近红外光谱数据库，同时参考了对现代各地软玉用PIMA所测的近红外光谱。

比较现代软玉和显晶质透闪石－阳起石矿物集合体的近红外光谱，绝大多数峰位和形状相同或类似，包括1396nm OH和2100~2400nm的三个Mg-OH特征吸收，但是现代软玉标本之光谱在1916nm附近显示相对较强的吸收，而显晶质透闪石－阳起石矿物集合体在1916nm处的吸收比较微弱。但整体结构仍旧大致相仿。此外，1396nm附近的吸收是OH伸缩振动的一级倍频，1916nm附近的吸收是OH伸缩振动和H-O-H弯曲振动的合频，因此1916nm吸收的存在指示矿物晶体表面H_2O的存在。有1396nm吸收而没有1916nm吸收时，表示矿物中只含羟基而没有H_2O。这也是帮助我们判断的依据之一。

第三节　玉　质　分　析

为了解盘龙城遗址玉料使用的情况，我们一共选取了64件玉器进行近红外光谱的分析工作。其中既包括盘龙城遗址中常见的玉戈、柄形器等器物，亦有凿、簪、环、纺轮等小件器物。同时，样品的选择也涵盖了盘龙城遗址的第二、三阶段，涉及主要发现有玉器的李家

---

① Harlow G E, Sorena S Sorensen. Jade (nephrite and jadeitite) and serpentinite: metasomatic connections. *International Geology Review*, 2005, 47(2): 113-146; Wen Guang, Zhichun Jing. Mineralogical studies of Chinese archaic jade. *Acta Geologica Taiwanica*, 1996(32): 55-83.

② Wen Guang, Zhichun Jing. Mineralogical studies of Chinese archaic jade. *Acta Geologica Taiwanica*, 1996(32): 55-83.

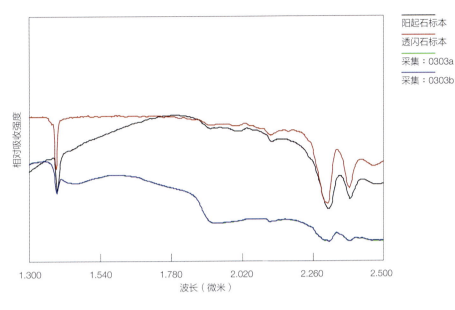

阳起石标本
透闪石标本
采集：0303a
采集：0303b

相对吸收强度

波长（微米）

图 2.29　采集：0303 玉柄形器近红外光谱图

嘴、王家嘴、杨家嘴、童家嘴、杨家湾、楼子湾等各个地点，以下我们将逐个对样品进行介绍。需要说明的一点是，光谱图中的黑线均代表透闪石质（tremolite）软玉，红线代表阳起石质（actinolite）软玉，其余颜色线条代表该器物。

玉柄形器，编号采集：0303（图 2.29、图2.30），盘龙城第二阶段。该器物为采集品，具体采集地点不详。原鉴定结果为蛇纹石，后经近红外光谱重新检测后确定其材质为软玉。表面呈灰白色，夹有黄紫色斑，并具有蜡状光泽。器物整体呈长条状，横截面为长方形，柄首略作弧形，柄部内收，刃部倾斜。器身长9.6、宽2.1、厚0.8厘米。通体素面，无装饰。

玉柄形器，编号采集：0312（图 2.31、图2.32），盘龙城第二阶段。该器物为采集品，具体采集地点不详。原鉴定结果为蛇纹石，后经近红外光谱重

图 2.30

采集：0303 玉柄形器

图 2.31

采集：0312 玉柄形器

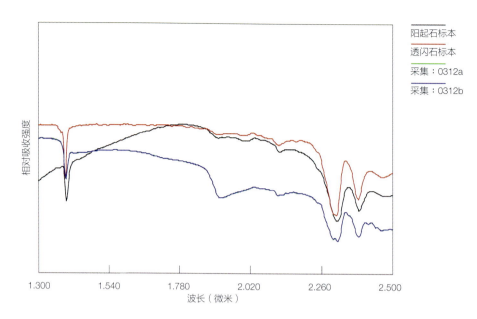

阳起石标本
透闪石标本
采集：0312a
采集：0312b

图 2.32 采集：0312 玉柄形器近红外光谱图

新检测后确定其材质为软玉。表面呈灰褐色，夹黄斑，并具有蜡状光泽。器物整体呈长条状，柄首微弧，柄部内收，刃部较平，器物中部有一道明显的凹槽贯通柄首至刃部。器身长5.6、宽1.8、厚0.3厘米。通体素面，无装饰。

玉戈，编号采集：0319（图2.33、图2.34），盘龙城第二阶段。该器物为采集品，具体采集地点不详。原鉴定结果为蛇纹石，后经近红外光谱重新检测后确定其材质为软玉。表面

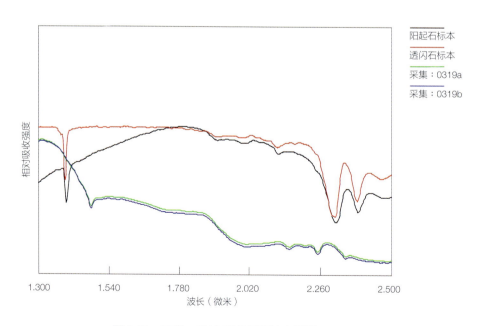

阳起石标本
透闪石标本
采集：0319a
采集：0319b

图 2.33 采集：0319 玉戈近红外光谱图

呈黄白色，具有蜡状光泽。该玉戈残损严重，仅存部分内、援部。内部有一残存的圆形穿孔，刃部两侧各有三组双线凸棱状阑，援部两面饰有两个长方形双线方框，小方框内加饰有双线菱格纹。器物整体残长31、宽7.2、厚0.6厘米。

玉柄形器，编号采集：0301（图2.35、图2.36），盘龙城第二阶段。该器物为采集品，采集于盘龙城楼子湾地点所发现的残墓之中。原材质鉴定结果为蛇纹石，后经近红外光谱重

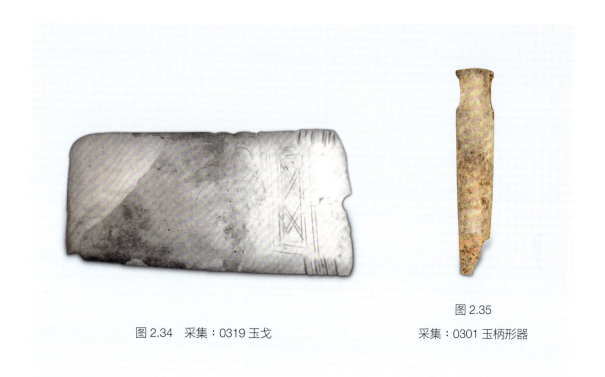

图2.35

图2.34 采集：0319 玉戈　　　　　　　　　　　采集：0301 玉柄形器

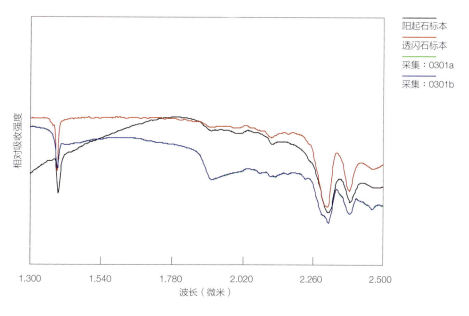

图2.36 采集：0301 玉柄形器近红外光谱图

新检测后确定其材质为软玉。表面呈灰白色，夹黄白褐斑，具有蜡状光泽。硬度3.5，强沁蚀。器物整体呈长条状，柄首微弧，柄部内收，底部残缺，一面凸起作弧状。器身长11.6、宽2.2厘米。通体素面，无装饰。

玉饰，编号楼子湾：304（图2.37、图2.38），年代不详。该器物为采集品，采集于盘龙城楼子湾地点。材质为软玉，表面呈白色，具有蜡状光泽。器物整体呈扁椭圆状，横截面为长方形，首端残缺，柄部内收，刃部有一端平，一端斜。器身长5.8、宽2.7厘米。通体素面，无装饰。

玉凿，编号楼子湾：0313（图2.39、图2.40），盘龙城第二阶段。该器物为采集品，采集于盘龙城楼子湾地点。原鉴定结果为蛇纹石，后经近红外光谱重新检测后确定其材质为软玉。表

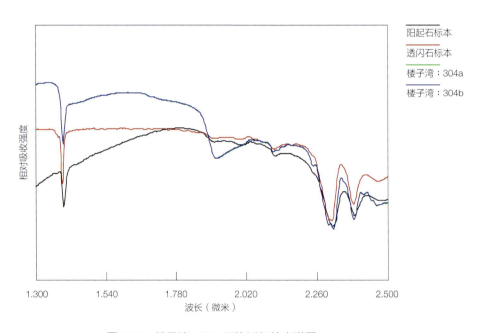

图 2.37　楼子湾：304 玉饰近红外光谱图

图 2.38　楼子湾：304 玉饰

图 2.39　楼子湾：0313 玉凿

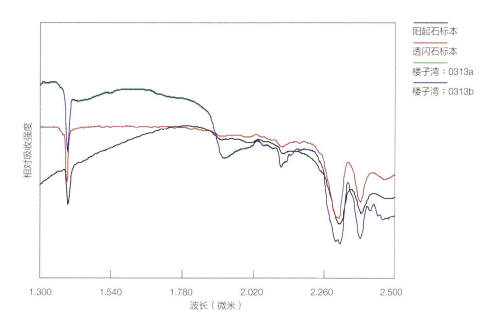

图 2.40　楼子湾：0313 玉凿近红外光谱图

面呈灰白色，具有蜡状光泽。器物整体呈上窄下宽的长条状，横截面为长方形，首端略倾斜，中部有单向钻孔，刃部倾斜。器身长8.9、顶宽1.5、刃宽2.9厘米。通体素面，无装饰。

　　玉柄形器，编号楼子湾H1⑨：1（图2.41、图2.42），盘龙城第三阶段。该器物采集于盘龙城楼子湾地点所发现的灰坑H1中。材质为软玉，表面呈灰白色，具有蜡状光泽。器物

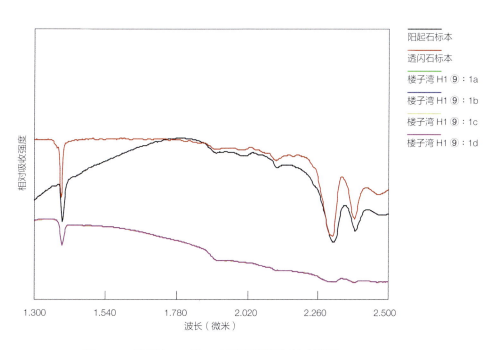

图 2.41　楼子湾 H1 ⑨：1 玉柄形器近红外光谱图

图 2.43
楼子湾 M10：10 玉柄形器

图 2.42

楼子湾 H1 ⑨：1 玉柄形器

整体呈长条状，横截面为长方形，柄首作方框状，柄部内收，刃部一端平，一端微弧。柄与身有明显分界。器身长11.6、宽1.2厘米。通体素面，无装饰。

玉柄形器，编号楼子湾M10：10（图2.43、图2.44），盘龙城第三阶段。该器物出土于盘龙城楼子湾M10。材质为软玉，表面呈浅褐色，具有油脂光泽。器物整体呈长条状，横截面为长方形，柄首作方框状，刃部作斜弧状。柄、首与身各有两条凹弦纹为界。器身长5.5、宽3.4厘米。

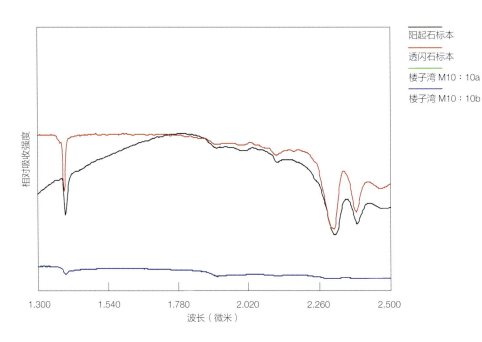

图 2.44　楼子湾 M10：10 玉柄形器近红外光谱图

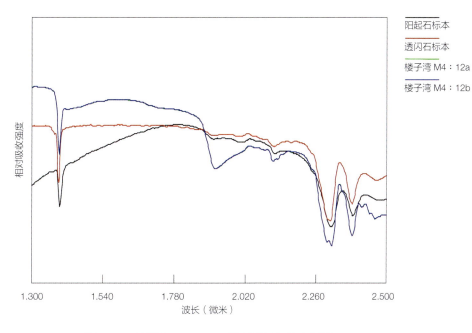

图例：
阳起石标本
透闪石标本
楼子湾 M4：12a
楼子湾 M4：12b

纵轴：相对吸收强度
横轴：波长（微米）
1.300　1.540　1.780　2.020　2.260　2.500

图 2.45　楼子湾 M4：12 玉蝉形器近红外光谱图

玉蝉形器，编号楼子湾M4：12（图2.45、图2.46），盘龙城第二阶段。该器物出土于盘龙城楼子湾M4。材质为软玉，表面呈象牙黄色，夹浅绿色，具有蜡状光泽。器物为浮雕蝉形，作爬立状，蝉身分节，长翅下垂，颈饰两周凸弦纹。器身残长4.1、宽2厘米。

玉柄形器，编号楼子湾M4：14（图2.47、图2.48），盘龙城第二阶段。该器物出土于盘龙城楼子湾M4。原鉴定结果为蛇纹石，后经近红外光谱重新检测后确定其材质为软玉。表面呈黄白色，具有蜡状光泽。器物呈长条状，横截面为长方形，柄首平直作方框状，柄部内收，柄与身有明显分界，底部两端内收为斜刃。器身长9.8、宽2.1、厚1厘米。通体素面，无装饰。

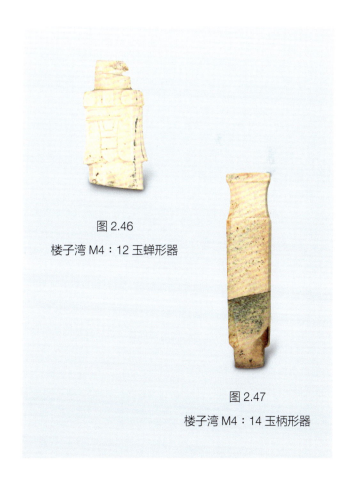

图 2.46
楼子湾 M4：12 玉蝉形器

图 2.47
楼子湾 M4：14 玉柄形器

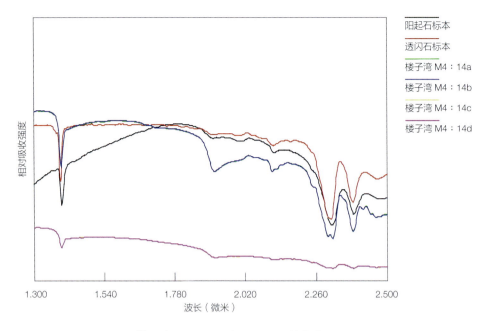

图 2.48　楼子湾 M4：14 玉柄形器近红外光谱图

　　玉柄形器，编号楼子湾M5：5（图2.49、图2.50），盘龙城第二阶段。该器物出土于盘龙城楼子湾M5。材质为软玉，表面呈灰白色，具有蜡状光泽。器体扁平呈长方形，柄首作方框状，颈部内收，柄与身有明显分界，刃部残缺。器身长9.5、宽2.2厘米。通体素面，无装饰。

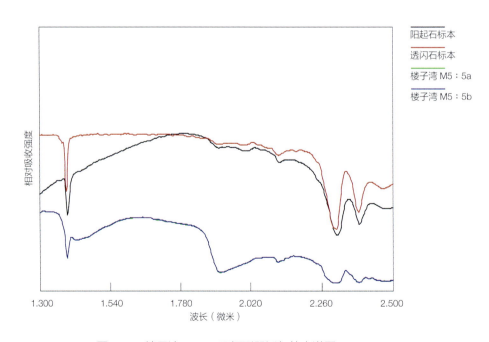

图 2.49　楼子湾 M5：5 玉柄形器近红外光谱图

玉柄形器，编号楼子湾M7：3（图2.51、图2.52），盘龙城第二阶段。该器物出土于盘龙城楼子湾M7。原鉴定结果为蛇纹石，后经近红外光谱重新检测后确定其材质为软玉。表面呈灰白色，具有蜡状光泽。器物呈长条状，柄与身有明显分界，双面刃，柄部有一凸弦纹。器身长11.4、宽2.3厘米。

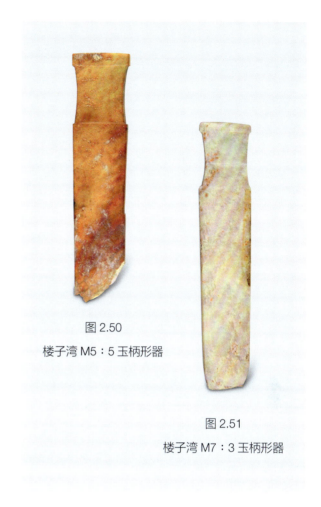

图 2.50

楼子湾 M5：5 玉柄形器

图 2.51

楼子湾 M7：3 玉柄形器

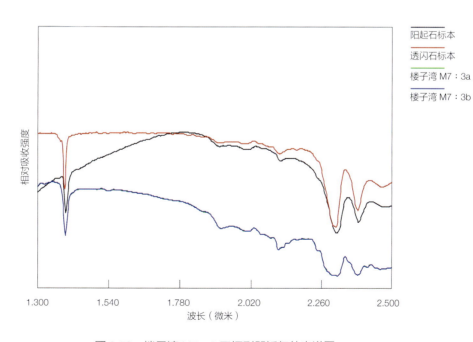

阳起石标本
透闪石标本
楼子湾 M7：3a
楼子湾 M7：3b

相对吸收强度

1.300　　1.540　　1.780　　2.020　　2.260　　2.500
波长（微米）

图 2.52　楼子湾 M7：3 玉柄形器近红外光谱图

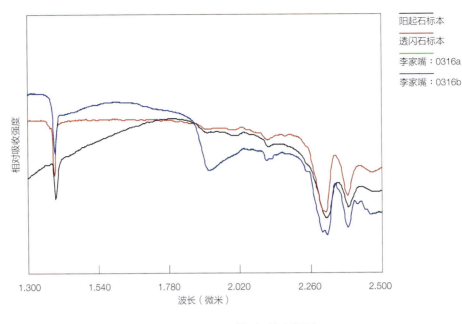

阳起石标本
透闪石标本
李家嘴：0316a
李家嘴：0316b

相对吸收强度

1.300　　1.540　　1.780　　2.020　　2.260　　2.500
波长（微米）

图2.53　李家嘴：0316玉璜近红外光谱图

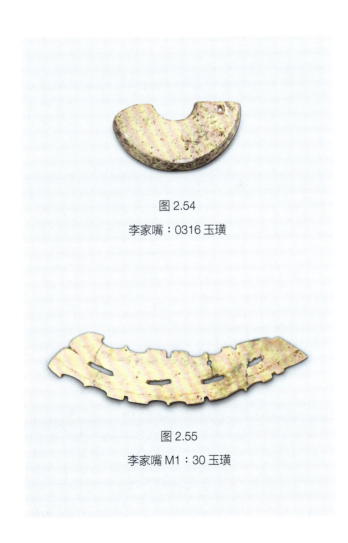

图2.54

李家嘴：0316玉璜

图2.55

李家嘴M1:30玉璜

　　玉璜，编号李家嘴：0316（图2.53、图2.54），盘龙城第二阶段。该器物为采集品，采集于盘龙城李家嘴地点。原鉴定结果为蛇纹石，后经近红外光谱重新检测后确定其材质为软玉。表面呈黄白色，具有蜡状光泽。器物呈弧形，整体较厚，一端带有圆形穿孔。器身长5、宽1.6、厚0.8厘米。通体素面，无装饰。

　　玉璜，编号李家嘴M1：30（图2.55、图2.56），盘龙城第二阶段。器物出土于盘龙城李家嘴M1。原鉴定结果为蛇纹石，后经近红外光谱重新检测后确定其材质为软玉，表面呈灰白色。通体雕成夔龙形，微曲，张口，尖尾。器身有四个长方形孔和一条弧线，上下作云纹扉牙装饰。器身长13.5、宽2.6、厚0.53厘米。

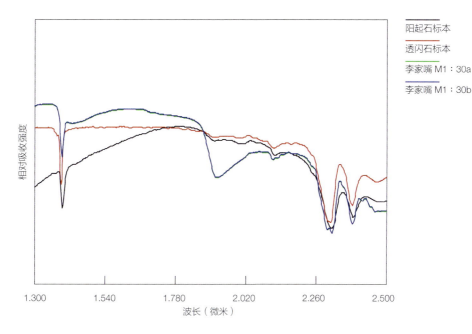

图 2.56　李家嘴 M1：30 玉璜近红外光谱图

玉柄形器，编号李家嘴M1：26（图2.57、图2.58），盘龙城第二阶段。器物出土于盘龙城李家嘴M1。原鉴定结果为蛇纹石，后经近红外光谱重新检测后确定其材质为软玉。表面呈灰白色，具有蜡状光泽。器身磨光，刃部未经琢磨而显得粗糙。器物呈长条状，柄部内收，柄与身有明显分界，下端作斜阶状，单面斜刃。器身长10、宽2.7、厚0.8厘米。通体素面，无装饰。

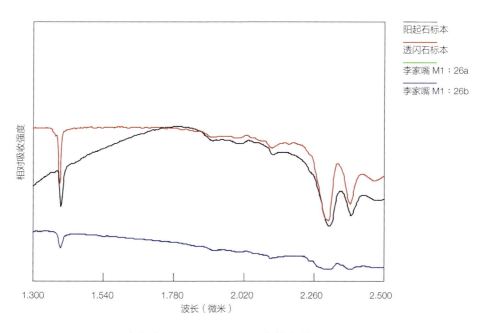

图 2.57　李家嘴 M1：26 玉柄形器近红外光谱图

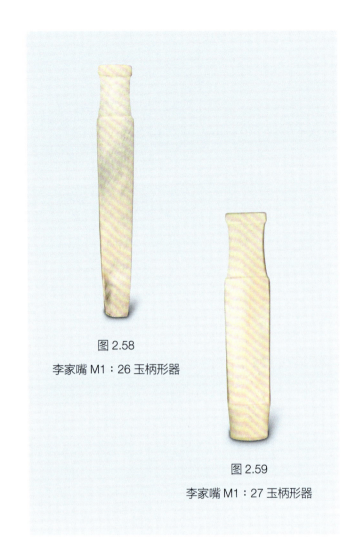

图 2.58
李家嘴 M1：26 玉柄形器

图 2.59
李家嘴 M1：27 玉柄形器

玉柄形器，编号李家嘴M1：27（图2.59、图2.60），盘龙城第二阶段。器物出土于盘龙城李家嘴M1。材质为软玉，表面呈灰白色，具有蜡状光泽。器物作长条状，柄部内收，柄首作方框状，下端作榫头状，为平刃柄形器。器身长8.8、宽1.8、厚0.8厘米。通体素面，无装饰。

玉柄形器，编号李家嘴M1：28（图2.61、图2.62），盘龙城第二阶段。器物出土于盘龙城李家嘴M1。材质为软玉，表面呈黄绿色，具有油脂光泽。器物作长条状，柄首与身分界明显，剖面作三角形，下端残，一侧有一半圆凹坑。柄首作方框状，一端经磨平。器身残长8.1、宽2.4、厚0.6厘米。通体素面，无装饰。

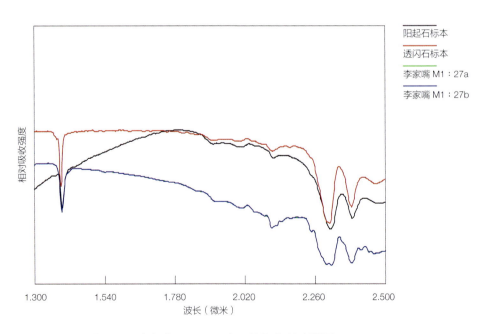

图 2.60　李家嘴 M1：27 玉柄形器近红外光谱图

玉戈，编号李家嘴M1：33（图2.63、图2.64），盘龙城第二阶段。器物出土于盘龙城李家嘴M1。原鉴定结果为蛇纹石，后经近红外光谱重新检测后确定其材质为软玉。表面呈黄白色，有紫色斑点，具有微蜡状光泽。硬度3.5，强沁蚀。体宽大，前锋上下援折为三角尖状，援长，内援间作阶状，内端作弧状。内上有三根凹弦纹，间饰网状划纹，一侧有棱牙，援部靠阑处有一圆穿。器身通长39、援长28.8、宽8、内长10.2、宽7.3厘米。

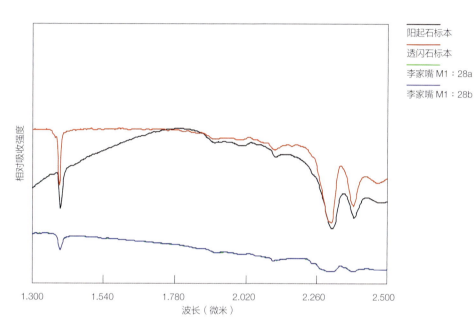

图 2.61　李家嘴 M1：28 玉柄形器近红外光谱图

图 2.63
李家嘴 M1：33 玉戈

图 2.62
李家嘴 M1：28 玉柄形器

041

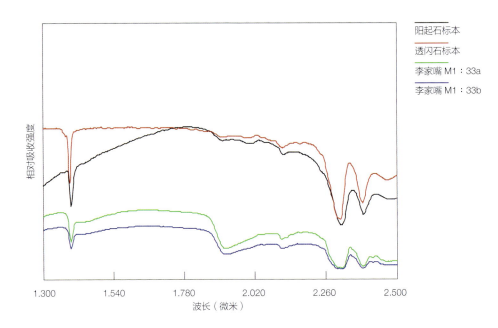

图 2.64　李家嘴 M1：33 玉戈近红外光谱图

　　玉戈，编号李家嘴M2：14（图2.65、图2.66），盘龙城第二阶段。器物出土于盘龙城李家嘴M2。原鉴定结果为蛇纹石，后经近红外光谱重新检测后确定其材质为软玉。表面呈棕绿色，有青褐及红色斑块，具有油脂光泽。硬度3.5，强沁蚀。通体宽长，前锋作锐角状，援上下有边刃，援正面中部起棱，援上线作弧状下垂，有阑，内端作斜线，靠阑处有一圆孔。器身通长70、内长18、援长51.6、宽9.6、厚0.8厘米。

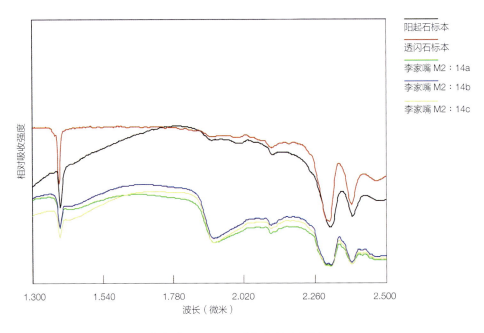

图 2.65　李家嘴 M2：14 玉戈近红外光谱图

玉柄形器，编号李家嘴M2：15（图2.67、图2.68），盘龙城第二阶段。器物出土于盘龙城李家嘴M2。材质为软玉，表面呈白色，具有蜡状光泽。器物作长条状，柄部内收，柄首作方框状，下端残。器身长10.2、宽2.2厘米。通体素面，无装饰。

图 2.66

李家嘴 M2：14 玉戈

图 2.67

李家嘴 M2：15 玉柄形器

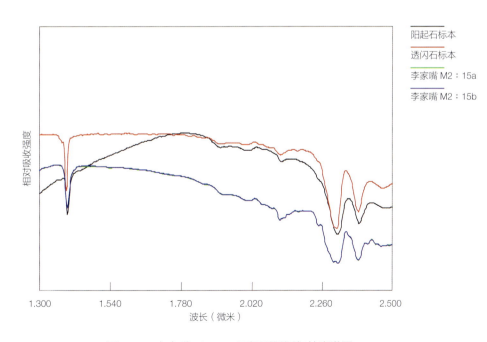

图 2.68 李家嘴 M2：15 玉柄形器近红外光谱图

　　玉戈，编号李家嘴M2：28（图2.69、图2.70），盘龙城第二阶段。器物出土于盘龙城李家嘴M2。原鉴定结果为蛇纹石，后经近红外光谱重新检测后确定其材质为软玉。表面呈棕白色，有褐、白色斑块，具有蜡状光泽。硬度3.5，强沁蚀。形制同李家嘴M2：13，惟内短，正面中部微起脊，上有7组阴刻线，每组由阴刻的直线2～4根等组成，中间的两组间加饰菱格刻纹，背面有浅槽和打制痕，内端内凹。器身通长45.6、宽8.8、厚0.8厘米。

　　玉柄形器，编号李家嘴M2：29（图2.71、图2.72），盘龙城第二阶段。器物出土于盘龙城李家嘴M2。原鉴定结果为蛇纹石，后经近红外光谱重新检测后确定其材质为软玉。表面呈灰白色，具有蜡状光泽。硬度3.5，强沁蚀。平刃两角略内收，器物作扁长方体，柄部及近下端各有一圆形穿孔。器身长11.2、宽2.5、厚0.5厘米。通体素面，无装饰。

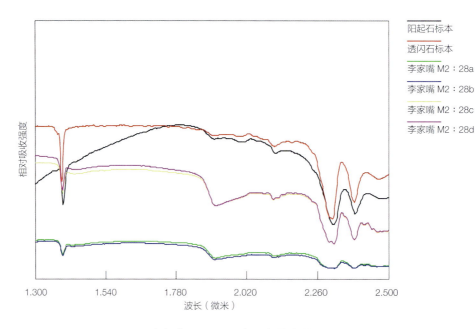

图2.69　李家嘴 M2：28 玉戈近红外光谱图

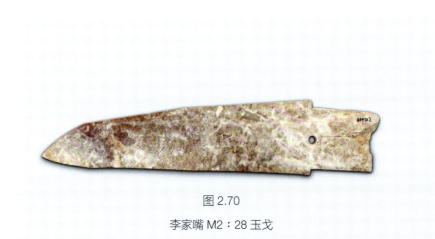

图2.70

李家嘴 M2：28 玉戈

图2.71

李家嘴 M2：29 玉柄形器

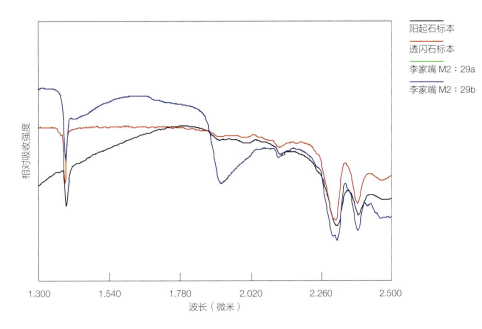

阳起石标本
透闪石标本
李家嘴 M2：29a
李家嘴 M2：29b

图 2.72　李家嘴 M2：29 玉柄形器近红外光谱图

　　玉柄形器，编号李家嘴M2：31（图2.73、图2.74），盘龙城第二阶段。器物出土于盘龙城李家嘴M2。原鉴定结果为蛇纹石，后经近红外光谱重新检测后确定其材质为软玉。表面呈黄绿色，有深绿斑点，具有蜡状光泽。中度沁蚀。器物作长条状，首端平，柄部内收，侧刃作钝角状，为双面刃。器身长9.6、宽2.3、厚1.8厘米。通体素面，无装饰。

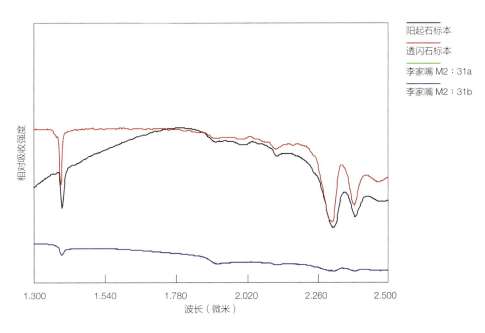

阳起石标本
透闪石标本
李家嘴 M2：31a
李家嘴 M2：31b

图 2.73　李家嘴 M2：31 玉柄形器近红外光谱图

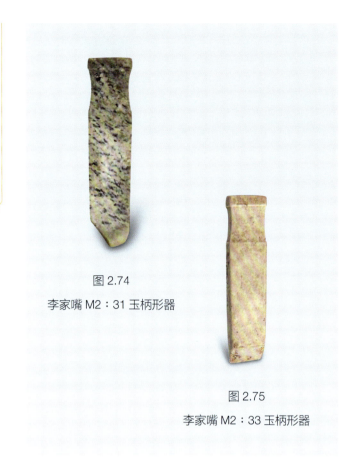

图 2.74
李家嘴 M2：31 玉柄形器

图 2.75
李家嘴 M2：33 玉柄形器

玉柄形器，编号李家嘴 M2：33（图2.75、图2.76），盘龙城第二阶段。器物出土于盘龙城李家嘴 M2。原鉴定结果为蛇纹石，后经近红外光谱重新检测后确定其材质为软玉。表面呈灰白色，具有蜡状光泽。强沁蚀。器物作长条状，首端平，柄部内收，柄与身有明显分界，一端残，为单面斜刃，磨制光滑。器身长6、宽1.5厘米。通体素面，无装饰。

玉柄形器，编号李家嘴 M2：41（图2.77、图2.78），盘龙城第二阶段。器物出土于盘龙城李家嘴 M2。材质为软玉，表面呈白色，具有蜡状光泽。器物作长条状，柄部内收，刃端有一大一小两个钻孔，两处钻孔均为单面钻。柄首有一凸弦纹。器身长12.8、宽3.2、厚1.1厘米。

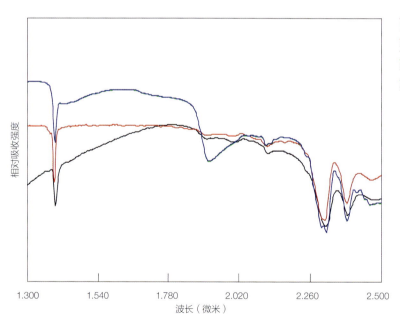

图 2.76　李家嘴 M2：33 玉柄形器近红外光谱图

　　玉戈，编号李家嘴M2：42（图2.79、图2.80），盘龙城第二阶段。器物出土于盘龙城李家嘴M2。原鉴定结果为蛇纹石，后经近红外光谱重新检测后确认其材质为软玉。表面呈棕黄色，有灰白斑块，具有蜡状光泽。体宽大，前锋上下援折为三角尖状，援部上下刃，柄部缺损，无阑。器身通长24.3、宽6.5厘米。

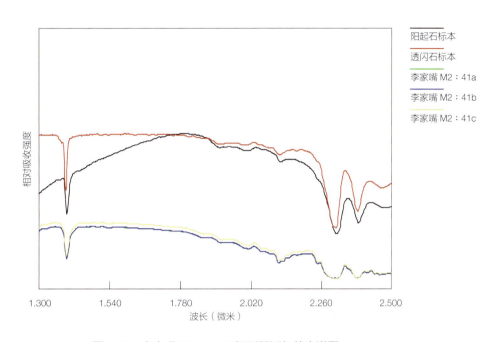

图 2.77　李家嘴 M2：41 玉柄形器近红外光谱图

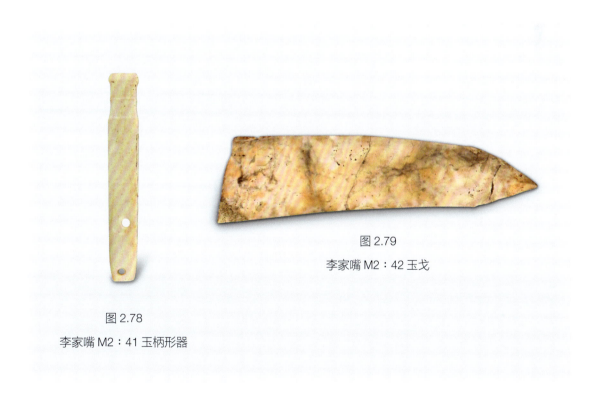

图 2.78

李家嘴 M2：41 玉柄形器

图 2.79

李家嘴 M2：42 玉戈

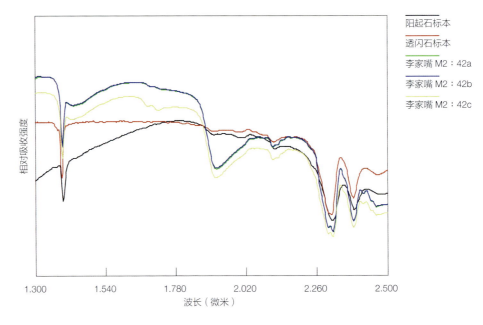

图 2.80 李家嘴 M2：42 玉戈近红外光谱图

　　玉柄形器，编号李家嘴M2：74（图2.81、图2.82），盘龙城第二阶段。器物出土于盘龙城李家嘴M2。材质为软玉，表面呈棕黄色，具有蜡状光泽。弱沁蚀。器物作长条状，柄部内收，柄首作方框形。下端残，作不规则状，有似钻孔遗留痕迹。器身长6、宽1.7、厚1.4厘米。通体素面，无装饰。

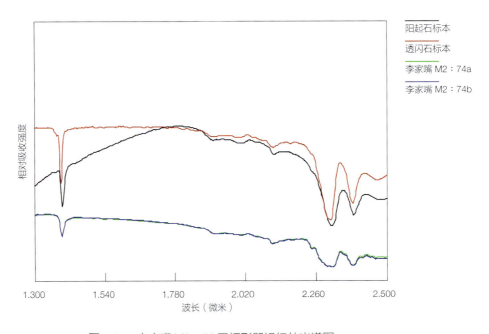

图 2.81 李家嘴 M2：74 玉柄形器近红外光谱图

玉柄形器，编号李家嘴M2：8（图2.83、图2.84），盘龙城第二阶段。器物出土于盘龙城李家嘴M2。材质为软玉，表面呈白色，具有蜡状光泽。器物作长条状，柄部内收，柄首作方框形。为单面斜刃，刃部一面磨光，一面打制，制作粗糙。器身长12.5、宽3.3、厚1.1厘米。通体素面，无装饰。

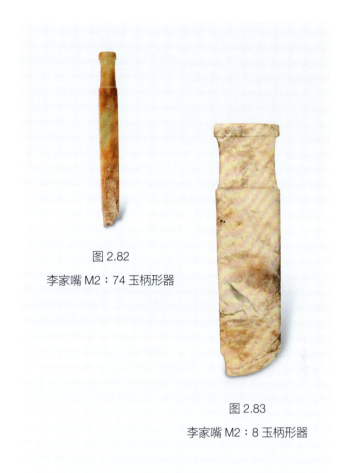

图 2.82

李家嘴 M2：74 玉柄形器

图 2.83

李家嘴 M2：8 玉柄形器

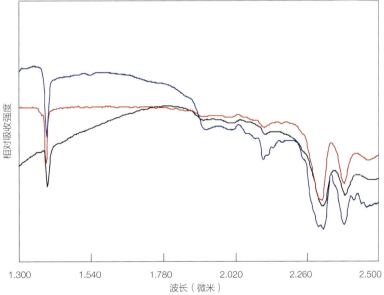

阳起石标本

透闪石标本

李家嘴 M2：8a

李家嘴 M2：8b

相对吸收强度

波长（微米）

图 2.84　李家嘴 M2：8 玉柄形器近红外光谱图

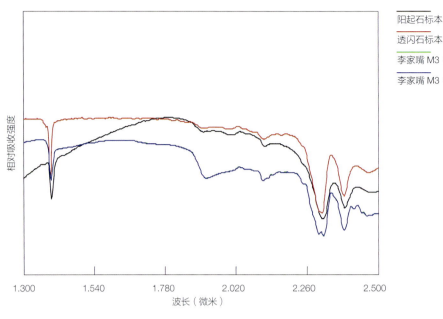

阳起石标本
透闪石标本
李家嘴 M3：3a
李家嘴 M3：3b

相对吸收强度

1.300　1.540　1.780　2.020　2.260　2.500

波长（微米）

图 2.85　李家嘴 M3：3 玉蛇形器近红外光谱图

图 2.86

李家嘴 M3：3 玉蛇形器

图 2.87

童家嘴 M1：2 玉柄形器

玉蛇形器，编号李家嘴M3：3（图2.85、图2.86），盘龙城第二阶段。器物出土于盘龙城李家嘴M3。原鉴定结果为蛇纹石，后经近红外光谱重新检测后确定其材质为软玉。表面呈灰白色，具有蜡状光泽，质地均匀。强沁蚀。一端残，疑似玉簪顶部，器物作双蛇盘绕状，两端为蛇头，圆眼，扁嘴，颈向前伸，作相互摆脱状，身呈蛇扭状，残段处残有钻孔痕迹。器身残长8.8、宽1.3厘米。

玉柄形器，编号童家嘴M1：2（图2.87、图2.88），盘龙城第三阶段。器物出土于盘龙城童家嘴M1。经近红外光谱检测后确定其材质为软玉，表面呈白色，具有蜡状光泽。器物作长条状，首段微弧，柄部内收，刃部有两处钻孔，均为单面钻，且底端的钻孔有明显的减地凹槽。器身长8.9、宽2厘米。通体素面，无装饰。

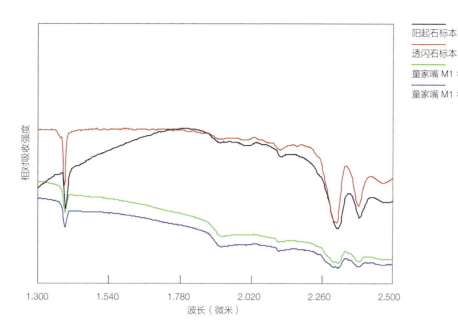

阳起石标本
透闪石标本
童家嘴 M1：2a
童家嘴 M1：2b

相对吸收强度

1.300　　1.540　　1.780　　2.020　　2.260　　2.500

波长（微米）

图 2.88　童家嘴 M1：2 玉柄形器近红外光谱图

　　玉柄形器，编号童家嘴M1：3（图2.89、图2.90），盘龙城第三阶段。器物出土于盘龙城童家嘴M1。经近红外光谱检测后确定其材质为软玉，表面呈灰白色，具有蜡状光泽。强沁蚀。器物作长条状，首端平，柄部内收，中部凹槽似切割遗留，底端微斜。器身长5、宽1.3厘米。通体素面，无装饰。

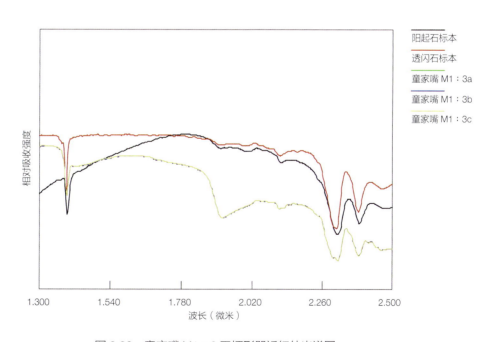

阳起石标本
透闪石标本
童家嘴 M1：3a
童家嘴 M1：3b
童家嘴 M1：3c

相对吸收强度

1.300　　1.540　　1.780　　2.020　　2.260　　2.500

波长（微米）

图 2.89　童家嘴 M1：3 玉柄形器近红外光谱图

　　玉饰残件，编号采集：310（图2.91、图2.92），盘龙城第二阶段。该器物为采集品，采集于盘龙城王家嘴地点。原鉴定结果为砂金石，后经近红外光谱重新检测后确定其材质为钠云母/锂云母。表面呈浅绿色，带灰斑，具有玻璃状光泽。强沁蚀。似鱼，头、嘴、眼、鳍线条可辨。鳍线条后侧有一小孔。器身长5.1、宽1.6厘米。

　　玉柄形器，编号王家嘴H7：4（图2.93、图2.94），盘龙城第二阶段。该器物出土于盘龙城王家嘴灰坑。原鉴定结果为蛇纹石，后经近红外光谱重新检测后确定其材质为软玉。表面呈灰白色，具有蜡状光泽。中度沁蚀。器物呈长条扁平状，首端平，柄部内收，底端为平刃，一端存在钻孔，疑似为改制玉器。器身长14.2、宽1.7厘米。通体素面，无装饰。

图2.90

童家嘴 M1：3 玉柄形器

图 2.91

采集：310 玉饰残件

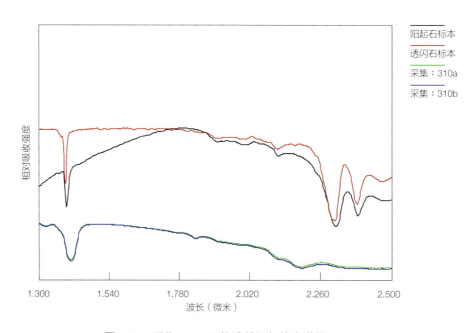

图 2.92　采集：310 玉饰残件近红外光谱图

玉长条形器，编号王家嘴：0315（图2.95、图2.96），盘龙城第二阶段。该器物为采集品，采集于盘龙城王家嘴地点。原鉴定结果为蛇纹石，后经近红外光谱重新检测后确定其材质为软玉。表面呈淡绿色，有灰斑，具有蜡状光泽。硬度3.5，强沁蚀。顶部残，刃部斜，刃略宽于顶，纵剖面一侧作楔形，一侧作棱脊状。器身长8.8、宽1.3厘米。通体素面，无装饰。

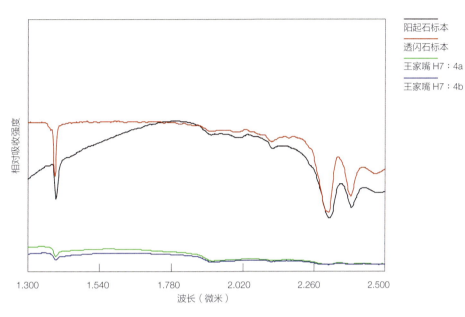

图 2.93　王家嘴 H7：4 玉柄形器近红外光谱图

图 2.95

王家嘴：0315 玉长条形器

图 2.94

王家嘴 H7：4 玉柄形器

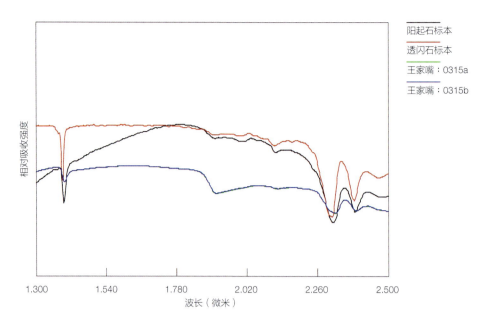

图 2.96　王家嘴：0315 玉长条形器近红外光谱图

　　玉簪，编号王家嘴T18②：1（图2.97、图2.98），盘龙城第三阶段。该器物出土于盘龙城王家嘴地层。经近红外光谱检测后确定其材质为软玉，表面呈灰白色泛红，具有蜡状光泽。器物呈扁长条状，一端似有加工痕迹且向内收，有减地的阶痕。器身长17.1、宽1.1厘米。通体素面，无装饰。

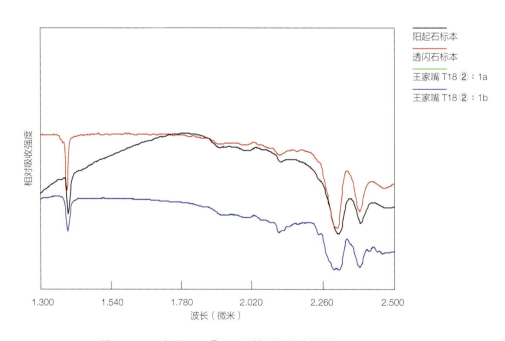

图 2.97　王家嘴 T18 ②：1 玉簪近红外光谱图

玉戈，编号王家嘴T7：5（图2.99、图2.100），盘龙城第二阶段。该器物出土于盘龙城王家嘴地层。经近红外光谱检测后确定其材质为软玉，表面呈浅绿色，夹块状棕红斑。为残器，援部上下刃，器身周边有多处半圆形钻孔痕迹，多为单面钻。器身长10、宽2.6厘米。

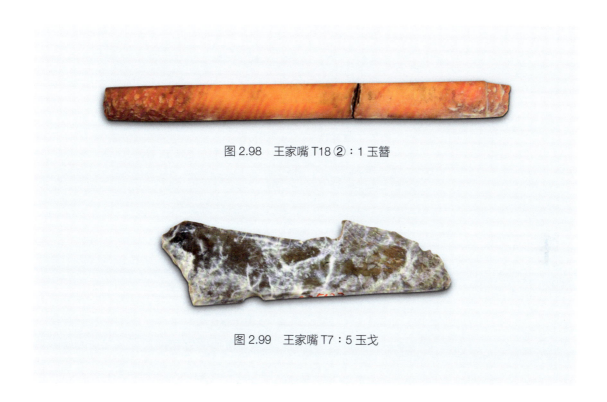

图 2.98　王家嘴 T18 ②：1 玉簪

图 2.99　王家嘴 T7：5 玉戈

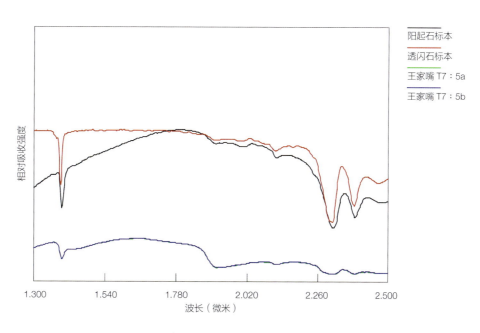

图 2.100　王家嘴 T7：5 玉戈近红外光谱图

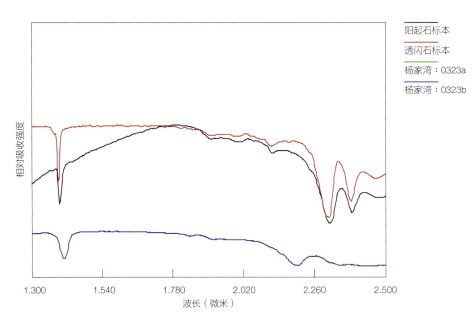

图 2.101　杨家湾：0323 玉纺轮近红外光谱图

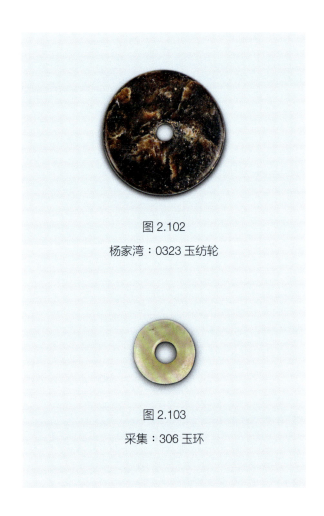

图 2.102

杨家湾：0323 玉纺轮

图 2.103

采集：306 玉环

玉纺轮，编号杨家湾：0323（图2.101、图2.102），盘龙城第三阶段。该器物为采集品，采集于盘龙城杨家湾地点。原鉴定结果为软玉，后经近红外光谱重新检测后确定其材质为白云母加迪开石。表面为深褐色，具有蜡状光泽。中沁蚀。器物呈圆饼状，周边垂直，中间有一孔，器物通体磨光。器身直径5.4、孔径0.77、厚0.7厘米。

玉环，编号采集：306（图2.103、图2.104），盘龙城第三阶段。该器物为采集品，采集于盘龙城杨家湾地点。材质为软玉，表面呈淡青色，具有油脂光泽。强沁蚀。器物周边作突棱状，孔径大于孔宽。器身外径2.1、内径0.7、厚0.4厘米。通体素面，无装饰。

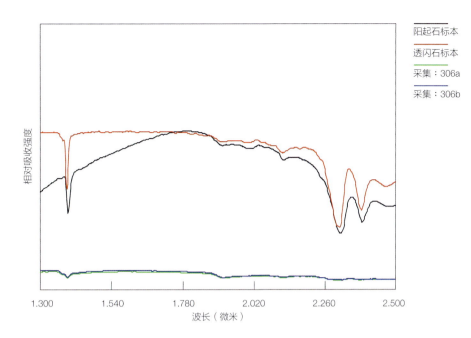

图 2.104　采集：306 玉环近红外光谱图

玉柄形器，编号采集：0308（图2.105、图2.106），盘龙城第三阶段。该器物为采集品，采于盘龙城杨家湾地点。原鉴定结果为蛇纹石，经近红外光谱重新检测后确定其材质为软玉。表面呈灰白色，具有蜡状光泽。硬度3.5，强沁蚀。一端残，器物呈长条状，柄首为方框状，柄部内收，下端作斜形双刃。器身长9.4、宽1.4厘米。通体素面，无装饰。

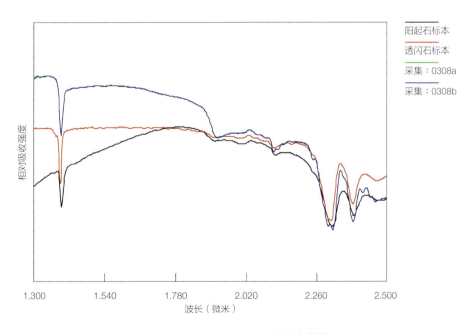

图 2.105　采集：0308 玉柄形器近红外光谱图

玉管，编号采集：309（图2.107、图2.108），年代不详。该器物为采集品，采于盘龙城杨家湾地点。材质为硅质云母/锂云母。表面呈淡棕色，具有蜡状光泽。强沁蚀。器物呈圆柱形，中部空。器身长3.1、截面直径2.3厘米。通体素面，无装饰。

玉柄形器，编号杨家湾H6⑤A：26（图2.109、图2.110），盘龙城第三阶段。器物出土于盘龙城杨家湾灰坑H6中。材质为软玉，表面呈浅绿色，具有油脂光泽。强沁蚀。器物作长条状，柄首作方形，柄两侧作弧状内束，柄与身有明显分界，柄身下端一侧有一穿孔，为

图 2.107

采集：309 玉管

图 2.106

采集：0308 玉柄形器

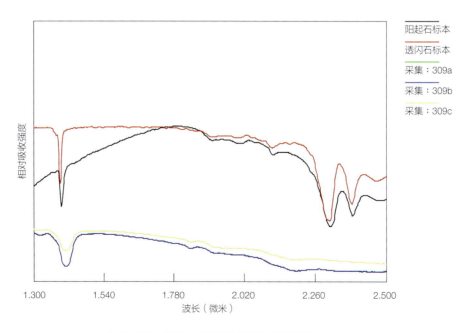

阳起石标本

透闪石标本

采集：309a

采集：309b

采集：309c

相对吸收强度

波长（微米）

图 2.108　采集：309 玉管近红外光谱图

单面钻孔，内镶圆形绿松石。器身长12.5、宽3.5、厚0.6厘米。

玉璜，编号杨家湾H6：44（图2.111、图2.112），盘龙城第三阶段。器物出土于盘龙城杨家湾灰坑H6中。原鉴定结果为蛇纹石，后经近红外光谱重新检测后确定其材质为软玉。表面呈灰白色，具有蜡状光泽。硬度3.5，强沁蚀。器物呈半弧形，内缘比较规整，外缘中部为扉牙饰，两端正中有圆孔和三角形槽。器身长11.6、宽2.7、厚0.4～0.5厘米。

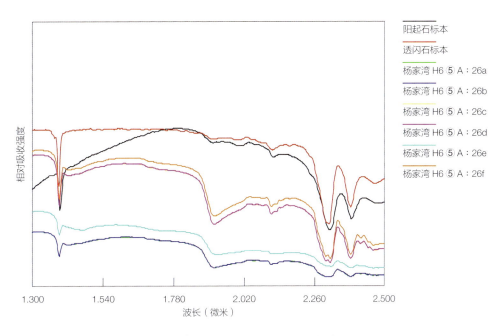

图2.109　杨家湾H6⑤A：26玉柄形器近红外光谱图

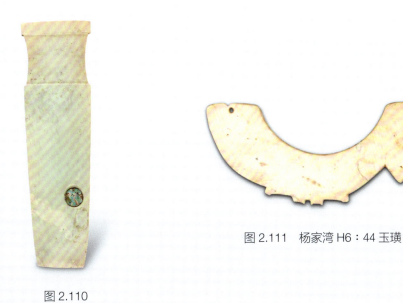

图2.110
杨家湾H6⑤A：26玉柄形器

图2.111　杨家湾H6：44玉璜

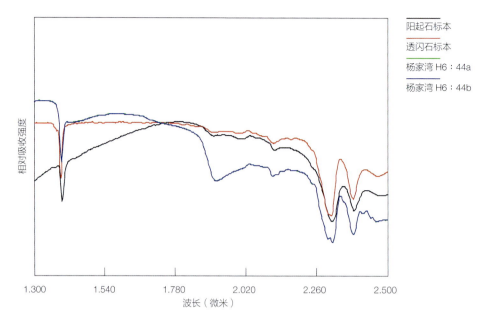

阳起石标本
透闪石标本
杨家湾 H6：44a
杨家湾 H6：44b

图 2.112　杨家湾 H6：44 玉璜近红外光谱图

　　玉戈，编号杨家湾 H6：4（图2.113、图2.114），盘龙城第三阶段。器物出土于盘龙城杨家湾灰坑 H6 中。原鉴定结果为蛇纹石，后经近红外光谱重新检测后确定其材质为软玉。表面呈棕黄色、灰白色，具有蜡状光泽。硬度3.5，强沁蚀。前锋为三角状，援部长条形，内援间有阑，阑略宽于内，内作长方形，内近阑处有一圆形穿，似是单面钻，且非一次钻成。器身通长36.3、宽6.4厘米。

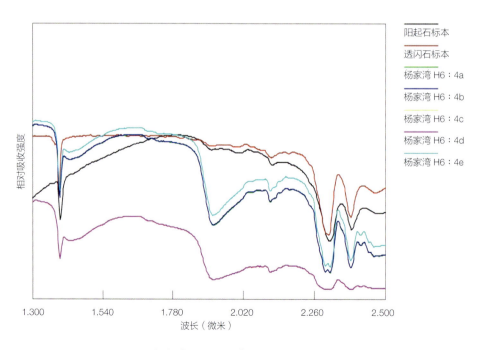

阳起石标本
透闪石标本
杨家湾 H6：4a
杨家湾 H6：4b
杨家湾 H6：4c
杨家湾 H6：4d
杨家湾 H6：4e

图 2.113　杨家湾 H6：4 玉戈近红外光谱图

玉钺，编号杨家湾M11：19（图2.115、图2.116），盘龙城第三阶段。器物出土于盘龙城杨家湾M11。经近红外光谱检测后确定其材质为蛇纹石加高岭石，表面呈黄褐色。整体制作粗糙，器物呈长条状，平刃，平顶，靠近顶处有一圆形钻孔，一端略弧，顶端扁圆。器身长24.3、刃宽6厘米。通体素面，无装饰。

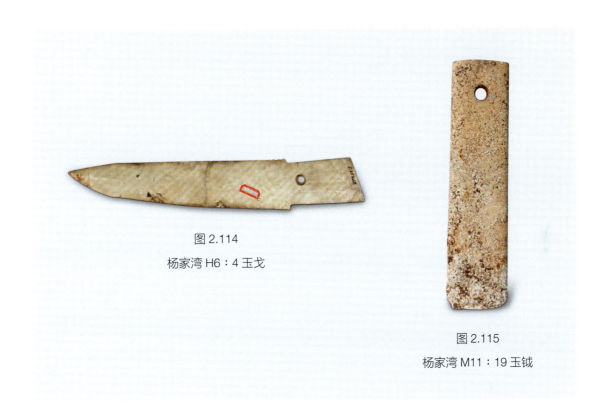

图 2.114
杨家湾 H6：4 玉戈

图 2.115
杨家湾 M11：19 玉钺

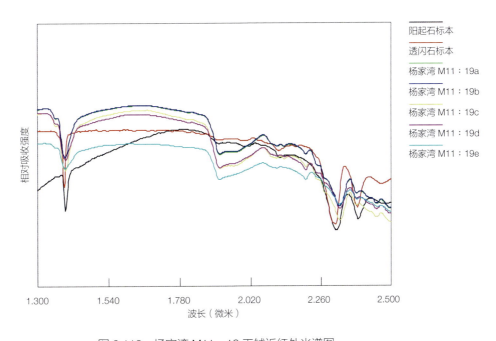

图 2.116　杨家湾 M11：19 玉钺近红外光谱图

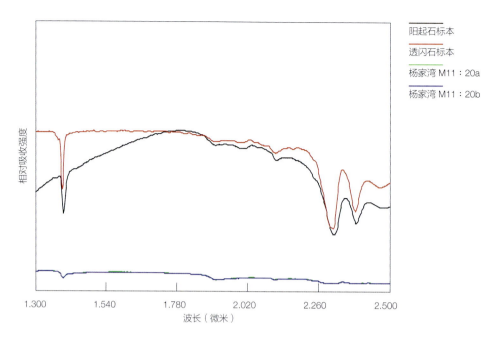

图 2.117　杨家湾 M11：20 玉柄形器近红外光谱图

图例：
阳起石标本
透闪石标本
杨家湾 M11：20a
杨家湾 M11：20b

相对吸收强度（纵轴）
波长（微米）（横轴）

图 2.118
杨家湾 M11：20 玉柄形器

图 2.119
杨家湾 M11：26 玉柄形器

　　玉柄形器，编号杨家湾M11：20（图2.117、图2.118），盘龙城第三阶段。器物出土于盘龙城杨家湾M11。材质为软玉，表面呈浅绿色，具有油脂光泽。弱沁蚀。器物作长条状，柄部内收，首端作宽唇箍状，下端作斜三角。器身长13.5、宽2.4、厚0.4厘米。通体素面，无装饰。

　　玉柄形器，编号杨家湾M11：26（图2.119、图2.120），盘龙城第三阶段。器物出土于盘龙城杨家湾M11。原鉴定结果为软玉，后经近红外光谱重新检测后发现虽然为软玉但可能含有绿泥石。表面呈黄白色且泛绿，具有油脂光泽。弱沁蚀。器物作长条状，柄部内收，首端平直作宽唇箍状，下端作斜三角状。柄部有一凸弦纹。下端一侧有一个半圆凹槽，径0.5厘米，另一侧排列有5个长方凹槽，槽宽0.2～0.3厘米，凹槽一面有刻线四道，另一侧面有六道刻线。器身长24.4、宽2.2、厚0.5厘米。

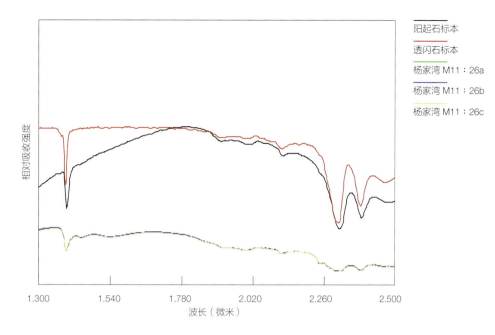

图 2.120　杨家湾 M11：26 玉柄形器近红外光谱图

　　玉戈，编号杨家湾M11：43（图2.121、图2.122），盘龙城第三阶段。器物出土于盘龙城杨家湾M11。原鉴定结果为蛇纹石，后经近红外光谱重新检测后确定其材质为软玉。表面呈棕黄色，具有油脂光泽。硬度3.5，强沁蚀。援前锋为三角形，阑与内交界处有一圆形穿，内作长条形，援上下临近阑处皆有三组短凸棱，每组两根，阑两端上各有两根凸棱。器身通长35.8、内宽7.5、阑宽8.4厘米。

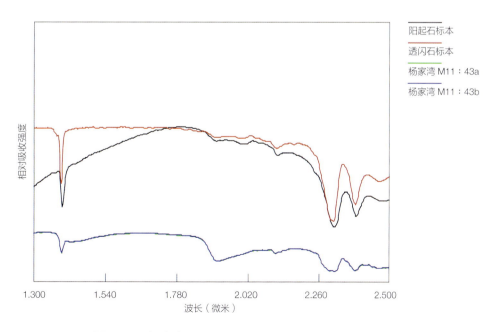

图 2.121　杨家湾 M11：43 玉戈近红外光谱图

图 2.122
杨家湾 M11：43 玉戈

图 2.123
杨家湾 M11：8 玉斧

　　玉斧，编号杨家湾M11：8（图2.123、图2.124），盘龙城第三阶段。器物出土于盘龙城杨家湾M11。材质为软玉，表面呈黄褐色，带有棕色条纹。器物呈长条状，首端微弧，靠近首端有一单面钻孔，底端为弧形。器身长16、宽4.7、厚2.1厘米。通体素面，无装饰。

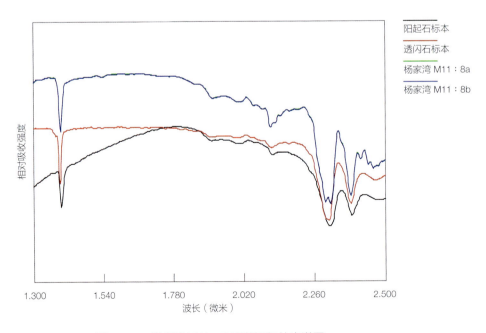

图 2.124　杨家湾 M11：8 玉斧近红外光谱图

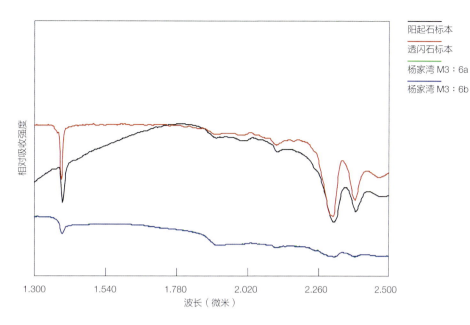

阳起石标本
透闪石标本
杨家湾 M3：6a
杨家湾 M3：6b

相对吸收强度

1.300　　1.540　　1.780　　2.020　　2.260　　2.500
波长（微米）

图 2.125　杨家湾 M3：6 玉簪近红外光谱图

玉簪，编号杨家湾M3：6（图2.125、图2.126），盘龙城第三阶段。器物出土于盘龙城杨家湾M3。原鉴定结果为蛇纹石，后经近红外光谱重新检测后确定其材质为软玉。表面呈灰白色，具有蜡状光泽。硬度3.5，强沁蚀。器物作多棱体状，尖端扁圆，底端残。器身残长9.3、宽1.1、厚0.7厘米。通体素面，无装饰。

玉柄形器，编号杨家湾M5：5（图2.127、图2.128），盘龙城第三阶段。器物出土于盘龙城杨家湾M5。材质为软玉，表面呈浅绿色，具有蜡状光泽。器物呈长条状，柄首作方框状，柄部内收，柄与身有明显分界，器物下端残，刃部斜。器身长7.9、宽1.8厘米。通体素面，无装饰。

图 2.126
杨家湾 M3：6 玉簪

图 2.127
杨家湾 M5：5 玉柄形器

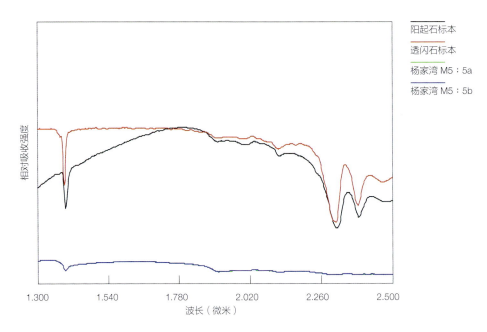

阳起石标本
透闪石标本
杨家湾 M5：5a
杨家湾 M5：5b

相对吸收强度

波长（微米）

图 2.128　杨家湾 M5：5 玉柄形器近红外光谱图

　　玉柄形器，编号杨家湾M7：11（图2.129、图2.130），盘龙城第三阶段。器物出土于盘龙城杨家湾M7。原鉴定结果为蛇纹石，后经近红外光谱重新检测后确定其材质为软玉。表面呈灰白色，具有蜡状光泽。硬度3.5，强沁蚀。器物作扁平长方状，下端作斜刃，柄部内收，柄首作方框状，下端边缘有一半圆槽。器身长9、宽2.2、厚0.6厘米。

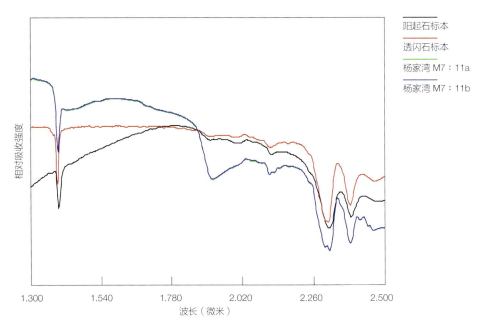

阳起石标本
透闪石标本
杨家湾 M7：11a
杨家湾 M7：11b

相对吸收强度

波长（微米）

图 2.129　杨家湾 M7：11 玉柄形器近红外光谱图

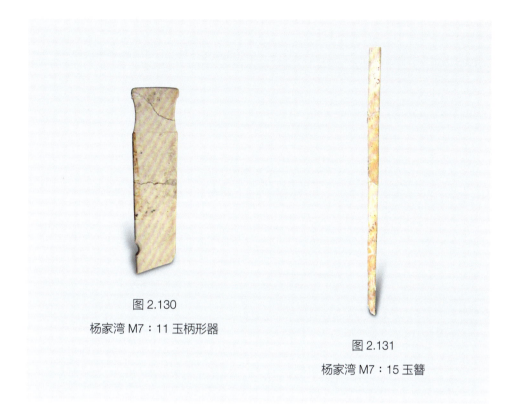

图 2.130

杨家湾 M7：11 玉柄形器

图 2.131

杨家湾 M7：15 玉簪

　　玉簪，编号杨家湾M7：15（图2.131、图2.132），盘龙城第三阶段。器物出土于盘龙城杨家湾M7。原鉴定结果为蛇纹石，后经近红外光谱重新检测后确定其材质为软玉。表面呈灰白色，具有蜡状光泽。强沁蚀。器体为扁圆形，一端粗，一端细，顶端平，尖部残缺。器身长17.2、直径0.8厘米。通体素面，无装饰。

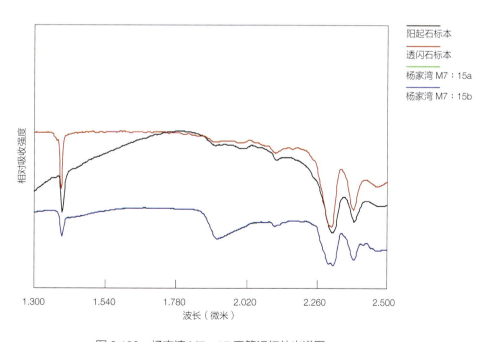

阳起石标本

透闪石标本

杨家湾 M7：15a

杨家湾 M7：15b

图 2.132　杨家湾 M7：15 玉簪近红外光谱图

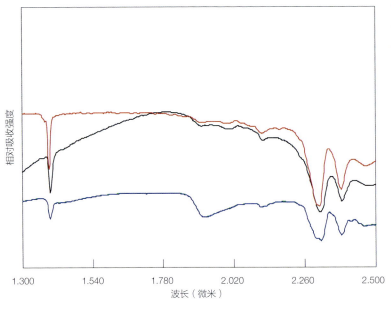

相对吸收强度

波长（微米）

图 2.133　杨家湾 M7：16 玉簪近红外光谱图

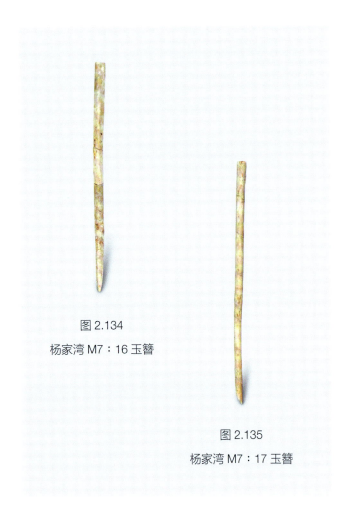

图 2.134

杨家湾 M7：16 玉簪

图 2.135

杨家湾 M7：17 玉簪

　　玉簪，编号杨家湾 M7：16（图2.133、图2.134），盘龙城第三阶段。器物出土于盘龙城杨家湾 M7。原鉴定结果为蛇纹石，后经近红外光谱重新检测后确定其材质为软玉。表面呈灰白色，具有蜡状光泽。硬度3.5，强沁蚀。器体扁圆，一端较粗，一端为尖锥状。器身长14.6、直径0.6厘米。通体素面，无装饰。

　　玉簪，编号杨家湾 M7：17（图2.135、图2.136），盘龙城第三阶段。器物出土于盘龙城杨家湾 M7。原鉴定结果为蛇纹石，后经近红外光谱重新检测后确定其材质为软玉。表面呈灰白色，具有蜡状光泽。强沁蚀。器体为圆柱形，顶端平，尖端残，微斜。器身长16.8、直径0.6厘米。通体素面，无装饰。

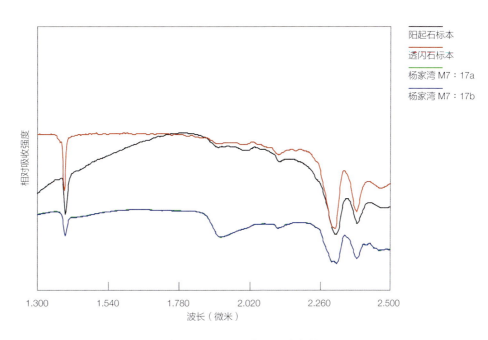

图 2.136　杨家湾 M7∶17 玉簪近红外光谱图

玉簪，编号杨家湾M7∶18（图2.137、图2.138），盘龙城第三阶段。器物出土于盘龙城杨家湾M7。原鉴定结果为蛇纹石，后经近红外光谱重新检测后确定其材质为软玉。表面呈灰白色，具有蜡状光泽。硬度3.5，强沁蚀。柄作长方体，柄下部分双柱并立，为双叉。柄上饰有两组凸弦纹，每组两根。器身长16.7、宽2.3厘米。

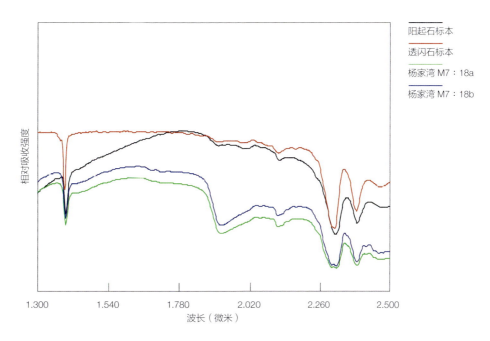

图 2.137　杨家湾 M7∶18 玉簪近红外光谱图

玉环，编号杨家湾T3⑤：12（图2.139、图2.140），盘龙城第三阶段。器物出土于盘龙城杨家湾地层T3中。原鉴定结果为蛇纹石，后经近红外光谱重新检测后确定其材质为软玉。表面呈灰白色，具有蜡状光泽。硬度3.5，强沁蚀。为残器，器物作窄面环状，断面呈扁长方形。器身残长3.8、宽0.7厘米。通体素面，无装饰。

图 2.139
杨家湾 T3 ⑤：12 玉环

图 2.138
杨家湾 M7：18 玉簪

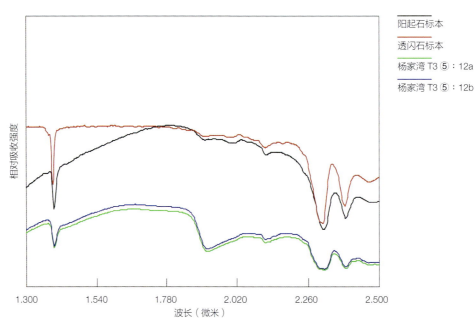

图 2.140　杨家湾 T3 ⑤：12 玉环近红外光谱图

玉戈，编号杨家湾T3③：11（图2.141、图2.142），盘龙城第三阶段。器物出土于盘龙城杨家湾地层T3中。原鉴定结果为蛇纹石，后经近红外光谱重新检测后确定其材质为软玉。表面呈棕色，夹有褐斑块，具有蜡状光泽。硬度3.5，强沁蚀。前锋为三角状，援部长条形，内援间有阑，阑略宽于内，内作长方形，内近阑处有一小圆形穿，内末残。器身残长55.3、宽9.2厘米。

玉柄形器，编号杨家嘴：314（图2.143、图2.144），年代不详。该器物为采集品，采集于盘龙城杨家嘴地点。经近红外光谱检测后确定其材质为软玉。表面呈黄白灰斑，具有蜡状光泽。硬度3.5，强沁蚀。器物作长条状，柄首为弧形，柄部内收，下端作铲形，背后有一凹坑。器身长9.2、宽2.8厘米。

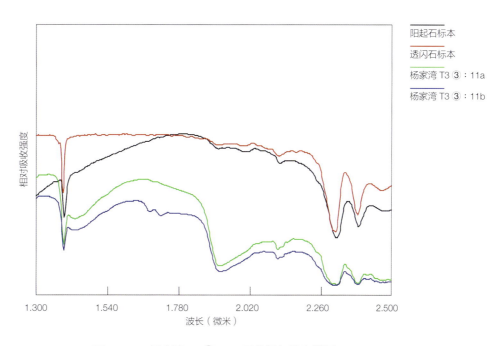

图 2.141　杨家湾 T3 ③：11 玉戈近红外光谱图

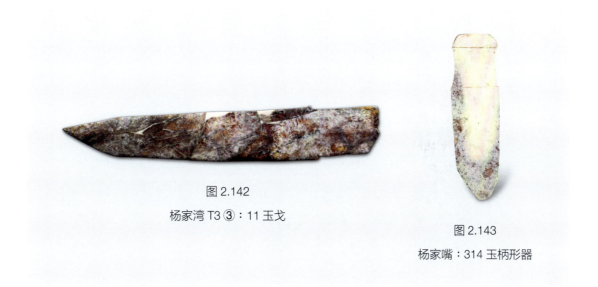

图 2.142
杨家湾 T3 ③：11 玉戈

图 2.143
杨家嘴：314 玉柄形器

071

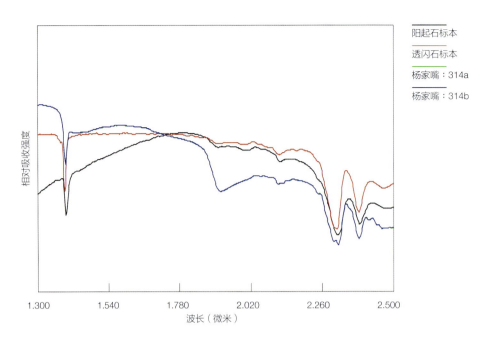

图 2.144　杨家嘴：314 玉柄形器近红外光谱图

玉柄形器，编号杨家嘴M1：11（图2.145、图2.146），盘龙城第二阶段。该器物出土于盘龙城杨家嘴M1。材质为软玉。表面呈黄绿色，刃端沁为浅绿色，抛光较好。器物呈不规则的长条形，底端和刃端均呈弧形，中部较厚并起脊。一侧内收，边缘有刃，原系玉戈改成。两面起脊处各有t11道弦纹。器身长13.6、宽3厘米。

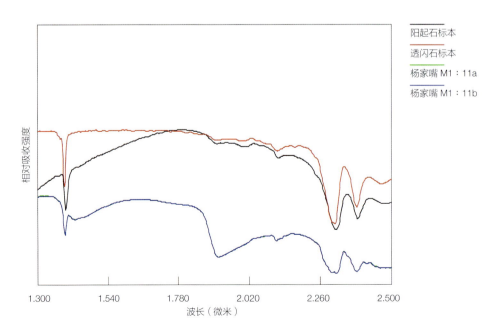

图 2.145　杨家嘴 M1：11 玉柄形器近红外光谱图

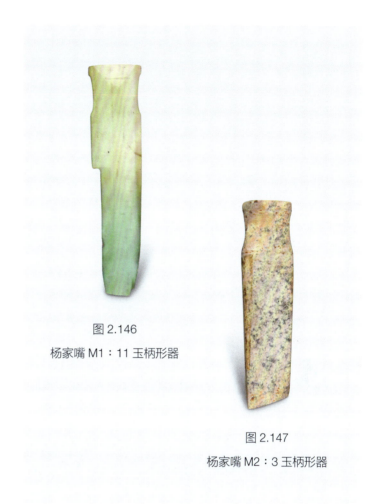

玉柄形器，编号杨家嘴M2：3（图2.147、图2.148），盘龙城第二阶段。该器物出土于盘龙城杨家嘴M2。经近红外光谱检测后确定其材质为软玉。表面呈灰白色，具有蜡状光泽。硬度3.5，中度沁蚀。器物呈长条状，柄段内收，上下有两道凹槽，刃部倾斜。器身长9.2、宽2.1厘米。

玉柄形器，编号杨家嘴M2：8（图2.149、图2.150），盘龙城第二阶段。该器物出土于盘龙城杨家嘴M2。材质为软玉。表面呈白色，具有蜡状光泽。弱沁蚀。器物作长条状，柄首作方框形，柄部内收，两侧到刃部内收，刃部平。器身长14.3、宽1.6、厚1厘米。通体素面，无装饰。

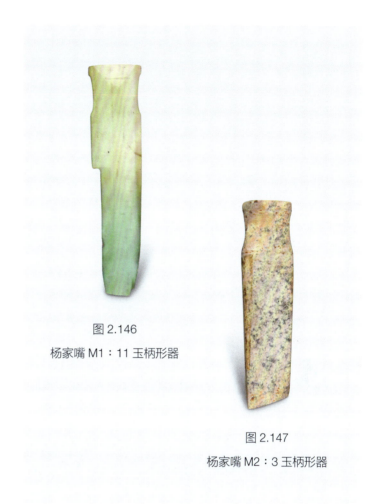

图 2.146
杨家嘴 M1：11 玉柄形器

图 2.147
杨家嘴 M2：3 玉柄形器

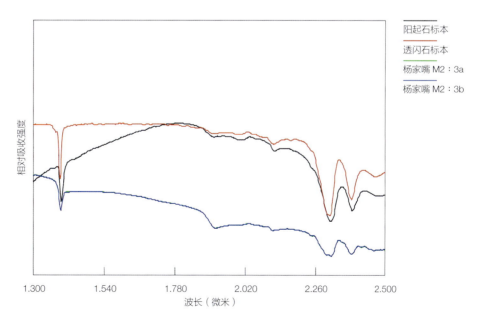

阳起石标本
透闪石标本
杨家嘴 M2：3a
杨家嘴 M2：3b

图 2.148　杨家嘴 M2：3 玉柄形器近红外光谱图

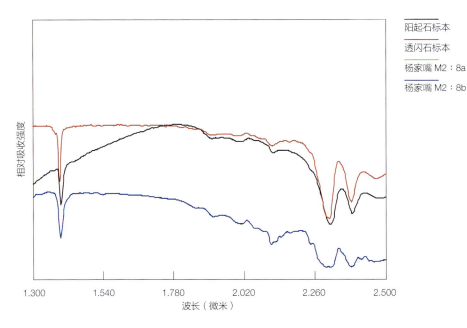

相对吸收强度

波长（微米）

阳起石标本
透闪石标本
杨家嘴 M2：8a
杨家嘴 M2：8b

图 2.149　杨家嘴 M2：8 玉柄形器近红外光谱图

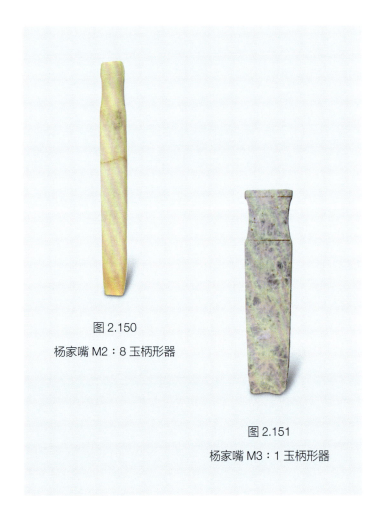

图 2.150
杨家嘴 M2：8 玉柄形器

图 2.151
杨家嘴 M3：1 玉柄形器

玉柄形器，编号杨家嘴M3：1（图2.151、图2.152），盘龙城第三阶段。该器物出土于盘龙城杨家嘴M3。原鉴定结果为蛇纹石，后经近红外光谱重新检测后确定其材质为软玉。表面呈灰白色，具有蜡状光泽。硬度3.5，强沁蚀。器物作长条状，柄部内收，柄与身有明显分界，底端残，应为平刃。器身长9.1、宽2.2、厚0.5厘米。通体素面，无装饰。

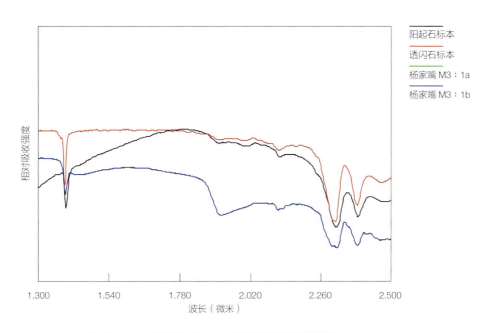

图 2.152　杨家嘴 M3：1 玉柄形器近红外光谱图

　　有孔玉饰，编号杨家嘴M4：10（图2.153、图2.154），盘龙城第三阶段。该器物出土于盘龙城杨家嘴M4。原鉴定结果为蛇纹石，后经近红外光谱重新检测后确定其材质为软玉。表面呈青灰色，具有蜡状光泽。硬度3.5，强沁蚀。器物作上窄下宽的梯形，顶端有一圆孔。器身长5.7、宽10.3厘米。通体素面，无装饰。

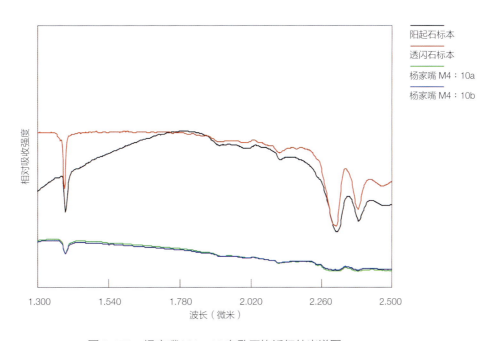

图 2.153　杨家嘴 M4：10 有孔玉饰近红外光谱图

玉柄形器，编号杨家嘴M9：6（图2.155、图2.156），盘龙城第二阶段。该器物出土于盘龙城杨家嘴M9。原鉴定结果为蛇纹石，后经近红外光谱重新检测后确定其材质为软玉。表面呈灰白色，夹红斑，具有蜡状光泽。硬度3.5，强沁蚀。器物作长条状，柄部略向内凹，刃部平。器身长10.5、宽2.5厘米。通体素面，无装饰。

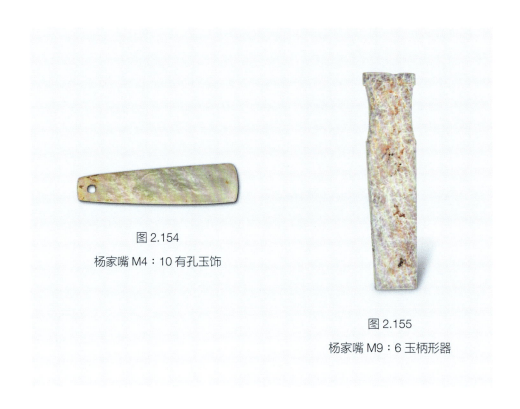

图 2.154

杨家嘴 M4：10 有孔玉饰

图 2.155

杨家嘴 M9：6 玉柄形器

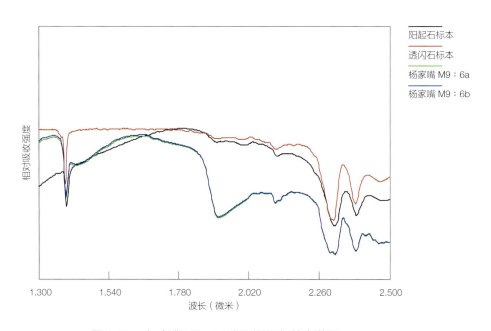

图 2.156　杨家嘴 M9：6 玉柄形器近红外光谱图

第四节　小　　结

在我们抽选的64件玉器之中，有52件曾经被鉴定过材质。其中包括砂金石1件、软玉16件、蛇纹石35件。根据玉的矿物学概念以及过往的材质鉴定结果，可以看到真正为"玉"的实际仅占一小部分，而大部分则属于非"玉"类材质。如此一来，盘龙城先民对于"玉"的认知似乎与我们当下依据矿物学概念所产生的认知有所差异。那么实际情况是否如此？当我们重新对这些器物进行近红外光谱的分析之后发现，答案可能是否定的。

经重新分析后，64件样品中，60件为透闪石－阳起石类软玉，另有1件蛇纹石和3件云母类矿物（见附表一）。可以看到的是，这一结果与之前有着明显的不同，样品中几乎全部的器物均为矿物学中的"玉"。而这一结果让我们对盘龙城遗址出土玉器的材质有了全新的认知，并同时带来了两点思考。

第一，关于玉器的材质鉴定方面。以往仅仅凭借裸眼观察而鉴别玉器的方式似乎并不准确，可以看到大量的软玉被识别为了蛇纹石，这一结果显然与实际情况相去甚远。同时，以往的裸眼鉴定也忽视了保存环境对于器物的影响。实际上，盘龙城地处长江中游，遗址内及周边遍布典型的第四纪网纹红土。该类土壤酸性较高，具有较强的腐蚀性，同时长江中游的亚热带季风气候以及水位的季节性波动也造成大量器物的保存环境在持续地进行饱水与脱水、潮湿与干燥的交替变化之中，因此在地质与气候双重因素的叠加之下，盘龙城遗址出土的各类器物往往保存极差，并与该器物的原始状态可能产生很大的差别，这也就造成若仅是依据裸眼判断器物的物理特征，可能得到与真实情况完全不同的结果。在面对这样的情况下，裸眼观察与一定的科学分析或许是更优的选择。

第二，关于玉料的来源方面。虽然目前我们并不能确定盘龙城玉器原料的具体来源，但根据现有的数据来看，我们依旧可以辨识出盘龙城玉料的来源是单一的还是多元的。前面我们提到过，自然界软玉主要有两种地质产状，一种是产于镁质大理岩，另一种与蛇纹石化超基性岩伴生，而两者在1300～1600nm之间的波形有所区别，因此可以有效地帮助我们大体辨识软玉的地质产状。在盘龙城所见的玉器中，两种地质产状所形成的软玉都可见到。由此可见，盘龙城的玉料的来源应是多元的而非单一的。

第三章

绿 松 石 器

第一节 发 现 概 述

自1954年首次发现以来，盘龙城遗址的考古发掘取得了丰富的成果，揭示了许多重要的遗迹和遗物。在这些发掘中，出土了大量的绿松石管、绿松石片等重要的器物。其中，2013年的一次发现尤为引人注目。武汉大学历史学院和盘龙城遗址博物馆联合进行的发掘在盘龙城杨家湾遗址17号墓中发现了一件独特的文物，即商文化系统中迄今为止发现的年代最早、出土单位最为明确的金片绿松石兽面形器。该器由500余块不规则的绿松石片和5片金片组成。对这一文物的复原和原貌重建研究由孙卓[1]、唐际根[2]等学者进行，为我们深入了解商代文化的艺术表现、工艺水平和社会结构提供了宝贵的资料。除此之外，在盘龙城数十年的考古工作之中，还有很多零散的绿松石器物被发现，它们大多出自于墓葬之中，并且以往一些研究者也零散地披露过一些相关信息。为了对盘龙城遗址出土绿松石器有更为完整的认知，我们将在本节中梳理过往的发现，以求更为系统地展示盘龙城遗址出土的绿松石器。

一、杨家湾

作为商代贵族墓葬的主要分布区域，在过去数十年的考古工作中，考古人员在盘龙城杨家湾发现有数座高等级商代贵族墓葬出土有大量的绿松石器。大多数的绿松石器以散片的形式出土，但也不乏一些保存良好且具有明显形态的绿松石器，如M17中所出土的金片绿松石兽面形器，以及由墓葬中出土的绿松石管珠所组成的串饰。以下我们将分别对杨家湾地点出土的绿松石器发现进行简要的介绍。

（一）M11

1989年冬季，湖北省文物考古研究所在杨家湾岗地南坡发掘杨家湾M11，墓葬为长方形竖穴土坑墓，方向20°，面积3.5平方米，出土随葬品57件（套），包括1件铜大圆鼎，4套铜觚、爵、斝及3件绿松石器等，属于高等级贵族墓葬，年代为盘龙城遗址第七期。

3件绿松石器位于墓坑内中北部偏东侧，北部的杨家湾M11：17绿松石器由两处南北相邻、较为对称的残件组成，中部的杨家湾M11：27和杨家湾M11：49绿松石器均为1个圆形绿松石片。《盘龙城（1963～1994）》仅对杨家湾M11：49绿松石器进行描述，"圆形，器表光滑，一面平，一面略呈弧状。上有浅裂纹。此件可能为铜器上的装饰件。直径1.3、厚0.15厘米"，现收藏于湖北省博物馆（图3.1），呈现蓝绿色，圆泡形状，似为眼珠，应与杨家湾M11：27配套为一对。

---

[1] 武汉大学历史学院、盘龙城遗址博物院：《武汉市盘龙城遗址杨家湾商代墓葬发掘简报》，《考古》2017年第3期；孙卓：《盘龙城杨家湾M17出土青铜牌形器和金片绿松石器的复原》，《江汉考古》2018年第5期。

[2] 唐际根、吴健聪、董玮等：《盘龙城杨家湾"金片绿松石兽形器"的原貌重建研究》，《江汉考古》2020年第6期。

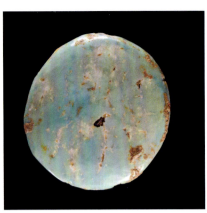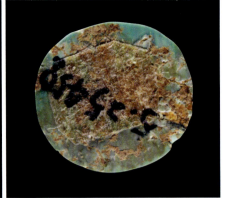

图 3.1　杨家湾 M11：49 绿松石器

盘龙城遗址博物院收藏有2件编号杨家湾M11：17的绿松石器。其中1件为石膏加固带土提取（馆藏号01587），根据观察此器是由若干较大的长条形蚌片和12个较小的几何形绿松石片组成（图3.2）。其中2个相对较大的绿松石片已脱落，原有位置不详。脱落的凸尖矩形绿松石片，表面光滑，一侧为圆弧边，中间凸起一尖，可能为额饰，长0.84、宽0.45、厚0.18厘米；脱落的不规则形绿松石片，正面磨光，一侧为弧边，另外4侧为斜直边，长径1.43、短径0.98、厚0.26厘米（图3.3）。10个几何形绿松石片围绕一圆角长方形蚌片排列组成弧线形纹饰带（图3.4）。另外1件为散乱的蚌片和绿松石片（馆藏号01588），同样是蚌片较多，绿松石片较少，但是蚌片质地脆弱，大多破碎，共计有20个绿松石片和9个完整的蚌片。20个绿松石片包括4个扇形、5个三角形、7个梯形、2个长方形、1个凸尖矩形和1个不规则形（图3.5），长

图 3.2　杨家湾 M11：17 绿松石器

（馆藏号 01587）

图 3.3　杨家湾 M11：17 绿松石器　　　　图 3.4　杨家湾 M11：17 绿松石器

（馆藏号 01587）脱落的绿松石片　　　　　（馆藏号 01587）局部

图3.5 杨家湾M11：17绿松石器（馆藏号01588）　　图3.6 杨家湾M11：17蚌片（馆藏号01588）

0.38～1.43、宽0.24～1.06、厚0.07～0.24厘米，颜色为深绿、青绿色，多数为斜边，即正面大、背面小，正面磨光，背面粗糙。9个完整的蚌片包括4个扇形、3个椭圆形、2个长方形（图3.6），体形较大，长1.98～2.64、宽0.99～1.55、厚0.21～0.27厘米，侧边较为平直，正面磨光呈青绿色，背面较粗糙呈灰色，个别黏附灰黑色物质。

（二）M13

20世纪70年代，杨家湾M13被当地村民建房占压并遭到取土破坏。2001年和2006年，武汉市文物考古研究所等单位前后两次发掘清理该墓葬。墓葬面积达11.89平方米，方向约18°，保留有棺椁痕迹及殉狗、殉人等重要遗存，出土残余随葬品30余件（套），年代属盘龙城遗址第六期。

在墓坑北部有5处位置出土绿松石残件，其中2件位于东北角坑内、2件位于棺椁板上、1件位于西北角坑内。《商代盘龙城遗址杨家湾十三号墓清理简报》描述5件绿松石器分为两类，即贝壳绿松石饰和绿松石饰，具体描述如下：

贝壳绿松石饰　1件（杨家湾M13：9），残。呈绿色，由数十块个体较小的绿松石片和贝壳组成，贝壳均切割成长方形，其个体均大于绿松石片，绿松石片形状各异，但表面光滑，以四边形为主，少量三角形。在四边形中长条状比例较大，加工精细，边缘光滑。其中有两块较为突出：其一，呈五边形，长2.1、宽1～1.6厘米，是贝壳绿松石饰中最大的一块，一面有细小坑，但进行过磨制；另一面略弧且光滑，五边均经磨制。其二，呈椭圆形，似鸟眼珠，面边经磨制光滑，个体较小。

绿松石饰一　1件（杨家湾M13：11），残。呈绿色，由数十块个体较小、形状各异的绿松石薄片组成，边缘光滑，近似长方形，其中短边约占长边的三分之二，其中仅有一块绿松石呈椭圆形，似鸟眼珠。其中个体最大的绿松石长1.4、宽0.5、厚0.2厘米。

绿松石饰二　1件（杨家湾M13：12），残。呈绿色，由四块个体较小的四边形绿松石组成，边缘经磨制光滑，摆塑成弧状，其中个体最大的长1.2、宽0.6厘米（图3.7）。

绿松石饰三　1件（杨家湾M13：13），残。呈绿色，由数十块个体较小的绿松石片组成，主要形状有四边形、长条状、三角形等，其中有一块呈弧扇形形状，这些形状各异的

图 3.7 杨家湾 M13：12 绿松石嵌片

绿松石，边缘均经磨制，且有光泽。个体最大的长1.2、宽0.4、厚0.1厘米。

绿松石饰四 1件（杨家湾M13：15），残。呈绿色，由数块绿松石组成，其中最大的一块为四边形，也是中间唯一最特殊的一块，长1.3、宽1.2、厚0.2厘米。每边内凹呈弧状，边缘经人工修整，磨制光滑，两面较平。其余体积均小于上述一块，形状有不规则的四边形和少量的三角形，仅表面略有磨制，具有一定光泽度，边缘较为粗糙。

《武汉市盘龙城遗址杨家湾M13发掘简报》将5件绿松石器同样分为两类，即一类是"M13：11～M13：13、M13：15均为绿松石片组成，薄片数量从几片到数十片之间，形状面貌不甚清楚，绿松石片体型较小，一般长度不超过1.4、宽度不超过1.2、厚度0.2厘米；均切割而成，形状各异，有四边形、三角形、长方形、扇形、椭圆形等"，一类是"M13：9为蚌片绿松石饰件，由数十块个体较小的绿松石片和蚌片组成，蚌片多为长方形，体量大于绿松石片，绿松石片形状各异，以四边形为主，少量为三角形"①。

盘龙城遗址博物院收藏有杨家湾M13出土5件绿松石器提取后的散片及相关出土现场照片。初步确认杨家湾M13：9、M13：11、M13：12（图3.8）、M13：13（图3.9）均由蚌片、绿松石片镶嵌组成，杨家湾M13：15仅提取有残余的数十个绿松石片，但不排除是绿松石片和蚌片组合镶嵌饰物。绿松石片个体较小，数量较少，以蓝绿色、青绿色为主，多为面大底小的几何形状；蚌片个体较大，数量较多，形状以长条形为主，绝大部分蚌片已腐朽，提取有些许碎片。

经过室内整理，杨家湾M13共出土201个绿松石片，其中杨家湾M13：9有37个（图3.10）、杨家湾M13：11有94个（图3.11）、杨家湾M13：12有4个、杨家湾M13：13有26个（图3.12）、杨家湾M13：15有40个（图3.13）。

图 3.8 杨家湾 M13：12 蚌片绿松石器

图 3.9 杨家湾 M13：13 蚌片绿松石器

① 盘龙城遗址博物院：《武汉市盘龙城遗址杨家湾M13发掘简报》，《江汉考古》2018年第5期。

图 3.10　杨家湾 M13：9 部分绿松石嵌片

图 3.11　杨家湾 M13：11 部分绿松石嵌片

图 3.12　杨家湾 M13：13 部分绿松石嵌片

图 3.13　杨家湾 M13：15 绿松石嵌片

　　形状主要有16个三角形、44个矩形、41个梯形、45个扇形、2个椭圆形、2个凸尖矩形和51个不规则形。

　　三角形绿松石片有2个直角三角形、6个锐角三角形和8个钝角三角形，少量三角形的一边微弧，底边长0.27～1、高0.24～0.63、厚0.12～0.18厘米，重0.04～0.1克。

　　矩形绿松石片包括3个正方形、32个长方形、9个平行四边形。正方形边长0.38～0.77、厚0.12～0.16厘米，长方形长0.38～0.92、宽0.18～0.51、厚0.09～0.17厘米，平行四边形底边长0.46～1.2、高0.03～0.56、厚0.09～0.17厘米，重0.01～0.22克。

　　梯形绿松石片，其中有34个直角梯形，底边长0.19～1.2、高0.25～0.65、厚0.09～0.2厘米，重0.02～0.18克。

　　扇形绿松石片包括15个锐角或直角扇形以及30个扇环，弧长0.43～1.23、半径0.16～0.78、厚0.08～0.21厘米，重0.02～0.13克。

　　椭圆形绿松石片，一头尖一头椭圆，类似水滴形状，2个绿松石片长径分别为0.86、

1.02，短径分别为0.52、0.72，厚分别为0.12、0.16厘米，重分别为0.16、0.21克。

凸尖矩形绿松石片出土于PYWM13：10，两个长短不一的弧边形成凸尖状，底边长均为1，高分别为0.4、0.7，厚分别为0.15、0.17厘米，重分别为0.17、0.2克。

不规则形绿松石片，主要是不规则的四边形和五边形，体量一般相对较大，长边0.32～1.56、高0.14～0.71、厚0.07～0.18厘米，重0.01～0.35克。

（三）M17

2013年底，武汉大学历史学院、盘龙城遗址博物馆在杨家湾大型建筑基址F4西侧发掘一处商代贵族墓地，其中杨家湾M17规模较大，面积4.64平方米，出土有残大玉戈、铜牌饰件以及铜带鋬觚形器等重要文物，年代属盘龙城遗址第七期，是盘龙城晚期的高等级贵族墓葬。《武汉市盘龙城遗址杨家湾商代墓葬发掘简报》描述，"墓室填土中及墓底还见到大量绿松石片和绿松石管，应是从其他镶嵌品或挂饰上脱落而来，由于分布零散，具体的出土位置并未一一标出。绿松石片数量较多。形状不一，多为扁平的长方形或梯形，不见穿孔。长径多在0.5厘米左右。绿松石管数量较多。基本形态为橄榄形，两端略窄，中间较宽，有圆形穿孔。长度多在1厘米左右。以上绿松石片和绿松石管多散落在墓葬填土中"[①]。

除了散碎的绿松石管片外，还出土了相对较完整的绿松石镶金饰件，"金片绿松石兽面形器（M17：31）（图3.14），兽面由不规则的绿松石片组成，呈两组分布于南北两侧。中间则见较小的方形或梯形绿松石片，横向卷曲排列，或为兽面的角或躯干。兽面的眉、目和牙用金片装饰，视觉效果十分突出，另在北侧一组兽面的东部见有菱形的金片和绿松石片排列，应为兽面鼻梁的部分。整个装饰推测为一对称展开的兽面，可能原来附着于有机质器物上，腐朽之后，使得兽面纹散落成两组。揭露时在绿松石片上下曾发现黑灰色物质，应是所附着器物的痕迹。发现金片后，我们对该物进行了整体提取，并在室内做了完整的清理。在提取过程中，并未在周边发现其他绿松石片和金片的迹象，表明器物已被完全揭取。通过X光检测，该层兽面纹之下无其他绿松石或金片。南面残存的兽面南北长约16.5、东西宽约20厘米，北面残存的兽面长约13、宽约6厘米"[②]。

经过室内整理统计，杨家湾M17出土的绿松石镶金饰件（杨家湾M17：31）共计有515个绿松石片和6个金箔片，另有散乱的绿松石管珠117颗、绿松石片56个。

绿松石镶金饰件（杨家湾M17：31）的嵌片组合有一定规律，躯干部分主要是由青灰色的细长矩形绿松石片组成，而面部则主要为蓝绿、青绿色的大块扇形、梯形或不规则形绿松石片组成。其绿松石片的形状类别与杨家湾M13出土的绿松石片种类基本一致，多种形状的嵌片有机组合。不过值得一提的是绿松石镶金饰件（杨家湾M17：31）金牙箔片的上方有一耳状轮廓的绿松石薄片，薄片中部进行减地打磨，形成浅浮雕（图3.15），在另外一只金眼箔片周围还有3个类似的耳状绿松石薄片，体量两小一大，大的薄片与金牙箔片附近的耳状薄片一样（图3.16），推测大的薄片为兽面的鼻翼，小的薄片可能是兽面的耳朵。

[①] 武汉大学历史学院、盘龙城遗址博物院：《武汉市盘龙城遗址杨家湾商代墓葬发掘简报》，《考古》2017年第3期。
[②] 武汉大学历史学院、盘龙城遗址博物院：《武汉市盘龙城遗址杨家湾商代墓葬发掘简报》，《考古》2017年第3期。

图 3.14　杨家湾 M17 出土的绿松石镶金饰件

（杨家湾 M17：31）

图 3.15　杨家湾 M17：31 金牙箔片上方的
耳状绿松石片

图 3.16　杨家湾 M17：31 金眼箔片周围的
耳状绿松石片

　　绿松石管珠在墓坑中分散多处，有的二三十颗集中出土（图3.17），有的零星几颗单独出土，或者四五颗绿松石管珠与二十余个绿松石片在一起出土。绿松石管珠颜色多样，以青灰、蓝绿色为主，大小不一，长0.3～1.5、直径0.2～0.65厘米。

　　绿松石片同样分散在墓坑北部，有2处二十余个绿松石片与四五颗绿松石管珠在一起出土，其余为1～3个绿松石片零星出土。颜色以青绿、蓝绿色为主，形状包括37个矩形（其中34个长方形、3个正方形）、14个梯形、2个扇形、3个不规则形。

长方形绿松石片，长0.18～0.63、宽0.11～0.36、厚0.05～0.14厘米。标本杨家湾M17：27-2（此为发掘出土的原始编号，下同），青绿色，正面光滑，有纵横打磨痕迹，背面粗糙，附着黄灰色物质，长0.6、宽0.3、厚0.08厘米（图3.18，1）。

正方形绿松石片，边长0.26～0.37、厚0.09～0.14厘米。标本杨家湾M17：27-21，青绿色，正面经过打磨并残留痕迹，背面相对光滑，边长0.33、厚0.14厘米（图3.18，2）。

梯形绿松石片，标本杨家湾M17：52-22，蓝色，正面残留纵横交错的打磨痕迹，背面相对光滑，局部有杂质，下底长0.48、上底长0.34、高0.45、厚0.15厘米（图3.18，3）。

扇环形绿松石片，标本杨家湾M17：27-24，蓝绿色，正面经过打磨较光滑，残留纵横交错的打磨痕迹，背面较为粗糙，有打磨痕迹，一端厚一端薄，外弧长0.58、半径0.29、厚0.1～0.14厘米（图3.18，4）。

图 3.17　杨家湾 M17 出土的部分绿松石管珠

图 3.18　杨家湾 M17 出土绿松石片

1. 长方形绿松石片（M17：27-2）　2. 正方形绿松石片（M17：27-21）
3. 梯形绿松石片（M17：52-22）　4. 扇环形绿松石片（M17：27-24）

二、李家嘴

李家嘴作为商代前期一处独立的高等级墓葬区，其中M2墓室面积接近12平方米，是商代前期最大的墓葬，因此在该地点的考古工作中也曾有较多绿松石器出土。虽然部分资料曾公布于《盘龙城（1963～1994）》之中，但在研究人员后续的整理之中发现，仍有较多的器物当时未曾清理出来或被遗漏。由于受到当时条件限制，《盘龙城（1963～1994）》所公布的李家嘴绿松石的资料并不全面，绿松石仅分堆做编号记载，未对成批出土的碎片状绿松石进行更为详尽的统计，部分统计还存在一些漏记与误差。因此研究人员重新对这些信息进行了披露。

（一）M2

李家嘴M2位于李家嘴台地中部偏南侧，经科学发掘，为长方形土坑竖穴墓，墓葬保存较完整，随葬品分布反映了下葬时的情况。

根据《盘龙城（1963～1994）》，M2出土绿松石饰件皆出自棺椁内，共编号5件，每件皆由数十件磨成1平方厘米的圆角长方形小绿松石堆放在一起。M2：7位于椁室北侧西端；M2：32位于棺内腰坑北侧，与墓主人头骨紧邻，出土时呈放射状放置；M2：34位于椁室东侧；M2：39位于内棺北侧与椁室之间；M2：40位于棺内腰坑北侧近椁室处。值得注意的是，M2：7、M2：39、M2：40、M2：32、M2：34由北向南依序呈直线近等距分布于椁室北边西段至椁室东边中端[①]。因此根据绿松石放置位置推测这几件绿松石原来可能是一件完整的绿松石器，在进行了碎器葬的仪式后，将完整绿松石器打碎并依次抛撒在棺上（图3.19）。

M2出土绿松石片大部分仍在库房，分别收藏在湖北省考古博物馆和盘龙城遗址博物院。两个单位收藏的绿松石保存形态不同，以下分别说明。

1. 组合状绿松石

收藏于湖北省考古博物馆，系发掘时整体打包取出，目前仍在石膏下固定。无具体编号，根据《盘龙城（1963～1994）》推测其编号可能为M2：32。为一组局部紧密契合的绿松石嵌片，嵌片依附在土层表面，共二十余片，颜色略微不同，有灰绿色、青绿色等。形状大多为长方形，也有三角形以及带弧边的形状。每片绿松石形制大小相近，最左侧一条绿松石更宽，绿松石排列整齐契合。根据土层上的印记可以看出已经剥落的绿松石排列紧密，形制及其排列与二里头镶嵌绿松石铜牌饰嵌片相似（图3.20）。

2. 单片状绿松石

（1）M2：7

藏于盘龙城遗址博物院，出土标签记录为最北端。现存8片，形制皆为较规整的长方

---

① 《盘龙城（1963～1994）》，第154、181页。

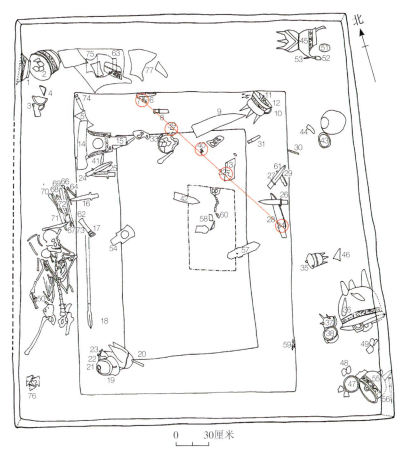

图 3.19　李家嘴 M2 绿松石出土情况

1　　　　　　　　　　　　　　　　2

图 3.20　李家嘴 M2：32 联片绿松石

1. M2：32整体打包状况　2. M2：32嵌片排列情况

形。整体形状规整，正反两面都经过打磨，其中一面抛光较好，应该为正面，四个侧面都很规整，应该也经过打磨。颜色整体偏灰绿色，部分发黄（图3.21）。标本M2：7-1最大，长0.785、宽0.298、厚0.89厘米；标本M2：7-8最小，长0.315、宽0.24、厚0.68厘米；剩余六片大小接近，长约0.505、宽约0.307、厚约0.82厘米。

图 3.21　李家嘴 M2：7 绿松石

（2）M2：39

　　藏于盘龙城遗址博物院，出土标签记录为北端。现存37片，皆为片状，整体呈青绿色。形状多样，有规整的长方形、带弧边的方形等，每一面都有打磨过的痕迹，正面较光滑，可见线条状打磨痕迹，背面较为粗糙，有杂质或残余的附着物（图3.22）。

图 3.22　李家嘴 M2：39 绿松石

根据形制的区别，可将M2：39所出的绿松石分为三类。

第一类 10片。不规则形。标本M2：39-1最大，有一个长边为斜面，其余三面平直，长1.2、宽0.629、厚0.119厘米。标本M2：39-10最小，长0.146、宽0.02、厚0.094厘米（图3.23）。其余8片大小近似标本M2：39-2，长0.559、宽0.489、厚0.149厘米。

第二类 25片。长方形，每面平直。标本M2：39-11最大，长0.577、宽0.385、厚0.113厘米（图3.24）。标本M2：39-35最小，长0.322、宽0.204、厚0.097厘米。

第三类 2片。长边为弧形。标本M2：39-36，长1.132、宽0.295、厚0.119厘米（图3.25）。

注：左为正面，右为反面，后图皆如此，不再重复说明

图3.23 M2：39-10 绿松石

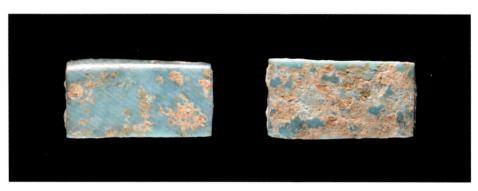

图3.24 M2：39-11 绿松石

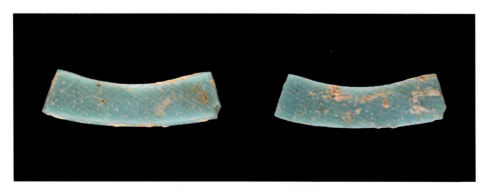

图3.25 M2：39-36 绿松石

（3）M2：40

藏于盘龙城遗址博物院。现存34片，皆为片状。整体颜色较杂，呈青绿色、灰绿色、蓝色、蓝绿色等不同颜色。形状多样，有较规整的正方形、长方形、细长条和带弧边的方形等。每一面都有打磨过的痕迹，正面经过抛光较光滑，背面较为粗糙，可见交错的打磨痕迹，有杂质或残余的附着物（图3.26）。

根据形制，将M2：40绿松石分为五类。

第一类　1片（M2：40-1）。短边为弧形，为最大片，两长边平直，两短边为弧形，朝同一方向凸起和凹下。长1.298、宽0.815、厚0.158厘米（图3.27）。

图 3.26　李家嘴 M2：40 绿松石

图 3.27　M2：40-1 绿松石

第二类 15片。方形或长方形，四方形状规则。M2：40-2～M2：40-4较大，分别长1.051、0.835、0.667，宽0.572、0.696、0.606，厚0.122、0.154、0.108厘米。其余较小，M2：40-5～M2：40-16大小相近，其中标本M2：40-5最长，长0.747、宽0.369、厚0.108厘米，标本M2：40-16最小，长0.37、宽0.3、厚0.094厘米（图3.28）。其余10片大小近似，标本李家嘴M2：6，长0.443、宽0.408、厚0.086厘米。

第三类 8片。细条状。四面形状规则。标本M2：40-17最长，长0.673、宽0.178、厚0.076厘米。标本M2：40-24最小，长0.311、宽0.13、厚0.094厘米。

第四类 7片。长边为弧形，每一片都有一个或两个斜面，可能是为了做浮雕所用的凸起物。标本M2：40-25最长，长1.231、宽0.381、厚0.136厘米（图3.29，1）。标本M2：40-31最宽，长0.835、宽0.551、厚0.133厘米（图3.29，2）。

第五类 3片。不规则形状，标本M2：40-34最小，长0.335、宽0.288、厚0.079厘米（图3.30）。

以上李家嘴M2：7、M2：39、M2：40分散收藏的三个编号的绿松石，按嵌片形状分类共出有长方形48片，按大小来看，大长方形29片，小长方形19片；按形状来看，不规则形13片，细长长条形8片，长边为弧边的9片，短边为弧形的1片。那些带弧边的绿松石具有较强的位置特定性，似放在边缘处或拐角处。

图3.28 M2：40-5～M2：40-16绿松石

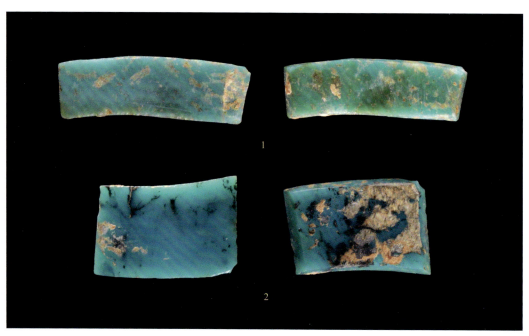

图 3.29　李家嘴 M2：40 绿松石

1. M2：40-25　2. M2：40-31

图 3.30　李家嘴 M2：40-34 绿松石

（二）M3

M3位于李家嘴岗地顶端中部偏南侧，距离李家嘴M2左侧8～10米。M3遭到一定程度的破坏与扰乱，推测原来形制为长方形土坑竖穴墓。墓葬随葬品不全，绿松石可能有遗失。

《盘龙城（1963～1994）》已著录M3出土绿松石1件：标本李家嘴M3：17，圆形。呈绿色，为很薄的片状，径1、厚0.1厘米，出土于墓底内腰坑正中间的位置。

M3：17，藏于盘龙城遗址博物院。现存2片，编号为M3：17-1、M3：17-2，两件绿松石器形制基本相同，为较方正的椭圆形，可能用作兽面纹上的两片眼睛。蓝绿色，略微发黄。正反两面都经过打磨，抛光较好。四边形状规则，打磨光滑、痕迹清晰可见。M3：17-1，长0.829、宽0.597、厚0.148厘米；M3：17-2，长0.868、宽0.569、厚0.159厘米（图3.31）。

图 3.31　李家嘴 M3：17 绿松石

三、王家嘴

王家嘴M1位于盘龙城遗址南部，出土鼎、觚、爵、斝、尊等青铜礼器，也是一座高等级墓葬，属于盘龙城遗址的较早阶段。M1是王家嘴地点目前发现的唯一一座墓葬，是在进行水利工程中发现并进行抢救性发掘的。遗憾的是该墓葬破坏严重，墓葬的形态已不详，因此《盘龙城（1963～1994）》并未给出平面图。根据《盘龙城（1963～1994）》可知，M1出土的青铜器有鼎1、觚2、爵1、斝2、尊1、锛1、刀1，陶器有罐1、尊1，石器有刀1，未见报道绿松石。不过，湖北省博物馆保管部保存有两片绿松石，档案标为王家嘴M1：20、M1：21；陈贤一在2020年所撰盘龙城报告王家嘴M1稿件中，保留有M1出土两片绿松石的情况，其中M1：20"呈椭圆饼形，器表呈蓝色，底为黑色"，M1：21"作不规则四边形"，由此可以确知绿松石的出土属性。以下进行简要介绍。

M1：20，椭圆形，一端略大，反面为黑色围岩。蓝色正面抛光，其他各面稍加打磨。长1.8、宽1.4、厚0.2厘米，其中围岩厚0.12厘米（图3.32，1）。M1：21，不规则四边形，其中斜面的一侧有破损，其他面均经打磨。长1.5、宽1.1、厚0.15厘米（图3.32，2）。

1　　　　　　　　　　　　　　　　2

图 3.32　王家嘴 M1 绿松石

1. M1：20　2. M1：21

第二节　研　究　方　法

样品的选择与分析由中国地质大学（武汉）珠宝学院刘玲、杨明星等研究人员进行并完成，并将初步结果公布于《湖北黄陂盘龙城遗址出土绿松石产源研究》[①]一文之中。我们在此将对相关的发现与分析进行简要介绍和补充。

为了解盘龙城遗址出土绿松石器的材质与原料来源等相关问题，本书的研究共选取了样品30件（图3.33、表3.1），其中包括3件绿松石管残片、20件绿松石嵌片残片、5件绿松石嵌片、1件绿松石管，另有1件绿松石的相似品。其中1件来自M20，2件来自杨家湾M11，27件来自杨家湾M17。

利用显微红外光谱仪（仪器型号：Bruker Optics Hyperion 3000）和显微共聚焦拉曼光谱仪（仪器型号：HORIBA LabRAM HR Evolution）对样品的材质进行鉴定。红外光谱测试采用反射法，测试条件为：分辨率4cm^{-1}，测量范围400～4000cm^{-1}，扫描时间64s，扫描次数64。数据经过K-K变换处理。拉曼光谱仪测试条件：激光器为633nm，功率衰减片100%，光栅600（500nm)，测量范围100～4000cm^{-1}，采集时间5s，累计次数5次，RTD时间1s。

采用紫外可见光谱仪（仪器型号：Gem UV-100）对样品进行分析测试。测试方法为反射法，测试范围220～900nm，积分时间100ms，平均次数为8次。

采用仪器型号为Agilent 7700e的激光剥

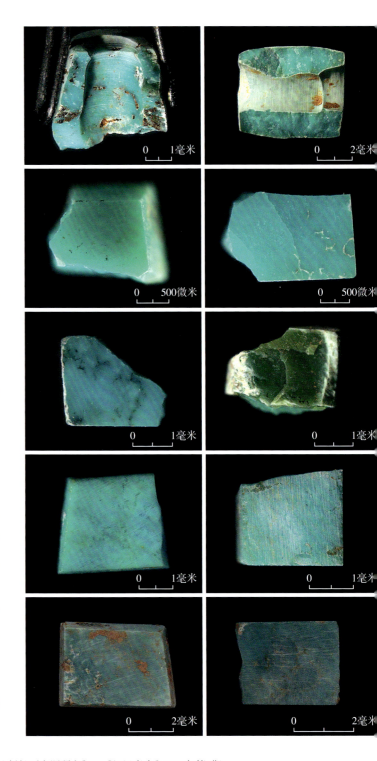

---

① 刘玲、杨明星、狄敬如等：《湖北黄陂盘龙城遗址出土绿松石产源研究》，《江汉考古》2022年第4期。

蚀电感耦合等离子体质谱仪对样品进行成分测试。测试条件为：激光能量80mJ，能量密度5.5J/cm^2，激光剥蚀束斑直径44μm，频率5Hz，激光剥蚀的次数250pauls。测试时使用合成玻璃NIST 610、BCR-2G、BHVO-2G和BIR-1G（美国地质协会USGS系列）作为外部标准样品。

图 3.33　盘龙城绿松石样品

表3.1　盘龙城绿松石样品详细信息

编号	尺寸（毫米）			重量（克）	比重	外观描述
	长（高）	宽（外孔径）	高（内孔径）			
M20-1	2.920	2.595	0.761	0.015	2.990	表面呈浅蓝色，断面呈天蓝色，表面可见细而平直的抛光痕，侧面棱不平直，呈锯齿状，且侧面有破碎的断面，抛光痕与侧面棱垂直
M17：27-1	1.595	1.234	10.836	0.003	—	蓝色，表面有黄色半透明杂质及两个方向的抛光痕
M17：27-2	2.149	1.189	0.805	0.004	—	表面和侧面有平行的抛光痕及与之交叉的擦痕；表面和侧面有一层浅白色皮，断面呈天蓝色
M17：27-3	1.464	0.645	0.566	—	—	蓝色，表面有灰白色、浅白色透明至半透明杂质矿物，以及棕褐色的杂质矿物
M17：27-4	2.621	2.546	0.681	0.008	—	蓝色，表面和侧面均可见抛光痕，另一面则凹凸不平
M17：27-5	2.765	1.389	1.044	0.010	—	蓝色，表面可见抛光痕，另一面可见浅黄色半透明的杂质
M17：27-6	2.872	2.270	1.078	0.018	2.990	蓝色，表面可见一组平直的抛光痕，另一面一组抛光痕与擦痕交错，且侧面凹坑处可见黄色透明杂质
M17：82-1	2.211	2.173	1.027	0.011	—	蓝色，表面可见蓝白色风化皮，侧面可见抛光痕
M17：82-2	2.784	1.958	1.044	0.009	—	蓝绿色，颜色分布不均匀，表面可见蓝白色风化皮
M17：82-3	2.165	1.746	1.024	0.011	—	蓝色，表面可见无色至黄色透明的杂质，表面及侧面均可见抛光痕
M17：82-4	1.561	1.469	0.619	0.004	—	蓝色，一面可见抛光痕，可见浅黄白色和无色透明杂质
M17：82-5	2.813	1.894	0.995	0.011	—	蓝色，局部呈褐黄色
M17：82-6	1.929	1.606	1.042	0.007	—	蓝色，表面及侧面均可见抛光痕，且可见黄色至黄褐色杂质
M17：38-1	2.585	2.824	0.888	0.020	2.491	蓝色，表面及侧面均可见抛光痕及交错的擦痕，侧面不平，中间可见加工形成的棱线
M17：38-2	2.268	1.936	1.132	0.012	—	蓝色，表面及侧面均可见抛光痕，且表面有浅黄色透明的杂质
M17：38-3	2.283	1.758	0.956	0.002	—	表层为蓝白色风化层，断面显示内部为蓝色，局部可见黄色半透明杂质
M17-5	4.459	4.262	0.884	0.052	2.880	表面可见薄的蓝白色风化皮，断面为蓝色，表面可见黄色透明的矿物及棕褐色不透明铁质矿物，珠孔可见钻孔痕迹
M17-7	2.421	1.156	0.744	0.007	—	表面为蓝色，背面为蓝绿色，局部有土黄色块状，其中含有灰褐色脉状杂质
M17-12	2.677	2.330	0.794	0.011	2.740	表面有蓝白色风化皮，断面为蓝色
M17-14	5.976	4.546	1.256	0.087	2.628	碎管珠，表面为蓝白色风化皮，断面呈蓝色，局部可见黑褐色及浅黄色不透明杂质。珠孔内侧可见钻孔痕迹。管珠壁厚薄不均匀
M17-26	3.493	3.128	0.681	0.023	2.592	碎管珠，表面为蓝白色风化皮，断面呈蓝色，珠孔内侧可见钻孔痕迹。管珠壁厚薄不均匀
M17-37	1.034～2.178	2.137	0.772	0.005	—	表面为蓝白色风化皮，断面呈蓝色
M17：17-1	9.635	6.158	0.961	0.0123	2.919	表面为蓝色，背面凹凸不平，且有黄褐色及黑褐色杂质，显示绿松石原石特征，未被抛磨加工呈平面。三个侧面均为平面，另外一个侧面则为由两个半径不等的圆弧状组成，呈"人"字形

编号	尺寸（毫米）			重量（克）	比重	外观描述
	长（高）	宽（外孔径）	高（内孔径）			
M17：17-2	5.42 ~ 5.79	2.898	0.818	0.036	2.76	梯形片状，棱线局部有破损，蓝色，微透明，表面有黄色半透明的杂质，背面可见抛光痕和擦痕交错
M17：17-3	7.042	3.182	2.320	0.156	2.652	管珠，蓝色，表面可见蓝白色风化，局部可见黑褐色不透明杂质呈细脉状和团块状，以及无色半透明杂质。靠近珠孔及珠孔处可见凹坑，应为加工所致
M11：17-1	9.983	4.337 ~ 5.249	1.225	0.148	2.893	片状，宽度及厚度均不均匀，表面为蓝色，局部有凹坑且边缘分布有黑色杂质，背面凹凸不平，表层附着一层棕褐色围岩，应为加工时为保证嵌片的厚度而保留
M11：17-2	12.107 ~ 22	9.765 ~ 9.857	2.003	0.740	1.732	表层为蓝绿色，微透明，厚约0.193毫米，底面为绿色，不透明，厚约1.714毫米
M17-1	4.4 ~ 4.8	3.2	—	—	—	梯形片状，蓝色，表面可见蓝白色风化，局部可见黄色半透明的矿物杂质，表面和背面均可见抛光痕，且背面可见较多的擦痕
M17-3	3.4	2.7	—	—	—	片状残片，蓝色，微透明，表面可见较多的附着物，背面可见两组抛光痕及交错的抛光痕
M17-4	4.6 ~ 5	2.1	—	—	—	片状，可见严重蓝白色风化层。背面及表面均可见黑色团块状矿物杂质，背面可见杂乱交错的擦痕

第三节　材质特征及来源

在本节中，我们将逐个介绍不同分析手段中所体现的材质信息，同时在了解出土遗物材质的背景上，结合有关数据库中关于自然绿松石的数据，对遗址中绿松石的来源进行初步判断。

一、材质特征

（一）拉曼光谱分析

29件样品的拉曼光谱均为标准绿松石的拉曼光谱特征，其峰位主要位于209cm^{-1}、229cm^{-1}、331cm^{-1}、383cm^{-1}、416cm^{-1}、476cm^{-1}、547cm^{-1}、590cm^{-1}、638cm^{-1}、810cm^{-1}、989cm^{-1}、1039cm^{-1}、1102cm^{-1}、1153cm^{-1}、3443cm^{-1}、3469cm^{-1}、3497cm^{-1}（图3.34）。样品的主峰位于1039cm^{-1}处，并在1153cm^{-1}、1102cm^{-1}弱的谱峰，由$\nu_3(PO_4)$伸缩振动所致，810cm^{-1}处的拉曼光谱峰由H_2O振动所致，547cm^{-1}、590cm^{-1}、638cm^{-1}的拉曼光谱峰可归属于$\nu_4(PO_4)$弯曲振动，而416cm^{-1}的拉曼光谱峰则归属于$\nu_2(PO_4)$的弯曲振动。由$\nu(OH)$伸缩振

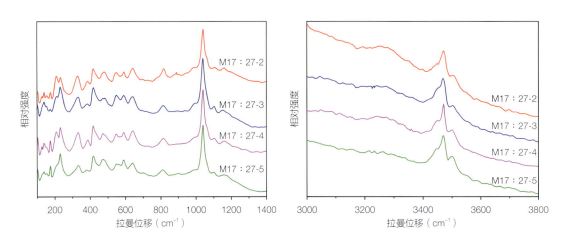

图 3.34　绿松石样品的拉曼光谱图

动所致的拉曼光谱峰则位于3443cm⁻¹、3469cm⁻¹、3497cm⁻¹[①]。

　　此外，M11：17-2样品为绿松石相似品，测试结果显示正面蓝绿色半透明部分的拉曼光谱峰主要位于959cm⁻¹、1023cm⁻¹、1068cm⁻¹、609cm⁻¹、578cm⁻¹、445cm⁻¹；而反面绿色不透明部分的拉曼光谱峰主要位于959cm⁻¹、1068cm⁻¹、590cm⁻¹、436cm⁻¹、430cm⁻¹（图3.35）。M11：17-2样品蓝绿色半透明和绿色不透明部分的主峰的拉曼位移一致，而次级峰位存在略微差异，通过与ruff数据库对比，蓝绿色半透明和绿色不透明部分均为磷灰石。

（二）红外光谱分析

　　29件样品的红外光谱图均显示其均为绿松石，吸收峰位于3498cm⁻¹、3462cm⁻¹、3445cm⁻¹、3248cm⁻¹、3050cm⁻¹、1642cm⁻¹、1193cm⁻¹、1116cm⁻¹、1060cm⁻¹、1015cm⁻¹、899cm⁻¹、840cm⁻¹、784cm⁻¹、650cm⁻¹、584cm⁻¹（图3.36）。其中3498cm⁻¹、3462cm⁻¹、3445cm⁻¹、3248cm⁻¹、3050cm⁻¹由ν(OH)伸缩振动所致，1642cm⁻¹归属于δ(H$_2$O)弯曲振动峰，由ν_3(PO$_4$)伸缩振动所致的吸收峰位于1193cm⁻¹、1116cm⁻¹、1060cm⁻¹、1015cm⁻¹，δ(OH)弯曲振动所致的吸收峰则位于840cm⁻¹，位于650cm⁻¹、584cm⁻¹的吸收峰则是由磷酸根基团ν_4(PO$_4$)弯曲振动所致[②]。

（三）紫外可见光谱分析

　　盘龙城遗址29件绿松石样品中，28件颜色为蓝色，1件为蓝绿色。部分样品表面虽有白化现象，但从其破碎面可看出其本体色为鲜艳的蓝色。通过紫外可见光谱仪对样品进行测试，分析其颜色特征。结果显示样品的颜色具有较好的一致性，大部分样品的紫外可见光谱主波长位于480～525nm之间，只有一件样品主波长位于537nm，颜色偏绿色调。样品

---

① Čejka J, Sejkora J, Macek I, et al. Raman and infrared spectroscopic study of turquoise minerals. *Spectrochimica Acta Part A: Molecular and Biomolecular Spectroscopy*, 2015(149): 173-182.

② Čejka J, Sejkora J, Macek I, et al. Raman and infrared spectroscopic study of turquoise minerals. *Spectrochimica Acta Part A: Molecular and Biomolecular Spectroscopy*, 2015(149): 173-182.

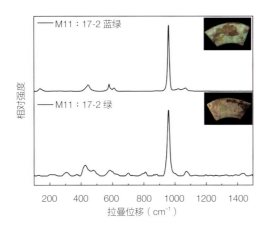

图 3.35　M11：17-2 样品的拉曼光谱图

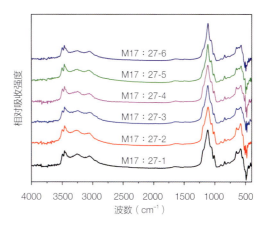

图 3.36　出土绿松石样品的红外光谱图

的紫外可见光谱图均在670nm处有强而宽的吸收带，并在422nm和429nm处有吸收双峰（图3.37）。其中670nm处的吸收带是由绿松石中Cu^{2+}的d-d跃迁所致，422nm和429nm的吸收双峰则是由于Al^{3+}被Fe^{3+}替代，Fe^{3+}离子d电子跃迁$^6A_1\rightarrow{}^4E,{}^4A_1({}^4G)$所致[1]。另外，M17：82-2样品紫外可见光谱除了在670nm、422nm和429nm处有吸收外，在480nm处也有明显的吸收带（图3.37，2），可归属于Fe^{3+}离子对的电子跃迁$[{}^6A_1+{}^6A_1\rightarrow{}^4T_1({}^4G)+{}^4T_1({}^4G)]$。

图3.38为样品置于投射光下，在暗域条件下所拍的照片。盘龙城遗址绿松石样品结构致密，在透射光下样品呈微透明，显示较好的质地。结合其颜色和透明度特征观察认为盘龙城遗址所用绿松石材质品质较优。

（四）主、微量成分分析

此次研究的盘龙城绿松石样品的主量成分Al_2O_3的含量范围为28.3wt.%～39.3wt.%，P_2O_5含量为29.3wt.%～42.5wt.%，CuO的含量为7.08wt.%～10.74wt.%，FeO的含量在

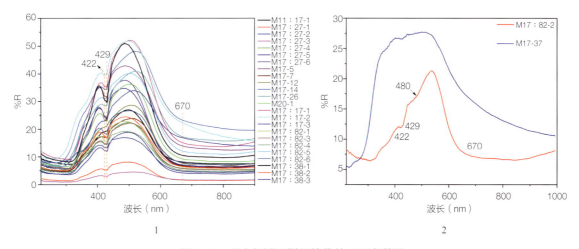

图 3.37　出土绿松石样品的紫外可见光谱图

---

[1]　刘玲：《中国绿松石颜色的成因、影响因素及分级研究》，第15～17页，中国地质大学硕士学位论文，2018年。

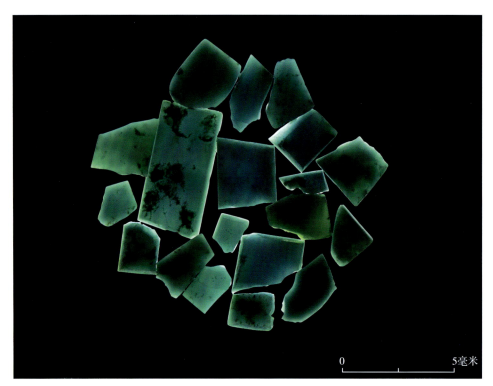

图 3.38　样品在透射光下呈微透明

0.67wt.%～4.12wt.%范围内变化。此外，盘龙城出土绿松石样品中还有V、Cr、Zr、Ba等微量元素，其含量范围变化较大（表3.2）。M11：17-2样品的主量成分为P_2O_5和CaO，其中P_2O_5的含量为42.6wt.%，CaO的含量为54.0wt.%，并含有Na、Mg、Cu、Sr等微量元素，其成分特征与拉曼光谱测试分析结果均符合磷灰石的特征。

表3.2　样品的主微量元素数据

		Al_2O_3（wt.%）	SiO_2（wt.%）	P_2O_5（wt.%）	K_2O（wt.%）	FeO（wt.%）	CuO（wt.%）	ZnO（wt.%）	V（ppm）	Cr（ppm）	Zr（ppm）	Ba（ppm）
绿松石	最小值	28.3	0.17	29.3	0.034	0.67	7.08	0.008	29.7	35.3	0.18	8.02
	最大值	39.3	1.44	42.5	0.208	4.12	10.74	0.924	165.1	551.6	223.9	833.9
	平均值	31.2	0.45	38.3	0.081	2.08	9.70	0.221	60.9	128.8	66.23	286.6
		Na_2O（wt.%）	MgO（wt.%）	SiO_2（wt.%）	P_2O_5（wt.%）	K_2O（wt.%）	CaO（wt.%）	FeO（wt.%）	CuO（wt.%）	ZnO（wt.%）	Sr（ppm）	Ba（ppm）
M11：17-2		0.49	0.12	0.19	42.6	0.011	54.0	0.032	0.62	0.045	239	25.4

（五）稀土元素分析

盘龙城出土绿松石样品稀土元素的总质量分数（∑REE）在0.361～8.660ppm之间，平均值为2.552ppm，稀土元素总体较低。轻重稀土比值（LREE/HREE）在0.017～4.499之间，平均值为0.742，轻重稀土分异不明显，$(La/Sm)_N$=0.032～38.755（均值=2.065），

$(Gd/Lu)_N=0.068\sim5.090$（均值=1.080），$\delta Ce=0.040\sim3.427$（均值=1.150），Ce异常不明显$\delta Eu=0.224\sim2.043$（均值=0.743），Eu略微负异常。样品的稀土元素数据见表3.3。

表3.3　样品的稀土元素数据

	δCe	δEu	LREE/HREE	ΣREE（ppm）	$(La/Sm)_N$	$(Gd/Lu)_N$
最小值	0.040	0.224	0.017	0.361	0.032	0.068
最大值	3.427	2.043	4.499	8.660	38.755	5.090
平均值	1.150	0.743	0.742	2.552	2.065	1.080

注：δCe为铈异常，δEu为铕异常。LREE指轻稀土元素总含量，即La-Eu各稀土元素的含量总和；HREE指Gd-Lu各稀土元素的含量总和，即重稀土元素总含量。LREE/HREE为轻重稀土比值，ΣREE（ppm）为稀土元素总含量，$(La/Sm)_N$和$(Gd/Lu)_N$分别反映轻稀土和重稀土之间的分馏程度

（六）矿物特征

盘龙城遗址出土绿松石常见的杂质矿物可分为3种类型。第一种为棕褐色具有金属光泽的针铁矿，附在绿松石表层或以杂质矿物包裹在绿松石中（图3.39，1～3）。第二种为黄色透明的石英，形态不规则（图3.39，4～6）。石英和针铁矿为盘龙城出土绿松石中最常

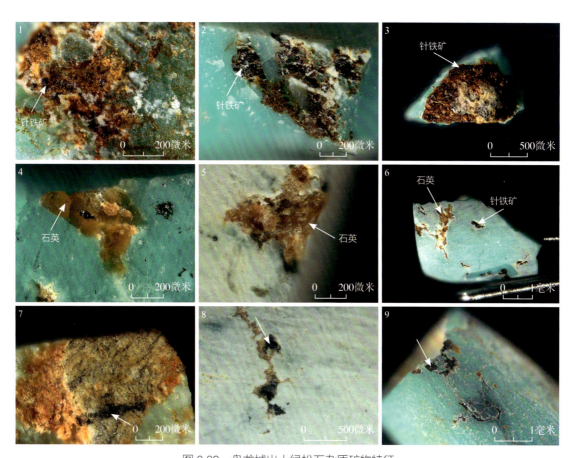

图 3.39　盘龙城出土绿松石杂质矿物特征

1～3.棕褐色针铁矿　4～6.石英　7.浅黄色围岩内分布的黑色脉状矿物　8、9.黑色含炭质矿物

见的杂质矿物。样品表面局部还可见黄色围岩，其中分布有黑色脉状矿物（图3.39，7）。第三种为在少数样品表面可见的黑色含炭质矿物，呈斑点状或细脉状，似黑色"铁线"（图3.39，8、9）。

二、产源分析

绿松石是一种表生矿物，由含有铜、磷和铝的火山岩或沉积变质岩在地表水和大气降水的影响下，通过风化淋滤逐渐形成。这些岩石被称为绿松石的含矿母岩。根据母岩类型的不同，我国的绿松石矿可分为两大类型：安徽绿松石的母岩为火山岩型，而鄂豫陕（湖北、河南、陕西）和新疆等地绿松石的含矿母岩为沉积岩型。鄂豫陕绿松石矿区可划分为北带、中带、南带三个矿带。北带包括陕西洛南的河口和河南卢氏拐屿绿松石，中带有河南淅川，南带则包括陕西白河及湖北十堰地区。

通过对不同母岩类型的微量元素分析，可以建立中国绿松石产地的不同成因、不同矿区及矿带的溯源方法，从而判断盘龙城遗址出土绿松石的来源。研究结果显示，盘龙城出土的绿松石与哈密、陕西、河南、湖北等地的绿松石具有相同的成因，属于沉积岩类型（图3.40，1）。此外，盘龙城出土的绿松石落在鄂豫陕绿松石分布的区域，与哈密绿松石相比距离较远，表明盘龙城出土的绿松石来自于鄂豫陕矿区（图3.40，2）。

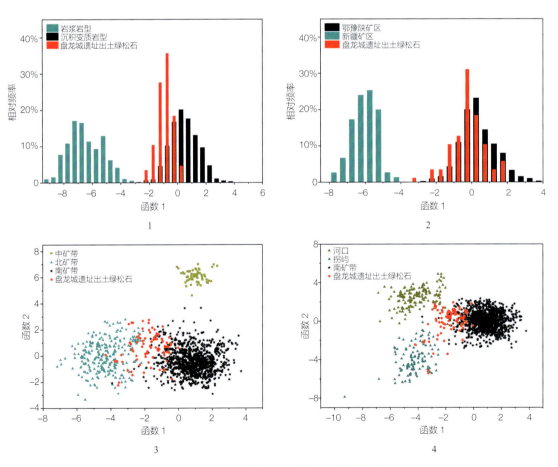

图 3.40　盘龙城出土绿松石产源投点图

进一步分析显示，盘龙城样品主要来自鄂豫陕北矿带和南矿带，与中矿带河南淅川的绿松石分布区域没有重叠（图3.40，3）。对南矿带与北矿带进一步细分，发现所分析的29件盘龙城出土绿松石中有16件投在南矿带绿松石所分布的区域，2件样品落在河口绿松石所在的区域，3件样品落在拐岇绿松石分布的区域；仍有8件样品落在南矿带与拐岇、河口的中间区域（图3.40，4），这部分样品可能来自北矿带（表3.4）。

表3.4　盘龙城遗址出土绿松石矿源

样品编号	样品数	矿源地
M17：17-2、M17-3、M17：27-1、M17：27-2、M17：27-3、M17：27-5、M17：27-6、M17：82-1、M17：82-3、M17：27-4、M17：82-6、M17：38-1、M17：38-2、M17-5、M17-12、M11：17-1	16	南矿带
M17-1、M17：82-2、M17-37、M17-14、M17：17-1	5	北矿带
M17-4、M17：17-3、M17：82-4、M17：82-5、M17：38-3、M17-7、M17-26、M20-1	8	可能是北矿带

由于研究所涉及的南矿带矿点包括郧县、郧西、竹山及白河等地，系现代绿松石主产区，收集样品的矿点覆盖已较为全面，出现矿点遗漏的可能性较小。北矿带的绿松石含矿量小，属于矿化点，难以达到现代开采的品位，目前仅发现河口、拐岇两个古矿点，对其他地区尚未做系统的地质勘查，也许还有古代开采矿点出现遗漏。因此，这8件落在南矿带与拐岇、河口绿松石分布的中间区域样品来自北矿带的可能性较大。

总体来说，通过微量元素分析和地理区域划分，我们可以较为准确地确定盘龙城出土的绿松石的产地，并将有机会深入了解其地质背景和古代开采情况。

第四节　小　　结

盘龙城遗址出土了较多绿松石器，但值得注意的是，这些绿松石器并非单独成器，而是通过组合、镶嵌等多种形式组成复合型材质的器物。而这种绿松石的使用方式，在中原地区自二里头文化时期便已形成，而后一直延续。盘龙城遗址出土了内嵌圆形绿松石的玉柄形器[1]，同样的器型在郑州商城也有出土[2]，另外在郑州商城也发现一件形似夔纹形金片，虽然没有明确发现与绿松石的组合，但在同单位中亦有绿松石的发现[3]。以上的现象表明，有关绿松石的使用方式，盘龙城与中原别无二致，甚至从时间的角度考量，或许这种关于绿松石的技术传统正是来自于中原地区。

---

[1]　《盘龙城（1963～1994）》，第294、295页。

[2]　河南省文物考古研究所：《郑州商城：1953～1985年考古发掘报告》，第842～844页，文物出版社，2001年。

[3]　武汉大学历史学院、盘龙城遗址博物院：《武汉市盘龙城遗址杨家湾商代墓葬发掘简报》，《考古》2017年第3期。

　　此外，通过对盘龙城30件样品进行显微观察、光谱分析、成分测试以及产地溯源，得出以下结论。首先材质结果表明，这30件样品中有29件为绿松石，另有1件为磷铝石。其次，样品的颜色鲜艳，色调基本一致，结构致密，微透明，这表明盘龙城遗址所使用的绿松石材料质量良好。至于原料的来源，盘龙城出土的绿松石属于沉积变质岩类型成因，其中含有针铁矿、石英以及黑色铁线等杂质矿物。具体而言，有16件样品来自鄂豫陕矿区的南矿带，即湖北十堰和陕西白河一带；另外，有5件来自鄂豫陕矿区的北矿带，其中2件来自洛南河口，3件来自卢氏的拐峪；此外，还有8件样品被推测可能来自鄂豫陕地区的北矿带。

　　在盘龙城遗址出土的绿松石产源中，南矿带的比例较大，这表明在商代早期，绿松石的开采地点已经从北部向南部扩展至鄂豫陕矿区的南矿带。由于鄂豫陕矿区的南矿带明显比北矿带的矿量更高，开采效率更高，同时离盘龙城更近，因此盘龙城的先民具备获取材料并进行绿松石器生产的先决条件。不过，如果是由盘龙城先民自行进行绿松石开采，有可能就不会在出土的绿松石器中见到北矿带产地的绿松石。然而，分析结果却显示盘龙城遗址出土的绿松石产源中依然有近一半来自北矿带，这意味着虽然南矿带的绿松石已经开始进行开采和使用，但远离盘龙城的北矿带依旧在被使用。

第四章

石　器

第一节　发现概述

截至目前盘龙城遗址发掘出土与采集的石制品已有数百件，目前还尚未有对其的系统性梳理。在此，我们将对盘龙城遗址目前已发掘和发现的石制品材料进行梳理。狭义情况下，石器往往只包含石质的工具，如斧、锛、凿等，但实际而言，一些自然石块或经过简单处理并未形成明确形态的石块有时也具备"人工"的属性，如与建筑相关的一些构件，包括柱础以及一些与墙壁、基槽有关的石块等。而在盘龙城遗址中，与建筑类有关的石制品也十分常见，因此本书所用石器概念既包含狭义上的石器，也包括一些与建筑类有关的石制品，如柱础石以及近年在杨家湾北坡所发现的条带状石构遗迹和小嘴灰沟两侧的石质结构等。因此，有关石器的梳理工作，将从工具类石制品和建筑类石制品两个方面开展。

一、工具类

石器的发现一般都是伴随着考古工作的开展而出现的，从考古工作和资料刊布情况的综合考量来看，盘龙城遗址所发现的石器主要来自于两个阶段的考古工作。以下我们先分阶段进行梳理。

第一阶段，从1963年至2012年，这一时期的石器材料部分发表于2001年出版的盘龙城遗址考古发掘报告之中，总计111件石器，其中既包括发掘出土的石器，也包含调查采集的石器。对于这111件石器，《盘龙城（1963～1994）》将其划分为了13类，其中石斧15、石锛22、石凿9、石刀15、石镰19、石铲10、砺石5、石杵7、石臼2、石戈1、石勺1、石纺轮2、石球3件[①]。同时部分石器基于大致的肉眼观察，进行过简单的材质鉴定工作。另一部分包括1994年前，由北京大学、湖北省文物考古研究所对盘龙城遗址开展考古工作时所采集和发掘的石器，以及1994年后，由盘龙城遗址博物馆筹建处（现盘龙城遗址博物院）和武汉市文物考古研究所在盘龙城遗址开展的一系列考古工作中采集和发掘的石器。这两部分石器总计208件，目前均未发表，并收藏于盘龙城遗址博物院文物库房内。根据馆藏目录的分类[②]，这208件石器可划分为11小类，其中石斧41、石锛40、石凿3、石刀55、石镰42、石铲5、砺石7、石杵3、石臼5、石钺6、石铅锤1件[③]。本阶段总计发现石器319件，可分为15小类，其中石斧56、石锛62、石凿12、石刀70、石镰61、石铲15、砺石12、石杵10、石臼7、石戈1、石钺6、石勺1、石纺轮2、石球3、石铅锤1件。

---

① 《盘龙城（1963～1994）》，第14～434页。
② 馆藏目录分类是参考《盘龙城（1963～1994）》中的分类所制定的，除部分《盘龙城（1963～1994）》中未出现的石器类别，其余石器类别基本与《盘龙城（1963～1994）》分类一致。
③ 数据来源于盘龙城遗址博物院内部资料。

第二阶段，从2013年至今，这一时期主要以武汉大学历史学院、湖北省文物考古研究所以及武汉市文物考古研究所三家单位一同对盘龙城遗址的勘探与发掘工作为主。这一时期发现石器的数量不多，仅数十件，且主要的发现集中于自2015年开始发掘的小嘴铸铜遗址，出土石器共计20件，包含6小类，其中石斧4、石锛5、石凿2、石刀4、石镰1、砺石4件。

综合以上两个阶段的发现情况看，截至目前，盘龙城遗址内共发现石器类型15种，包括石斧60、石锛67、石凿14、石刀74、石镰62、石铲15、砺石16、石杵10、石臼7、石戈1、石钺6、石勺1、石纺轮2、石球3、石铅锤1件，共计339件（图4.1）。

从石器所属的时期来看，盘龙城遗址所出土石器在《盘龙城（1963～1994）》中所分的七期中，除了第一期没有发现外，其余各期均有石器的发现。其中，《盘龙城（1963～1994）》中所刊布的111件石器均有确定的年代判断，除此之外的其余石器材料大多来自于采集，采集之外的发掘品也大多失去原有出土单位的背景信息而无法判断具体年代，可判断年代的仅有52件。总的来看，目前可判定年代的石器共计163件，其中盘龙城第一阶段1件，第二阶段117件，第三阶段45件（图4.2）。

总体看来，盘龙城遗址目前已发现石器共计约339件，其中可判断年代的有163件，约占发现石器总数的一半。从类别上看，石器种类十分丰富，几乎涵盖了有关人们日常生活与生产中的方方面面。从发展阶段上看，从盘龙城初始到消亡，期间均有石器的发现，基本涵盖了盘龙城发展的三个阶段。详细统计请参看附表二。

盘龙城遗址出土石器的种类较多，共涉及15个小类。接下来，我们将对遗址中出土的典型器物类型进行介绍。一方面对相关材料进行梳理，提高对盘龙城出土石器的总体认知。其次，器物的介绍也为随后的分析提供基础。

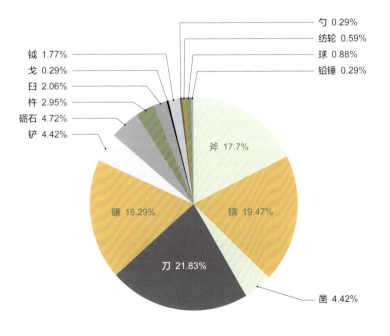

图 4.1　盘龙城遗址石器类型分布图

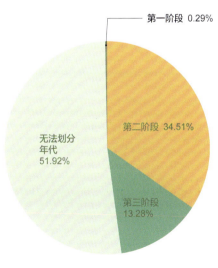

图 4.2　盘龙城遗址石器年代分布图

（一）斧

盘龙城共出土石斧60件。根据刃部和顶部的形态可大致分为两型。

A型　圆顶、弧刃石斧。标本采集：601（图4.3，1、2），灰色，刃部略有残损，整体平面形状呈梯形，圆顶，弧刃，刃部呈双面刃，整体磨制，刃部斜面细磨。器物通长15.5、宽7.4、厚3.3厘米。

B型　平顶、平刃石斧。标本杨家湾M12：2（图4.3，3、4），黑色，器身完整，整体平面形状呈梯形，平顶，平刃，刃部呈双面刃，其中一面斜度较大，另一面较小。整体均经过打磨，其中刃部的斜面被磨制得更为细腻。器身长9.2、宽5.4、厚2.4厘米。

（二）锛

盘龙城共出土石锛66件。标本大邓湾：1（图4.4，1、2），灰白色，表面略有残损。整体平面形状呈长方形，弧顶，单面直刃，通体磨制。器身长11.8、宽3.5、厚3.2厘米。标本王家嘴T6④A：17（图4.4，3、4），灰色，表面略有残损。整体平面形状呈长方形，微弧顶，直刃，刃部呈单面刃形态，通体磨制，刃部斜面细磨。器物通长10.5、宽4.3、厚2.2厘米。

（三）凿

盘龙城共出土石凿15件。标本王家嘴T51⑤A：34（图4.5），灰色，器身修长，整体平面形状呈梯形，顶部圆尖，直刃并呈单面刃形态，通体磨制，刃部的斜面细磨，更为光滑。器身长7.2、宽1.4、厚1.3厘米。

图4.3　盘龙城出土石斧

1、2. A型（采集：601）　3、4. B型（杨家湾M12：2）

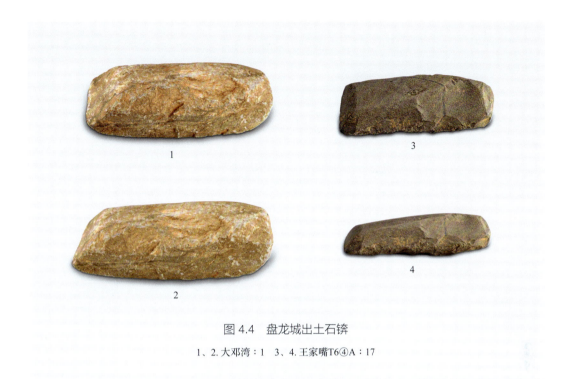

图 4.4　盘龙城出土石锛

1、2. 大邓湾：1　3、4. 王家嘴 T6④A：17

图 4.5　盘龙城出土石凿（王家嘴 T51 ⑤ A：34）

（四）刀

石刀是盘龙城遗址出土数量最多的石器，共发现74件。根据刀背的形态可分为两个类型。

A型　直背刀，标本采集：442（图4.6，1），灰色，器物基本完整，仅在器物周边有缺损。整体平面形状呈梯形，直背直刃，在刀身均可见有多道密集的平行划线。器物整体经磨制，且刃部细磨。器身通长9.9、宽3.4、厚0.9厘米。

B型　弧背刀，标本王家嘴F3：39（图4.6，2），黑色，尖端和尾部残缺，弧背直刃，刃部呈双面刃形态，此外在一面可观察到有密集的平行划线分布。器物整体经磨制，其中刃部打磨更为精细。器物残长10.3、宽5.5、厚0.8厘米。

1   2

图 4.6　盘龙城出土石刀

1. A型（采集：442）　2. B型（王家嘴F3：39）

（五）镰

石镰在盘龙城所发现的数量较多，共计62件。根据镰头部的形态，可分为两个类型。

A型　平头镰，标本采集：421（图4.7，1），黑色，表面略有残损，器身基本完整。整体平面形状呈弯月状，弧背弧刃，镰头呈圆弧状、较窄，镰尾较直、较宽。器物整体经磨制，且刃部磨制更为精细。器身通长10.4、宽3.8、厚0.9厘米。

B型　尖头镰，标本王家嘴：08（图4.7，2），灰黑色，尾部残缺。整体平面形状呈弯月状，弧背弧刃，镰头尖而窄，镰尾虽残缺，但从背和刃的弧度看，镰尾较宽。器物整体经磨制，其中刃部打磨更为精细。器物残长11.1、宽3.9、厚0.8厘米。

（六）铲

盘龙城共出土石铲15件。标本王家嘴H5：2（图4.8，1），灰色，顶部和刃部略有残损，整体平面形状呈梯形，近顶部有一穿孔，为双面钻，刃部微弧，呈单面刃，器身通体磨制。器身全长15.1、宽8.4、厚0.6厘米。标本杨家湾：06（图4.8，2），灰黑色，顶部和刃部均有残缺，整体平面呈"凸"字形，中部有一穿孔，为双面钻，刃部呈微弧状双面刃，整体磨制。器身残长9.5、宽8.9、厚1.3厘米。

（七）砺石

盘龙城共发现砺石16件。标本杨家嘴H11：5（图4.9，1），青灰色，一端残缺，整体平面形状呈长方形，其中一面较平，另一面有明显凹陷。器物残长7.2、宽4.3、厚2.3厘米。标本杨家湾M14：3（图4.9，2），灰色，器身呈长条形，两端微残，一面较平，另一面微微凹陷。器身残长11.3、宽5.5、厚1.7厘米。

（八）杵

盘龙城共出土石杵10件。标本杨家湾Q1712T1518②：1（图4.10，1），灰色，保存较为完整，整体呈哑铃状，两端大中间细，通体磨制。通长11.9、宽4.3、厚3.4厘米。标本王家嘴F14：15（图4.10，2），灰褐色，整体为长条形，杵身截面为圆角方形，两端磨制呈球面。通长14、宽4.5、厚4厘米。

1   2

图 4.7   盘龙城出土石镰

1. A型（采集：421）   2. B型（王家嘴：08）

1   2

图 4.8   盘龙城出土石铲

1. 王家嘴H5：2   2. 杨家湾：06

1   2

图 4.9   盘龙城出土砺石

1. 杨家嘴H11：5   2. 杨家湾M14：3

1   2

图 4.10   盘龙城出土石杵

1. 杨家湾Q1712T1518②：1   2. 王家嘴F14：15

（九）臼

盘龙城共出土石臼7件。标本南城垣采：1（图4.11，1），灰色，口部一侧有残缺，整体呈上端大、下端小的漏斗状，中部有一凹坑，底部较平，通体磨制。器身长18.3、宽12.8、厚11.3厘米。标本杨家湾：1（图4.11，2），灰色，仅存一半。整体为筒状，石料中部掏空，掏空区域上部外敞，中部收束，下部变大，器底较平。口部直径18.1、底部直径14.2、底部内（孔）径7.1、高13.3、底厚2.9、中部壁厚4.4、口部壁厚5.6厘米。

（十）戈

盘龙城仅出土1件石戈。杨家湾M11：52（图4.12，1），深棕色，带黑斑，前锋作三角状，上下刃，中厚，援部作长条状，内援间有栏，栏侧有三道凸棱，栏宽于内，内作长方形，内近栏处有一圆形穿孔，为单面钻，一端孔径较大，另一端则较小（图4.12，2）。器身通长44.1、宽7、厚0.7厘米。

图 4.11　盘龙城出土石臼

1.南城垣采：1　2.杨家湾：1

图 4.12　盘龙城出土石戈（杨家湾 M11：52）

1.整体　2.局部

（十一）钺

盘龙城共出土石钺6件。标本王家嘴：38（图4.13，1），灰色，器物周身略有残缺，整体平面形状呈长方形，中部有一穿孔，为双面钻。器身长8、宽7、厚1.4、孔径外周2.3、内周1.2厘米。标本采集：01954（图4.13，2），灰白色带黑斑，整体平面形状呈梯形，顶部及器身一角有所残缺，弧刃，呈双面刃状，中部有对钻穿孔，通体磨制。器物残长9.9、宽8.1、厚1.6厘米。

（十二）勺

盘龙城遗址内仅发现石勺1件。楼子湾G3⑤：1（图4.14），黑色，由手柄和头部组成。手柄呈长条状，勺头为碗状，内壁斜收至勺头底部，底部分较平。器身整体长9.5、勺头开口直径4厘米。

（十三）纺轮

盘龙城共出土石纺轮2件。标本杨家嘴T9⑤：16（图4.15，1），整体器形呈圆饼状，中部有一穿孔，周边为直壁，通体磨制。纺轮直径3.4、孔径0.8、厚0.8厘米。

1 2

图 4.13 盘龙城出土石钺

1. 王家嘴：38 2. 采集：01954

图 4.14 盘龙城出土石勺（楼子湾 G3 ⑤：1）

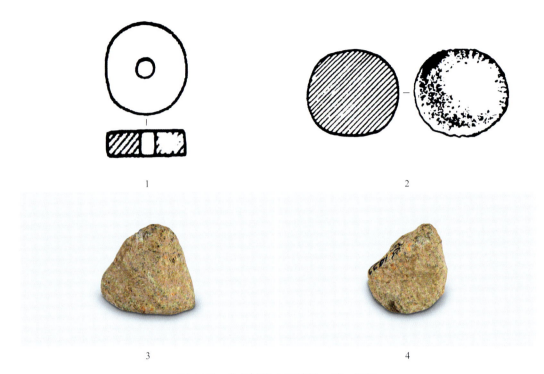

图 4.15　盘龙城出土石纺轮、球、铅锤

1. 纺轮（杨家嘴T9⑤：16）　2. 球（杨家嘴T7④：11）　3、4. 铅锤（杨家嘴T9F1②：1）

（十四）球

盘龙城共出土石球3件。标本杨家嘴T7④：11（图4.15，2），灰色，圆球形，通体磨制。直径3.8厘米。

（十五）铅锤

盘龙城仅出土1件石铅锤。标本杨家嘴T9F1②：1（图4.15，3、4），灰色，器物呈圆锥体，上端大，下端小，底部较平。器物整体长2.6、宽2.4、高2.5厘米。

二、建筑类

石器的发现一般都是伴随着考古工作的开展而出现的，从考古工作和资料刊布情况的综合考量来看，盘龙城遗址所发现的石器主要来自于两个阶段的考古工作。以下我们先分阶段进行梳理。

在盘龙城遗址，建筑类的石制品主要包括房屋的柱础石和近年在杨家湾北坡发现的呈条带状分布的石块，以及小嘴发现的灰沟旁排列整齐的石头带。由于石制品材料公布得不多，因此在这一部分，我们将逐个进行简要介绍。

盘龙城F1（一号宫殿基址），平面呈长方形，面阔四间，周围带有一周回廊，为一处大型夯土台基式建筑。整个建筑基址发现有规律排列的柱穴43个，编号为D1～D43，其中在

D27、D30、D39处发现有柱础石，且D39柱础石由两块石头组成[1]。年代上大致处于盘龙城第四期偏晚，属于盘龙城第二阶段。

盘龙城F2（二号宫殿基址），平面形状呈长方形，由于受到晚期破坏严重，其具体建筑形制已不详，但是仍保留有不少柱础结构。整个建筑共发现28处有规律的础穴，编号D1～D28，其中19处发现柱础石，且对其中的D6和D8两处柱础石进行过测量[2]。年代上大致处于盘龙城第四期偏晚，属于盘龙城第二阶段。

王家嘴F3（PWZF3），整体建筑结构破坏严重，仅存部分柱础石和黄褐土铺成的地面。根据柱础石与黄褐土的分布范围，房屋大致呈长方形，其中东西长约8、南北宽约7米。共发现柱础石22处，基本有序地排列在黄褐土的周边，仅有几块柱础石零星地散布在房屋中部，可能为后期扰动所致，不过所有的柱础石均处于同一平面之上。关于柱础石的数据，《盘龙城（1963～1994）》中并没有给出。年代上处于盘龙城遗址第四期，属于盘龙城第二阶段[3]。

王家嘴F7（PWZF7），整体破坏严重，平面形态近长方形，东西长6.7、南北宽5米，地面垫有一层浅灰色活动面。在房屋南侧边缘发现排列整齐有序的三块柱础石，三块大小较为一致，材质均为红砂石。年代上处于盘龙城第五期，属于盘龙城第二阶段[4]。

杨家湾F1（PYWF1），整体破坏严重，平面为不规则梯形，东侧南北长16.5、西侧南北长12、东西宽6.5米。建筑在红色生土上，由黄色黏土夯筑而成，房屋周边共发现柱洞16处，编号为D1～D16，其中在D3、D4和D13处发现有柱础石，但是《盘龙城（1963～1994）》中没有给出具体的数据。整个房屋的年代处于盘龙城四期，属于盘龙城第二阶段[5]。

杨家湾F2（PYWF2），保存状况较好，整体垫土活动范围呈不规则的椭圆形，东西长约10、南北宽约8米，整齐地挖有十个柱洞，编号D1～D10，且每个柱洞内均发现有经过平整的柱础石，但是放置数量不一，少则一个，多则八个。其中给出具体数据的有D1、D5、D8和D10的柱础石。F2年代处于盘龙城第七期，属于盘龙城第三阶段[6]。

杨家湾F3（PYWF3），房基残缺，整体轮廓大致呈长方形。房基上残存有6处柱洞，编号D1～D6，全部柱洞内均放有石头，除D1、D6内放有多块外，其余均放置一块，且石块的数据均基本给出。该处房址年代上处于盘龙城第七期，属于盘龙城第三阶段[7]。

杨家湾F4，由于晚期的严重破坏，该房址仅存柱坑。通过对于柱坑以及散布在遗迹面上的柱础石的观察，发掘者推测该处房址平面形状呈长方形，东西长约34、南北宽约12米。共发现有柱坑20个，编号K1～K20，其中9处柱坑发现有柱础石，同时在遗迹平面上还发现有10块疑似柱础石，编号S1～S10。在已刊布的简报中，对这些柱础石和疑似柱础石均给出

---

① 《盘龙城（1963～1994）》，第46～53页。
② 《盘龙城（1963～1994）》，第56～60页。
③ 《盘龙城（1963～1994）》，第114页。
④ 《盘龙城（1963～1994）》，第125页。
⑤ 《盘龙城（1963～1994）》，第221～223页。
⑥ 《盘龙城（1963～1994）》，第259～261页。
⑦ 《盘龙城（1963～1994）》，第262页。

了数据。该房址年代经发掘者判断处于盘龙城第六、七期，属于盘龙城第三阶段[①]。

杨家嘴F1（PYZF1），整体平面形状呈长方形，长12.5、宽约3米。共发现有柱洞25个，编号D1～D25，在其中均发现有柱础石。但是垫土表面码放有一些柱础石，编号S1～S5，石头表面均处理得较为平整，且数据也均给出。该处房址处于盘龙城第四期，属于盘龙城第二阶段[②]。

杨家嘴F2（PYZF2），平面呈不规则长方形，长约7.2、宽约4米。并在房屋四边发现有14个柱洞，编号D1～D14，同时在南侧发现一排整齐的柱础石4个，编号S1～S4，这些柱础石均将较为平整的一面朝上，且均给出了具体的尺寸信息。该处房屋处于盘龙城第六期，属于盘龙城第三阶段[③]。

杨家嘴石础遗迹，该处遗迹破坏严重，已无完整的形状，只能看到地表散落有23块石头，其中不少形制较为规整，也有一些为由数件石头拼接而成较为规整的一个整体。这些石头的尺寸信息在《盘龙城（1963～1994）》中均有提及。该处遗迹的年代处于盘龙城第六期，属于盘龙城第三阶段[④]。

王家嘴石础遗迹，该处遗迹在调查中发现，整体平面形状呈长方梯形，东西长4.4～6、南北宽5.6米，平面分布有17块石头，应该与该建筑有关，但是在《盘龙（1963～1994）》中未给出数据。根据出土铜斝判断，其年代大致处于盘龙城第三期，属于盘龙城第二阶段[⑤]。

杨家湾北坡石头带，该石头带最初在2014年武汉大学历史学院对杨家湾北坡外城垣的勘探中发现，并在当年的发掘中对杨家湾岗地西侧进行了解剖发掘，之后于2016年和2017年两个年度的发掘中，在原有探沟的东西两侧以及杨家湾岗地东侧近杨家嘴处又进行了多道解剖发掘。根据这些解剖沟的情况，发掘者大致推测这些石头是人工有意识地沿着地形码放的，主要位于阶地的边缘以及陡坎面上，同时部分石头也有疑似人工处理的痕迹。由于相关遗物发现不多，故而难以判断期别。

小嘴沟状遗迹边的石头带，该石头带主要分布于小嘴沟状遗迹的两侧。2015～2017年，武汉大学历史学院在对小嘴遗址的发掘中，揭示出了多条灰沟遗迹，并在灰沟两侧整齐有序地码放石头，一侧码放较为密集，另一侧则较为疏松，同时有部分石头疑似经过人工处理。发掘者根据地层关系以及出土遗物的情况，大致判断这些遗迹应处于盘龙城第四、五期，属于盘龙城第二阶段[⑥]。

小嘴房址，在2018年武汉大学历史学院的发掘中，位于2017年小嘴发掘区西侧发现有两处房址。两处房址均遭受到晚期严重的破坏，因此保存状况较差，仅存部分柱洞和裸露在外的柱础石，同时，在部分柱洞内也发现有柱础。发掘者根据地层关系和出土遗物大致判断其

① 武汉大学历史学院、盘龙城遗址博物院、武汉市文物考古研究所：《武汉市盘龙城遗址杨家湾商代建筑基址发掘简报》，《考古》2017年第3期。
② 《盘龙城（1963～1994）》，第310～313页。
③ 《盘龙城（1963～1994）》，第341～343页。
④ 《盘龙城（1963～1994）》，第343～345页。
⑤ 《盘龙城（1963～1994）》，第396、412页。
⑥ 武汉大学历史学院、湖北省文物考古研究所、盘龙城遗址博物院：《武汉市盘龙城遗址小嘴2015～2017年发掘简报》，《考古》2019年第6期。

应处于盘龙城第四、五期，属于盘龙城第二阶段①。

综上所述，目前盘龙城遗址内共发现15处建筑类有关遗存，其中13处或为房屋或与房屋有关，2处为石头带遗存。房址无论大小，一般均发现有或多或少的柱础石，其中有不少柱础石据刊布资料描述有人工处理的痕迹，使之向上的一面较为平整。而对于石头带遗存，均是较为整齐地码放成条，其中一些石块疑似经过人工处理。位于杨家湾北坡的石头带通常与阶地边缘或陡坎相伴，这种现象或许与护坡具有相类似的功能。而位于小嘴灰沟边的石头带，由于灰沟的性质尚且不明，因此石头带的功能尚难以判断，可能作为标识沟边的标志物。但是笔者在小嘴的参观中发现，一些石头也疑似经过人工处理，且不少石头向上的一面也较为平整，所以该处石头也不能排除具有与柱础石相类似的功能。从发展阶段上来看，盘龙城第一阶段没有发现任何建筑类遗存，从第二阶段开始逐渐发现，且在第二、三阶段所发现的遗存数量大体相当。有关建筑类石制品的具体数据请参看附表三。

第二节　研　究　方　法

针对本书所关注的主要内容，即石器的材料，我们将主要关注原料来源的问题。原料分析是有关石器研究中的一项重要内容，其一般目的在于对石器所使用的原料的探索。通常研究者通过对石器的外部物理特征进行观察后，结合对石制品所出遗址周边地质资料的检索，将原料来源进行定位，也有一些研究者是通过简单的考古地质调查，从而确定产源的大致位置。然而，对于有些遗址周边少见，同时外表感官与实际质地相去甚远的石料或石制品而言，则需要采用地球化学、地质学等方法来判断岩石质地，从而帮助确定原料的位置。目前国内学界在采用地质学等方法确定石料和石制品质地以及产源等方面还开展得较少，仍旧是多采用传统的裸眼辨识法。除上文所提到的原料产地外，石制品加工地也应当属于产地的范畴之内，其位置可能位于原料附近，与原料开采点合为一处，同时也存在有独立加工点的可能。所以，在考量产地问题的时候，应当从原料和加工两个层面来考量。由此可见，产地的分析有助于我们了解石制品原料选取和制造的状况，为我们进一步探究人群活动、组织，以及社会结构、贸易等方面的内容提供了契机。

根据以上所阐述的情况，在本书中，除裸眼对石器的材质进行辨识外，我们还将主要运用地质学的方法来对此问题进行探索，其中主要包括砾径分析和矿相分析，以求在定性的基础上作出定量方面的研究，从而作出更为准确的判断，为进一步的阐释及研究提供坚实的基础。

---

① 武汉大学历史学院、湖北省文物考古研究所、盘龙城遗址博物院：《武汉市盘龙城遗址小嘴2015～2017年发掘简报》，《考古》2019年第6期。

一、粒径分析与地质调查

粒径统计分析是地质学中常用的基本方法之一，意在对地层中的砾石大小、砾性等进行统计分析，是一种宏观性的观察方式。通过对典型地层剖面中砾石大小和砾性的统计，我们可以观察出遗址及其周边可用石料的大小和质地状况，并结合遗址内所发现石制品本身的大小情况，来帮助判断石料的来源。

本书将根据盘龙城遗址及周边地质环境的状况划分出多个典型的砾石层，同时在遗址内针对每个砾石层将采用随机抽样的方式，对砾石层内的砾石进行抽取，并系统测量和记录砾石的大小[①]和砾性。每个层位内所抽取砾石的样品量均不小于100颗。

其次是对于盘龙城遗址目前已发现的石器的大小进行统计分析，大致采取与测量砾石大小接近的方法，以便于将典型地层中所采集的砾石与盘龙城所出大小进行比较。通过两者的大小比较，我们将从一个宏观状态初步判定石料的来源性问题。如果石料大小和基本材质满足石器的制作，则遗址内石制品的原料可能来自于周边；如果两者与遗址内所发现的石器不相符合，那么石制品所用石料的来源，可能并非来自于遗址周边地区，而是来自于其他地区。

二、矿相分析

矿相即矿物相，简单来说岩石中的一种矿物称之为一个相。而将岩石磨成薄片后，我们可以通过显微镜进行晶体光学分析（透明矿物晶体分析和不透明矿物晶体分析）。由于可见偏光通过透明矿物晶体会产生折射、偏振、干涉、吸收、色散和旋光等一系列光学显现，而不透明矿物晶体则会阻挡可见偏光通过[②]，因此根据这些特征我们可以判定岩石的矿物组成，从而鉴别岩石种类和矿物颗粒大小，进而对岩石本身的物理性质与化学性质作出准确的判断。

基于该方法，我们将对盘龙城遗址和遗址周边典型地层内的砾石，以及遗址内所出石器进行薄片磨制，并进行显微镜下的矿相分析。之后通过比较遗址内所出石器和遗址周边地区岩石的岩性异同，我们可以更为精准地判断石料的选取和来源的状况。在观察石料来源的同时，还可以对不同类型石器选用石料的需求进行一定的探索。

---

① 砾石大小通常指砾石的长轴（a轴）、中轴（b轴）和短轴（c轴）尺寸，下文所说砾石尺寸皆是指这三项参数。
② 曾广策、朱云海、叶德隆：《晶体光学及光性矿物学》，第 I 页，中国地质大学出版社，2006年。

第三节　盘龙城遗址及周边地质条件与岩石分布

石器的制造，尤其是在原料的采备方面与遗址本身以及周边地区的地质环境息息相关。通常古人会选择周边范围内的合适石材作为石器制作的原材，而周边的地质条件则决定了可用石料的种类。由于古人没有如现代人所用的采矿机、采石机等可以向地表以下钻井采石的能力，他们一般所利用的主要为出露地表的岩层以及河流摆动、冲击所带来的大量砾石。因此在本节中，我们将对砾石层和砾石的状况，以及地层和岩层的分布进行简要的梳理工作。

一、地质调查

盘龙城遗址地处江汉平原东部，遗址的文化层大致分布在第四纪更新世（距今258800～11700年）冲积物与全新世（距今11700年至今）冲积物之上。从现在的地貌景观来看，盘龙城遗址所处地区为山地与平原区的过渡地带，整体地势北高南低，如图4.16所示。

从图4.16中我们可以看到，盘龙城遗址周边有多条从山地发源、自北向南汇入长江的河

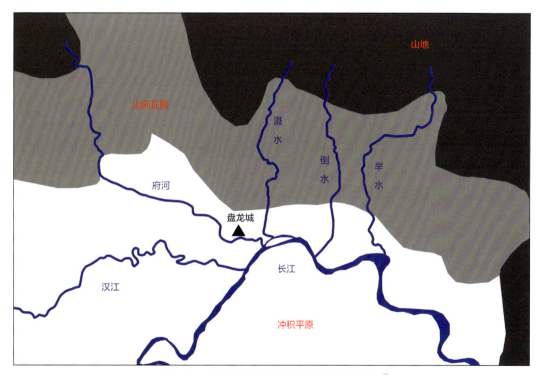

图 4.16　盘龙城遗址周边地貌单元大致分布[①]

---

① 邹秋实：《盘龙城遗址地理环境变迁初探》，武汉大学硕士学位论文，2016年，第7页。

流，因此对于盘龙城遗址而言，其周边会存在有大量由河流冲积所带来的砾石堆积。为了了解砾石层的状况，我们应当首先对整个地区的地层状况有一定的了解，之后再对砾石层的状况进行梳理。

为了了解盘龙城遗址及其周边的地层状况和砾石层状况，我们在2017年4～6月对盘龙城遗址周边800多平方千米的范围内展开了地质调查，整个区域呈南北长约45、东西宽约18千米的长方形，北界位于木兰山西侧的李家集珍珠岭村（大别山南麓地区），东界位于新十公路张家冲段（滠水西侧），南界位于府河北岸大堤（汉口冲积平原北缘），西界位于盘龙城遗址西侧5千米外的丰荷山一带（盘龙城周边地带地势最高处，西邻府河）。此次地质调查根据典型地层出露状况、地层序列的完整情况共选择14个典型剖面进行观察，其分布如图4.17所示。

在我们所进行的地质调查中，有一处为武汉市地铁建设施工中所打的地质钻孔，其地层十分连续，基本涵盖了这一地区所见的全部地层（图4.18）。因此，可将此孔的堆积状况作

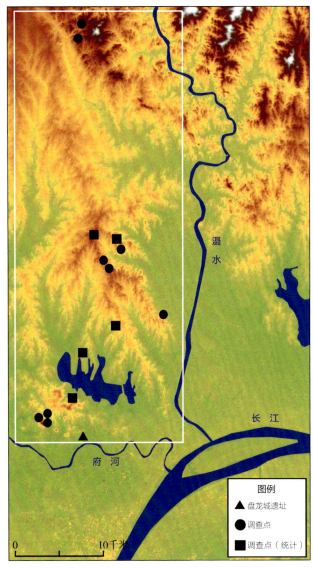

图 4.17　地质调查区域与调查点分布图

为整个地区的地层标尺，详细内容请参看表4.1。

　　根据表4.1我们可以大致观察出存在有两套砾石层，但是根据我们在其他调查点所见的状况，在网纹红土之上也存在有一套砾石层。因此总体看来，整个区域内总共分布有三套砾石层，如图4.19所示。

图 4.18　地层堆积剖面图

表4.1　盘龙城遗址及周边地区地层堆积状况

出现深度（米）	结束深度（米）	描述
0	3.6	人工填土，见碎砖块、塑料袋
3.6	5	黄褐色黏土，可见少量铁锰膜
5	7.3	灰褐色黏土，可见少量黑色铁锰膜以及网纹结构，网纹呈灰白色
7.3	13	砖红色黏土，可见大量灰白色网纹
13	19.7	黄褐色黏土，含大量灰白色网纹
19.7	21.2	含大量砾石，砾性以石英岩为主，可见少量磨圆较好的砾石，总体上以次棱为主
21.2	24.7	白—黄褐色杂色黏土层
24.7	31.3	砂砾石层，以粗砂、中粗砂为主，含少量砾石，上部以黄褐色为主，下部以白色为主。从上至下，黏土含量逐渐减少
31.3	32.3	白—黄绿色砂层，由上至下，粒径逐渐变大，由细砂变为中粗砂
32.2	39.5	基岩，砖红色砂岩，内含少量灰白色网纹

图 4.19　三套砾石层及其层位状况示意图

接下来我们针对这三套砾石层，选取了另外13处砾石层出露于地表的地点进行调查。同时，考虑到与遗址远近的关系以及地层剖面的完整状况，我们还选取了其中的4个调查点进行砾石的采样，其中包括对砾径的统计和岩性的记录（附表四~附表十一）。

（一）叶店王家洼

该调查点位于盘龙城遗址以北3千米处，经纬位置为北纬30°43′03.09″、东经114°15′08.78″，近F天下伯爵高尔夫练习场东南角。剖面走向大致为340°，坡度约为20°。根据现场观察，该处剖面可大致分为三层：

第1层，黏土层。厚约0.5米，呈黄褐色，包含大量植物根系。

第2层，砾石层。距地表约0.5、厚约5.5米，呈砖红色，包含大量灰白色网纹，网纹宽度约1厘米，其中包含砾石大小混杂，以次棱为主，砾径最大可达70厘米，以白色石英岩、石英砂岩为主。

第3层，基岩层。距地表约6米，呈猪肝色，包含有少量灰白色石膏条带。

我们对第2层中的砾石随机进行了抽样测量，并随机抽选了3块砾石做切片观察（图4.20），其结果显示均为石英岩，与我们外表和随机敲碎内部结果所观察的一致。同时，通过计算，砾石大小差异较大，最小的体量仅有38.62立方厘米，最大的则达到18994.5立方厘米。

（二）横店白家岗

该调查点位于盘龙城遗址以北7千米处，经纬位置为北纬30°46′28.57″、东经114°18′19.14″，近横店镇白家岗村十字路口西南角。剖面走向约310°，坡度约为22°。根据现场观察，该处剖面可大致分为五层：

第1层，网纹红土层。厚约1米，呈砖红色，其顶部约有0.1米厚的腐殖土，底部约有0.2米厚的铁质结核层。

第2层，砾石层。距地表约1、厚约0.5米，砾石层内砾石墨渊度较好，以次圆为主，材质以白色、灰白色石英岩为主，砾径以10厘米为主，无明显定向性。

第3层，沙层。距地表约1.5、厚约1米，呈砖红色，层内包含有少量细砾。

第4层，砂砾石层。距地表约2.5、厚约1米，呈白色，层内包含有大量砾石，其砾石磨圆度较好，以次圆为主，材质以石英岩为主，砾径在5～8厘米左右，无明显定向性。

第5层，沙层。距地表约3.5米，呈黄绿色，内含有大量紫红色斑点。

我们对第2层和第4层中的砾石随机进行了抽样测量，并在各层随机抽选了1块砾石做切片观察（图4.21），其结果显示均为石英岩，与我们外表和随机敲碎内部结果所观察的一致。同时，通过计算，第2层砾石最小的体量仅有26.136立方厘米，最大的则达到1749.3立方厘米；第4层砾石最小的体量为10.584立方厘米，最大的体量为4680立方厘米，体量的差异性较大。

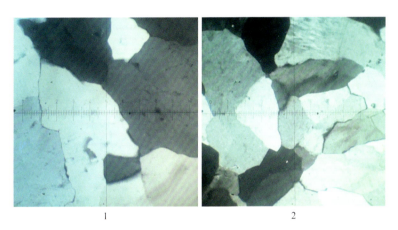

图 4.20　叶店王家洼子砾石切片

1. YD-1（石英岩）　2. YD-3（石英岩）

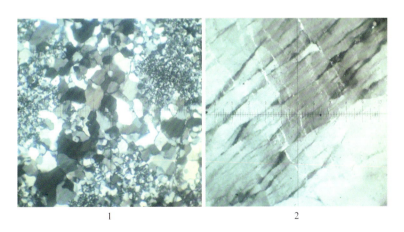

图 4.21　横店白家岗砾石切片

1. 第2层HD-1（石英岩）　2. 第4层HD-2（石英岩）

（三）黄陂小四屋咀

该调查点位于盘龙城遗址以北17.5千米处，经纬位置为北纬30°55′42.63″、东经114°17′07.16″，位于黄陂小四屋咀东北400余米处。剖面走向大致为354°，坡度约为21°。根据现场观察，该处剖面可大致分为三层：

第1层，砾石层。厚约0.6米，呈砖红色，包含较多砾石，磨圆度较好，以次圆为主，主体为石英岩，最大砾径在7厘米左右，无明显定向性。

第2层，黏土层。距地表约0.6、厚约2.9米，呈砖红色，包含大量白色网纹。

第3层，砂砾石层。距地表约3.5米，呈猪肝色，包含有一定数量的砾石，磨圆度较好，以次圆为主。主体为石英岩，也有较少的砂岩。

我们对第1层和第3层中的砾石随机进行了抽样测量，并在各层随机抽选了2～3块砾石做切片观察（图4.22），其结果显示均为石英岩，与我们外表和随机敲碎内部结果所观察的一致，不过切片中显示有些石英中包含有一些云母。同时，通过计算，第1层中最小的体量仅有1.8立方厘米，最大的则达到1710.625立方厘米；第3层中最小的体量仅有1.69立方厘米，最大的则达到438.75立方厘米。

（四）黄陂肖宋塆

该调查点位于盘龙城遗址以北18千米处，经纬位置为北纬30°54′22.96″、东经114°21′00.59″，位于黄陂肖宋塆北500余米处。剖面走向大致为357°，坡度约为20°。根据现场观察，该处剖面可大致分为三层：

第1层，砾石层。厚约1米，呈红色，砾石磨圆度较好，以次圆为主，材质主要为石英岩、石英砂岩，最大砾径在7厘米左右，无明显定向性。

第2层，黏土层。距地表约1、厚约0.5米，呈黄红色，其中包含较多白色网纹，同时混杂有大量砾石，材质以石英岩为主，大小不一，最大砾径可达13厘米，最小的则仅有2厘米，磨圆度较好，但无明显定向性。

第3层，砂砾石层。距地表约1.5米，呈红色，包含大量砾石，磨圆度较好，以次圆为

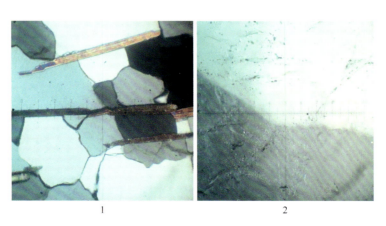

图 4.22　黄陂小四屋咀砾石切片

1.第1层HDN-1-1（石英岩，夹有云母）　2.第3层HDN-2-1（石英岩）

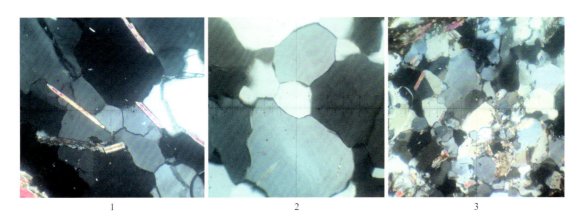

图4.23　黄陂肖宋垮砾石切片

1.XSW-1-3（石英岩，夹有云母）　2. XSW-2-2（石英岩）　3. XSW-3-2（石英岩，夹有云母）

主。主体为石英岩、石英砂岩，最大砾径可达20厘米，无明显定向性。

我们对三个层位中的砾石随机进行了抽样测量，并在各层随机抽选了3块砾石做切片观察（图4.23），其结果显示均为石英岩，与我们外表和随机敲碎内部结果所观察的一致，切片中显示有些石英中包含有一些云母。同时，通过计算，第1层中最小的体量仅有3.75立方厘米，最大的则达到432立方厘米；第2层中最小的体量仅有16.8立方厘米，最大的则达到1193.5立方厘米；第3层中最小的体量仅有2.52立方厘米，最大的则达到1456立方厘米。

以上，我们对4处典型剖面进行了简要的介绍，并对各处剖面所观察到的砾石层也进行了描述。总体看来，三套砾石层在材质的主体上基本一致，主要为石英岩和石英砂岩，而在大小方面，所发现砾石的砾径在5～20厘米之间，体量之间的差异也十分大。如此一来，我们对周边的地层状况与砾石层状况便有了一个基本的了解。

二、地质资料检索

除砾石层的状况外，对于周边岩石类别分布状况我们也应当有一定的了解。由于国内自20世纪70年代起，各级地质单位及有关院校已经逐步对全国范围开展大范围、高精度的地质调查，并且完成了各种比例下的地质填图，对岩石、矿产的分布已有了准确的了解。同时，近年来国家地质调查局解密了1∶200000的地质填图，由于岩层与岩石的分布是一个大范围内的连续状态，少则延续数十千米，多则绵延几百上千千米，因此这一比例下的地质填图已十分准确，为我们的研究提供了极大的便利。

首先，我们先对武汉的岩层状况进行简要的介绍。武汉的岩层按照特征大致分为南、北两区，以襄－广深断裂带为界，在武汉地区内该断裂带大体沿黄陂—横店—武湖—渡张湖一带通过。其中北部属于秦岭－大别山地层，出露地表的层位主要为前震旦纪大别山群和红安群变质岩系，主要包括片麻岩、石英岩、石英片岩、石英绢云母片岩等；南部为扬子地层区，出露地表的层位主要为志留纪、泥盆纪、石炭纪、二叠纪地层，以及中生代三叠纪、侏罗纪地层，同时大范围的第四纪地层，主要包括石英砂岩、玄武岩、泥质砂岩、泥质粉砂岩、泥岩等。大致的南、北区分布状况如图4.24所示。

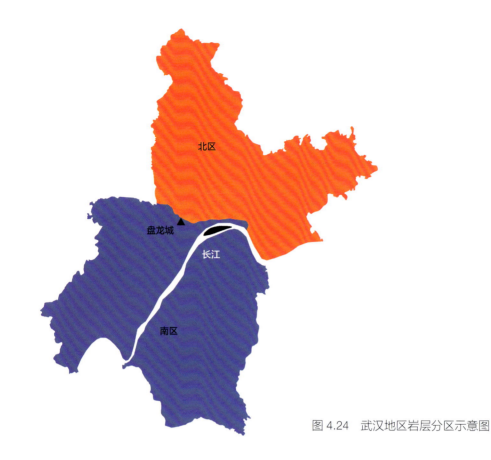

图 4.24　武汉地区岩层分区示意图

图 4.25　经高度风化的片岩

从图4.24中我们可以看到盘龙城遗址大致处于南北两区的交界处，因而兼具两个区的特点。通过对遗址及其周边地区的调查，我们发现情况也大致如此，如在遗址及周边地区大量见到石英岩、石英砂岩。但是，对于南区中较为常见的泥质粉砂岩、泥质砂岩、泥岩等却几乎不见，这种情况是由于盘龙城遗址所处的地理位置造成的。根据图4.16、图4.17我们可以看出，盘龙城处于府河、滠水等河流的下游区域，以及长江的侵蚀侧，因此河流的侵蚀风化作用十分强烈。同时，加之其山前的地形造成多雨水的情况，使得硬度较软、含砂或含泥量较高的岩石极其容易受到严重的风化。即使如一些来自于北区硬度较高的片岩，到了这一地区也消失不见，偶然于调查中在砾石层中发现的片岩，也已经受到高度的风化，已经与黏土混合在一起无法取出，如图4.25所示。

经过我们前文的分析，大致对武汉地区整体的地质条件有了一定的认识，接下来我们分南北两区看一下具体的岩石分布状况。

北区，从地势来看，北高南低，北部为大别山南麓，后逐渐向南地势减缓，形成了山前丘陵岗地地带，直至与南部冲积平原地区接壤。在这个区域中，根据地层与岩层的堆积年代，又可大致分为南、北两个区域，其中南部地质条件较为单纯，基本为第四纪以来的堆积，大量的冲积砾石层，如同我们在地质调查中所见的情况。裸露在地表之上的，可见大量石英岩，在我们对于盘龙城遗址及周边的调查中，随处可见石英岩块，既有体量较小者，也有体量较大者，如图4.26所示，且这两种均随处可见。北部地区，主要为元古代至白垩纪时期的堆积，岩石种类也更为丰富一些。在大别山南麓的西缘，主要为大别山的浅变质岩带，主要分布于大悟至黄陂一侧（图4.27），当然在这一区域中也存在一些中度和深度的变质岩带，同时也有少量的沉积岩和岩浆岩带。主要可见的岩石种类为片岩（包括绿片岩、绢云母片岩等）、板岩、片麻岩、石英岩、砂岩、花岗岩、白云岩、泥岩、石灰岩，以及其他一些含泥含沙的硅酸盐类岩石等（图4.28）。

南区，从地势来看，东南高、西北低，东南部为幕阜山脉－天台山脉北麓地带，后向南地势逐渐降低并与平原区接壤。在这个区域中，根据地层与岩层的堆积年代，又大致分为东南、西北两个区域，其中西北地区地质条件较为单纯，基本为第四纪以来的堆积，也有少量二叠系、泥盆系和志留系的堆积，其中包含一些砂岩、泥岩、石灰岩、页岩等。东南地区，主要为中生代至三叠系时期的堆积。在幕阜山脉－天台山脉北麓主要可见的岩石种类为石英岩、砂岩、白云岩、泥岩、石灰岩，以及其他一些含泥含沙的海相硅酸盐类岩石等（见图4.28）。

在本节中，我们通过地质调查和地质资料检索两种方式对盘龙城遗址及其周边的地质条件和岩石分布状况进行梳理，其中地质调查重点关注砾石状况，地质资料检索则侧重岩石分布。这两项工作将为我们下一节对于石制品原材料的探索奠定基础。

图 4.26　丰荷山石英岩

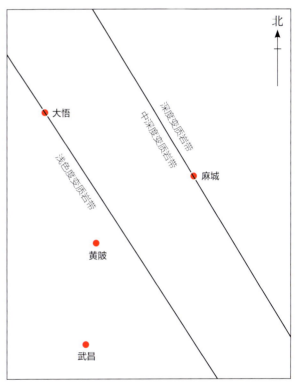

图 4.27　变质程度示意图

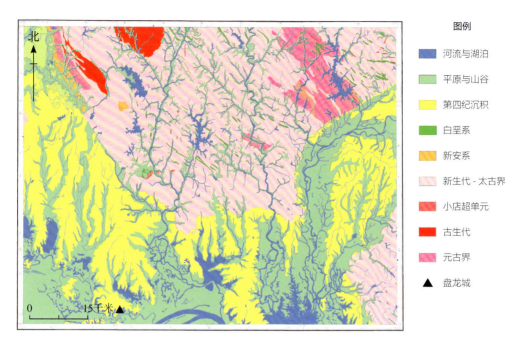

注：基础数据来自中国国家地质档案馆。第四纪沉积物包括石英岩、风化石英砂岩、风化片岩和片麻岩等。白垩系地层主要为公安寨组，由褐色砾岩、砂岩、粉砂岩、粉质泥岩、橄榄玄武岩等组成。新安系包括登瀛组、斗山坨组、窑岭河组，主要含白云岩、绿泥石片岩、绢云母片岩、黑页岩、泥岩、泥灰岩等。新生代-太古界包括七角山、天台山、黄麦岭、武当山、大别山组，主要含石墨片岩、白云质石英片岩、鳞片状石英岩、白云片麻岩、绢云母片岩、白云闪长岩、绢云母片岩、绿泥石片岩、闪长岩等。小店超单元包括会岗、郭家岗、左家河、蔡店、门头沟和燕子岗单元，主要含单斜花岗岩、石英云母岩和角闪长闪长岩。古生代岩石类型以花岗岩为主，花岗片麻岩和闪长岩片麻岩是元古界的主要成分

图 4.28　盘龙城遗址周边岩石分布状况

第四节　石　器　分　析

目前有关石器材质方面的研究多数是基于石器表面的物理特征观察，从而得到具体材质的结论，虽然通常这种方法大体可信，不过由于石制品经过数千年的风化和土壤的浸蚀，其表层可能与原有样貌发生一些改变，比如我们在对盘龙城遗址所出石器的观察中便发现，一些遗址内所出土的石器虽然外表差异很大，但当其破碎后露出新鲜断面时，其所展现出的是完全一致的物理特征，而一些外表十分接近的石器，却在其新鲜断面处展现出完全不同的物理特征。因此，若我们仅仅凭借对石器外表的观察，从而对石制品的材质作出判断，其结果有时会产生一定的偏差。如此一来，随后所进行的各项统计与研究工作，其结果也会产生一定的问题。所以面对这一问题，我们需要在对外表物理性质观察的基础上，进行切片工作。通过显微镜下的微观结构分析，以及石器本身外表的物理特征观察，我们将能更准确地判定石器的具体材质。同时，通过对石器体量的分析，我们也能够大致估算出所需石材的最低大小要求。根据前文的分类体系，我们仍旧将对石质工具和建筑类石制品两类分别进行分析。

一、工具类

在这一部分我们将盘龙城遗址目前已发现的339件石器的质地和尺寸进行梳理。在这339件石器中,《盘龙城(1963~1994)》中所刊布的111件并非完全发表尺寸数据和材质信息,近年盘龙城遗址小嘴的发掘材料也正在整理之中,因此这两部分材料的数据与信息会有一定的缺失。以下我们将分别考量石器的材质与体量问题。

首先,我们先来看材质。关于材质的确定,如前文所说,为求更加准确,本书将通过对石器外表的物理观察与切片的微观结构观察相结合的方式。由于《盘龙城(1963~1994)》中所刊布的材料我们已无法见到实物,其材质信息只能采用报告中所刊布的信息。另外,在做切片方面,我们不能也难以做到每一件石器均对其做切片观察,同时,盘龙城遗址截至目前所发现的石器涉及15小类,其中有些小类发现数量极少,且在近年的发掘中也没有同类出土,在以往刊布的材料中也没有质地的介绍,因此对于这些器物,我们既无法观察也无法切片。综上,我们将采用的方式是选取大宗类的石器,在此基础之上进行采样,同时也要考虑到这些样品我们是否能够获取。综合以上的考虑,我们最终选取了小嘴发掘出土的20件破碎的石器进行切片,其中包括磨石①、石斧、石锛、石凿、石镰、石刀6种器物,这6种器物在整个遗址中是出土的大宗,共计出土293件,占总量的86.43%,且小嘴出土的石器在材质上也极具代表性,因此我们选择对这20件石器残件进行切片观察。

其次,关于体量问题。我们将对石器的长、宽、厚三项数据进行统计,之后求得三项数据的乘积,以大致估算石器体量,并了解石器体量的状况,从而推算出制作石器所需石料的体量状况。由于完整的石器与残件数量相当,为保证数据的全面性,因此所有石器都将纳入我们的测量与统计工作之中。最后我们将计算而得的体量数据投射到散点图之上,既能更加直观地观察体量的状况,也可以观察其中是否存在一定的规律性。

接下来我们先分别对这六大类石器进行一一介绍,之后再对其他类的石器进行介绍。

(一)砺石

砺石,包括《盘龙城(1963~1994)》中所说磨石。该类石器总计发现16件,其中11件有关于材质的信息。我们对小嘴出土的4件磨石进行了切片观察(图4.29),同时结合《盘龙城(1963~1994)》中的鉴定结果,最终得出这11件全部为砂岩,而且通过显微结构观察,我们可以看到较多石英颗粒和少量长石,因此判断为石英砂岩。关于体量,有10件测量过相关数据,根据图4.30显示,磨石的体量主体在50~150立方厘米之间。

(二)石斧

石斧,总计发现60件,其中49件有关于材质的信息。我们对小嘴出土的4件石斧进行了切片观察(图4.31),同时结合《盘龙城(1963~1994)》中的鉴定结果,最终得出在这49

---

① 《盘龙城(1963~1994)》中所说砺石根据图片和尺寸数据皆为磨石,虽然保留砺石名称,但在归类中将其归入磨石。

图4.29　磨石标本显微照片

1. 小嘴Q1710T0314⑥：6（石英砂岩）　　2. 小嘴Q1710T0116⑤：20（石英砂岩）

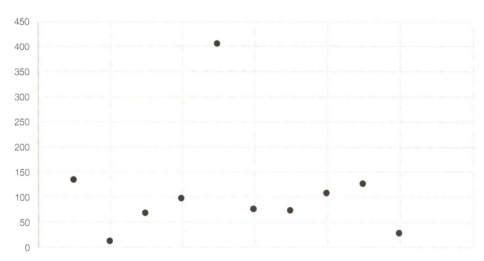

注：图片左侧数值单位为立方厘米，下文体量统计图皆如此，不再重复说明

图4.30　磨石体量统计

件石斧之中，22件为砂岩、22件为片岩、2件为石灰岩、2件为片麻岩、1件为泥岩。其中砂岩与片岩构成了主要的材质类别，总计44件，占到总数的89.8%，除此之外也会采用少量石灰岩等作为原材料。经过鉴定砂岩中含有较多石英，为石英砂岩；片岩中含有大量蓝晶石，应为蓝晶片岩。关于体量，有10件测量过相关数据，根据图4.32显示，石斧的体量主体在75～250立方厘米之间。

（三）石锛

石锛，总计发现67件，其中52件有关于材质的信息。我们对小嘴出土的4件石锛进行了切片观察（图4.33），同时结合《盘龙城（1963～1994）》中的鉴定结果，最终得出在这52件石锛之中，23件为片岩、17件为砂岩、6件为泥岩、5件为石灰岩、1件为板岩。其中以片岩和砂岩为主，两类总计40件，占到总数的76.92%。除此之外也会采用如泥岩、石灰岩等。经过鉴定砂岩中含较多石英和岩脉以及萤石，并生长有玉髓，应为石英砂岩；片岩主要

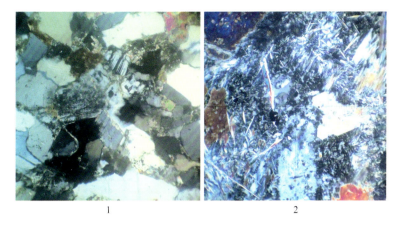

图 4.31　石斧标本显微照片

1. 小嘴Q1813T0116H28：11（石英砂岩）　　2. 小嘴Q1610T2016④：8（蓝晶片岩）

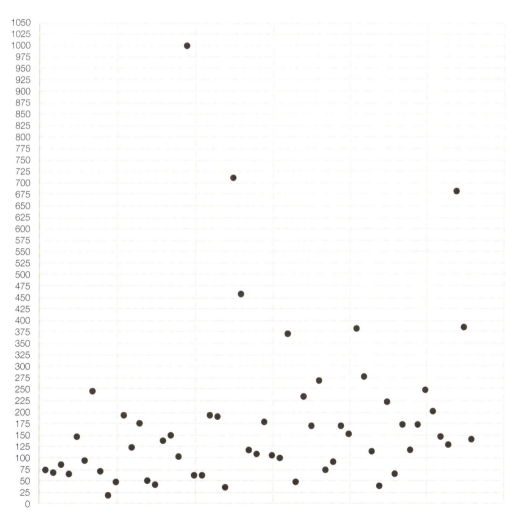

图 4.32　石斧体量统计

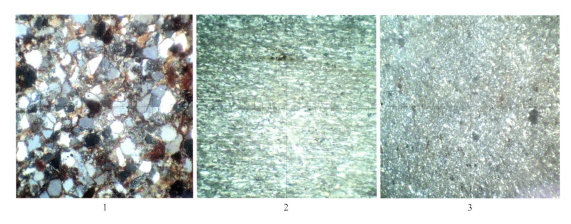

图 4.33　石锛标本显微照片

1. 小嘴Q1710T0311③：10（石英砂岩）　2. 小嘴Q1710T0215⑦：1（绢云母片岩）　3. 小嘴Q1710T0413H13:4（绢云母绿泥片岩）

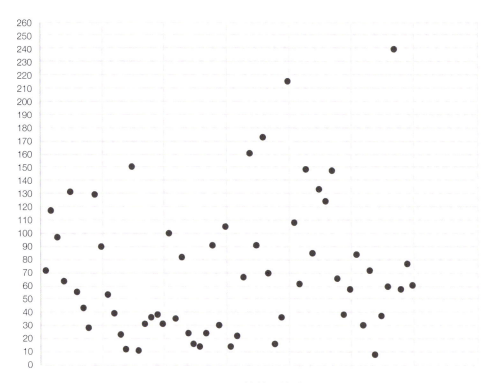

图 4.34　石锛体量统计

为绢云母片岩和绢云母绿泥片岩，两类片岩仅在含有绿泥石的比重上有所差异，后者较前者更多。关于体量，有46件测量过相关数据，根据图4.34显示，石锛的体量主体在20～100立方厘米之间。

（四）石凿

石凿，总计发现14件，其中5件有关于材质的信息。我们对小嘴出土的2件石凿进行了切片观察（图4.35），同时结合《盘龙城（1963～1994）》中的鉴定结果，最终得出在这5件石凿之中，4件为片岩、1件为泥岩，片岩占到总数的80%。经过鉴定，其中一件可见大量蓝

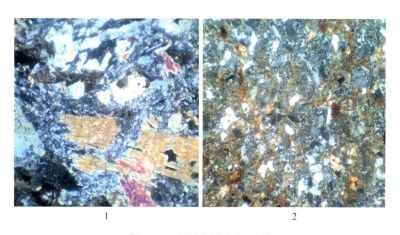

图 4.35　石凿标本显微照片

1. 小嘴Q1610T1915G1：37（蓝晶片岩）　　2. 小嘴Q1610T1912②：1（绢云母片岩）

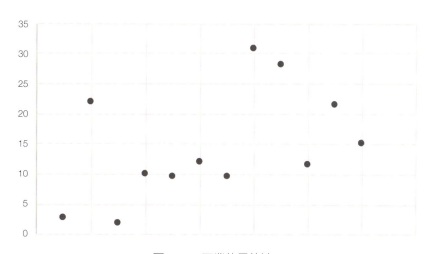

图 4.36　石凿体量统计

晶石，应为蓝晶片岩；另一件可见石英和较多绿泥石，应为绢云母片岩。关于体量，有1件测量过相关数据，根据图4.36显示，石凿的体量主体在20～40立方厘米之间。

（五）石镰

石镰，总计发现62件，其中46件有关于材质的信息。我们对小嘴出土的1件石镰进行了切片观察（图4.37），同时结合《盘龙城（1963～1994）》中的鉴定结果，最终得出在这46件石镰之中，21件为片岩、16件为砂岩，6件为泥岩、3件为板岩。片岩与砂岩居多，分别占到总数的45.65%和34.78%。经过鉴定，此件石镰中可见大量绢云母，且岩脉中填充大量石英、绿泥石，应为绿泥石片岩。关于体量，有60件测

图 4.37　石镰显微照片

［小嘴 Q1710T0116 ②：10（绿泥石片岩）］

135

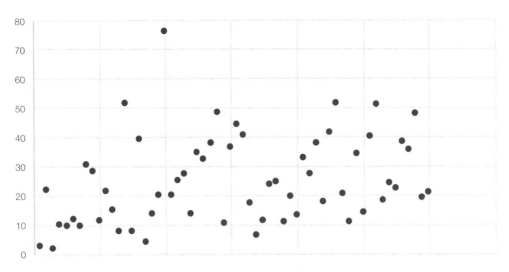

图 4.38　石镰体量统计

量过相关数据，根据图4.38显示，石镰的体量主体在10～50立方厘米之间。

（六）石刀

石刀，总计发现74件，其中64件有关于材质的信息。我们对小嘴出土的4件石刀进行了切片观察（图4.39），同时结合《盘龙城（1963～1994）》中的鉴定结果，最终得出在这64件石刀之中，37件为片岩、19件为砂岩、5件为板岩、3件为泥岩。片岩与砂岩居多，分别占到总数的57.81%和29.69%。经过鉴定，这4件石刀中根据包含物可分为两类，一类含较多石英和绿泥石，应为绿泥石英片岩；一类含有较少石英和较多的绢云母和绿泥石，应为绢云母绿泥片岩。关于体量，有69件测量过相关数据，根据图4.40显示，磨石的体量主体在15～60立方厘米之间。

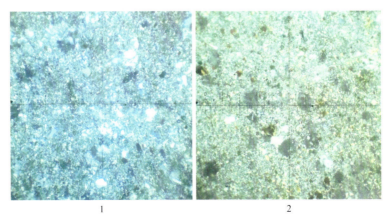

图 4.39　石刀标本显微照片

1. 小嘴Q1610T1915G1：8（绿泥石英片岩）　　2. 小嘴Q1710T0413③：15（绢云母片岩）

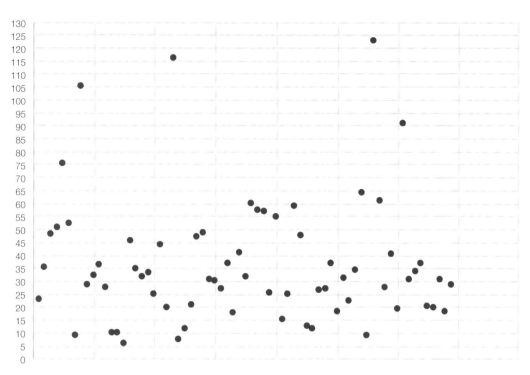

图 4.40　石刀体量统计

（七）其他

除上述主要的6类石器外，还有9类石器，其所占的比例很少，我们也简单地介绍一下。

石纺轮，总计发现2件，均没有关于材质的信息。在体量方面两件纺轮的体量分别为2.72和2.24立方厘米。

石铲，总计发现15件，有7件有材质信息。在这7件之中，砂岩4件，石灰岩、片岩、泥岩各1件。而在体量方面，石铲的体量主要在50～120立方厘米左右。

石杵，总计发现10件，有3件有材质信息，且这3件均为砂岩制成。在体量方面，石杵体量的离散度较大，没有相对明显的集中区域，最大一件可达290立方厘米上下，最小的仅有24立方厘米，考虑到完整性的问题，石杵的体量应在170～290立方厘米左右。

石戈，仅发现1件，且没有相关材质介绍。体量为216.1立方厘米。

石臼，共发现7件，有5件有材质信息。这5件均为花岗岩制成。在体量方面，石臼的体量大致在2700～3800立方厘米之间，一些个体较大的可达10000甚至20000立方厘米以上。

石铅锤，仅发现1件，材质为砂岩，体量为15.6立方厘米。

石球，共发现3件，其中1件有材质信息，为砂岩。体量在29立方厘米左右。

石勺，仅发现1件，无材质信息，体量大致为17立方厘米。

石钺，共发现6件，均有材质信息，其中泥岩4件、砂岩1件、花岗岩1件。体量在70～120立方厘米左右。

通过以上的分析，我们大致了解了盘龙城遗址所发现石器的材质与体量状况，为了更好地观察，我将以表格的方式分别汇总体量和材质的信息（表4.2、表4.3）。

表4.2　石质工具体量汇总表

名称	体量（立方厘米）	名称	体量（立方厘米）	名称	体量（立方厘米）
砺石	50～150	石镰	10～50	石臼	2700～3800
石斧	75～250	石纺轮	2.24～2.72	石铅锤	15.6
石锛	20～100	石铲	50～120	石球	29
石凿	20～40	石杵	170～290	石勺	17
石刀	15～60	石戈	216.1	石钺	70～120

表4.3　石质工具材质汇总表

名称 ＼ 材质	板岩	花岗岩	泥岩	片麻岩	片岩	砂岩	石灰岩	总量
磨石（砺石）						11		11
石斧			1	2	22	22	2	49
石锛	1		6		23	17	5	52
石凿			1		4			5
石刀	5		3		37	19		64
石镰	3		6		21	16		46
石纺轮								
石铲			1		1	4	1	7
石杵						3		3
石戈								
石臼		5						5
石铅锤						1		1
石球						1		1
石勺								
石钺		1	4			1		6
合计	9	6	22	2	108	95	8	250

二、建筑类

在这一部分中，我们将主要关注建筑类石制品的材质与体量状况。观察材质和计算体量的方式，我们继续采用在石器观察与测量中使用的方法，故而在此我们将不再赘述。

首先，关于材质方面。除了《盘龙城（1963～1994）》中王家嘴F7的4块柱础石被鉴定为了所谓的"红砂岩"外，其余《盘龙城（1963～1994）》中的刊布材料以及之后的发掘简报中，对于建筑类石制品的材质均无说明。笔者曾参与过杨家湾F4、杨家盘北坡石头带以及小嘴灰沟的调查和发掘工作，根据外表和破碎新鲜面的观察我们发现这些石制品在材质上具有高度的一致性，因此选取了杨家湾北坡JP1的3块石制品进行了切片观察，发现这些石制品的材质均为石英岩（图4.41）。

其次，关于体量方面。这一部分主要可分为柱础石与非柱础石，两类石制品存在着一定的差异，因此我们分别来观察。

先看柱础石，由于柱础石所刊布的资料大多不包含厚度，因此我们通过计算长与宽的乘积，大致观察一下柱础石的体量分布状况。根据图4.42来看，柱础石在体量方面有着明显的差异性，基本可划出三个等级：第一等级为5000立方厘米以上，这一等级主要为城垣的F1和F2的柱础石；第二等级为1000～3000立方厘米之间，这一等级主要为杨家湾F4的柱础

图 4.41　建筑类石制品显微照片

1. JP1-1（石英岩）　2. JP1-2（石英岩）　3. JP1-3（石英岩）

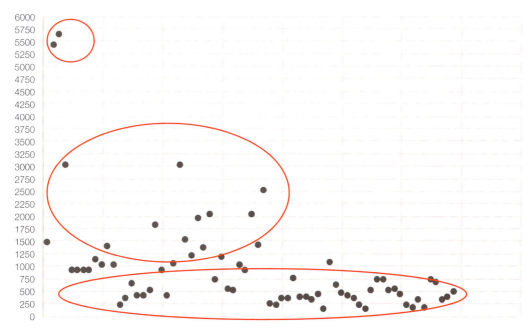

图 4.42　柱础石体量统计

石；第三等级为1000立方厘米以下，这一等级是除去第一、二等级之外的房屋的柱础石。

再看非柱础石，非柱础石统计的体量信息十分详细，每一块测量的标本均有长、宽、厚三个方面的数据，因此十分方便进行数据的测量。根据图4.43显示，非柱础石的体量有两个相对集中的区域，以3000立方厘米为界限，高于3000立方厘米的基本出自于小嘴灰沟边的石头带，而低于3000立方厘米的一般出自于杨家湾北坡石头带。

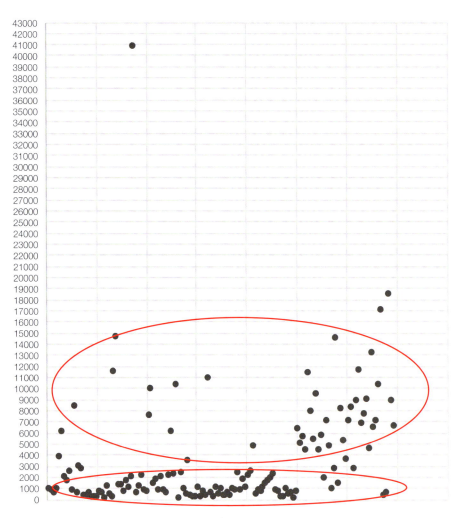

图 4.43　非柱础石体量统计

第五节　石料来源分析

以上，我们将盘龙城遗址及周边广大地区的地质条件与岩石状况，以及盘龙城遗址所发现石制品的材质与体量信息进行了系统的梳理。接下来，我们将通过对比这两部分的结果，来对制作这些石制品的原材料的产地进行推测与分析。我们还是从石器和建筑类石制品两个方面分别进行观察。

首先，我们来看石质工具。根据上文表4.3中我们可以看出，在我们可判定材质的250件石器中，绝大部分为片岩与砂岩制成，两者总计203件，占到总数的81.2%。其中在片岩中，根据我们前文的物理性质观察与切片分析，主要为绿泥石片岩、蓝晶片岩、绢云母片岩、绢云母绿泥石片岩等，同时在我们进行的岩石分布观察中，我们发现在大别山南麓的浅变质岩带，这些岩石有着大范围分布。并且，在这些片岩带的分布周围也广泛地存在着砂岩（石英砂岩、泥质砂岩等）、花岗岩、片麻岩、泥岩等岩石的分布。而在盘龙城遗址及附近周边的地带与山岗中，根据我们的调查、统计和观察，以石英岩为主，仅有的见到的片岩，如图4.25中所示，也经过高度的风化，石块已粉化，无法从土壤中取出，也更不用说加工成石器了。因此，在材质上，大别山南麓西缘的材质与石器的材质相符合。同时，从体量上看，石器中体量最大的也仅仅只能达到3800立方厘米左右，而在大别山中，近岩层地带，岩层均是几千米甚至几十千米的延续，因此在体量上完全可以符合加工石器的需求。综上，对于石器而言，材料的来源很可能是位于大别山南麓的西缘的大别山浅变质岩带当中。当然，我们也不能完全排除武汉南部地质区，在南区也分布有一些石灰岩、泥岩、砂岩类，但是基于整体的考虑，由于大别山南麓西缘地区几乎包含了盘龙城遗址所发现石器的石材的全部种类，因此石料的来源，更大概率上还是位于大别山之中。

接下来，我们再来看建筑类石制品。建筑类石制品经过我们的观察和统计，由石英岩与"红砂岩"两种材质组成，不过在162件可判定材质的样品中只有4件红砂岩，仅占总量的2.5%，十分稀少。反观《盘龙城（1963～1994）》，其中所鉴定的所谓的"红砂岩"，根据笔者在观察建筑类石制品的过程中发现，一些长期与第四纪网纹红土接触的石英岩在外表上会失去本来灰白色的表皮，转而变为红色的外表，同时在质感上也由光滑的表面转为粗糙的表面，因此从表面的物理性质观察，确实容易判定为所谓的"红砂岩"。据此，《盘龙城（1963～1994）》中所谓的"红砂岩"很可能是被误判的石英岩。所以，整体看来，建筑类石制品的材质应该比较单一，基本为石英岩制成。而在体量方面，仅有一例发现体量达到40000立方厘米以上，其余均在19000立方厘米以下。通过地质调查显示，盘龙城遗址及周边的砾石层也均为石英岩，在材质上与建筑类石制品吻合，且在体量上，整体发现的砾石大小不一，最大的接近19000立方厘米，且在调查中，如图4.26所示，在盘龙城遗址西侧4千米外的丰荷山处，可发现大量直径达数米的石英岩块，因此在体量上也能够符合建筑类石制品的需求。同时，地质资料的检索也显示盘龙城遗址及周边地区大范围存在石英岩等岩层。所以，对于建筑类石制品而言，材料的选取基本在遗址及附近的区域选取即可，无须像石器一样，需要跨越几十甚至上百千米的距离去获取原材料。

第六节　小　　结

通过前面几节的分析，我们基本了解了盘龙城遗址所出石器的基本状况，其中包括大致的类别、发现的数量、材质的状况、体量的大小等。同时，通过对盘龙城遗址内以及周边地区的地质调查和武汉地区地质资料的检索，我们也基本厘清了遗址内及周边大范围区域内的地质状况与岩石分布。

之后，基于我们对石器本身的了解以及周边的地质状况和岩石分布，我们对盘龙城遗址所出石制品的原料来源问题进行了探索。根据对比分析，初步认为盘龙城遗址所出石器的石料来源有二：第一是大别山南麓西缘地区的浅变质岩带，这一区域除浅变质岩外（片岩等）也包含有其他不同程度的变质岩，同时也包含一些沉积岩类（砂岩等）和岩浆岩类（花岗岩等），这些岩石类别基本囊括了盘龙城遗址所出石器材质的种类，当然在武汉南部地区的幕阜山脉－天台山脉一线也包含一些沉积岩类，因此并不完全排除这一区域，只不过相比于大别山南麓，这里的可能性要低一些；第二是盘龙城遗址本地及周围附近地区的石英岩带，这一类岩石无论从材质或是体量上都符合制作建筑类石制品的需求，考虑到建筑类石制品笨重且难以搬运，这些东西很可能为就地取材之后，直接进行加工利用。所以，我们可以看出，石器类别的差异性可能造成了这种选材和材料产地上的不同。

第五章

石质资源的

开发与利用

社会与资源之间的联系并不是一种单向的确定关系，即资源直接且必然地决定或影响社会层面的内容。相反，这两者之间的关系是更为辩证的、互动的，当资源本身影响到社会的同时，社会力量对资源的使用及其分配等一些方面的内容也施加了影响，有时社会力量甚至会完全决定这些方面的内容。而社会与资源之间的互动贯穿了整个人类社会演进的过程。这种联系也一直见证着人类文明的历史发展。从资源的角度来看，我们可以尝试解释为什么某些资源以特定的方式被处理和利用，以及这些资源的使用如何在社会层面上影响某些问题。然而，有一些资源似乎并没有明显参与对社会组织的任何影响，那么在这种情况下，它们与社会的联系是什么情况？为什么它们以其他的方式被处理？它们是否对周围的人群、社会产生了影响？通过对于某些资源的分析，我们可以试图回答这些问题，并通过将各种资源作为媒介来了解当时社会的发展。当从社会的角度考虑这个问题时，我们必须问：正在被开采和管理的是哪些类型的资源，以及以什么方式？为什么使用一种资源而不是其他资源？人们所考虑的一些因素是什么？通过寻找这套问题的答案，我们可以进一步尝试理解资源本身的社会特征和意义。因此，社会与资源之间的关系是我们在研究现代或古代社会时一个重要的方面。

通过对盘龙城遗址出土玉器、绿松石器、石器的分析，我们首先对于各类器物的材料方面有了更为清晰的认知，同时在物料的来源方面也有了一定的了解。可以看到，盘龙城作为商代早中期长江中游的一处中心城市，其石质资源的来源有着广泛性和远距离性的特点，而不同类别的石质资源的利用模式可能更是有着其自身的特点。这些特点一方面反映了盘龙城本身的地位和社会属性，体现了资源对于社会的表达。另一方面盘龙城独特的性质，也在一定程度上影响或决定了对资源的态度以及相关的利用方式。因此，在本章中，我们将从资源利用、聚落面貌、社会组织三个方面去进一步探讨盘龙城中石质资源与社会之间所产生的交织与互动。从而为我们揭示地处于边疆地区、商代早中期的中心性城市及其社会面貌提供一个有益的补充和视角。

第一节　资源的认知、利用、选择

一、玉料

玉的概念往往可以直接影响我们如何认识和看待玉器的基本性质及其所反映的社会内涵、文化倾向、技术选择、礼仪及宗教信仰等方面的内容。在众多有关"玉"的研究之中，尤其是对古代玉器的研究，研究者们往往采用东汉许慎所著《说文解字》中对"玉"所下的定义，即"玉、石之美者"。因此，不少的研究者认为"玉"即为"美石"，古人所用之"美石"皆可为"玉"。这也就意味着在古代人的观念之中，"玉"仅仅只是一个泛指，并非单指我们当今依据矿物学特征对"玉"所下的定义。

　　但当我们对盘龙城遗址中出土的玉器进行重新的分析之后可以发现，上述的想法或许存在问题。在以往的依据裸眼观察所得的结论中，盘龙城遗址所发现的玉器涵盖了多种材质，其中又以蛇纹石为大宗。因此，我们可以很自然地认为古人所认知之"玉"，实则是包含透闪石－阳起石软玉在内的"美石"或"类玉"集合体，而并非单独所指软玉。不过在重新进行了近红外光谱的分析之后，我们发现，这种观点或许需要进行调整，因为在全部的64件样品之中，有60件为透闪石－阳起石软玉，其中大量原先鉴定为蛇纹石的器物，实际上均为透闪石－阳起石软玉。在这样的情况下，似乎古人眼中之"玉"，实际上也如同我们的认知一样，大概率指的是透闪石－阳起石软玉，而并非是泛指的"美石"。另外，即使器物形态发生变化、年代上有所差别，但在材质上也保持了始终的一致性，这也从侧面说明，古人在对"玉"这一材料的认知上是有着十分明晰的概念，在将"料"与"器"始终紧密地联结的同时，还有着明晰的代际传承。

　　在我们了解到古人对于"玉"有着明确认知的同时，另一个问题也随之产生，即古人如何将"玉"从众多"美石"之中识别出来？当下，依托于科学技术的进步，当代人可以有效地通过各种技术对材质进行鉴定，从而在众多相似的矿物中挑选出软玉。但这一点古人显然是无法做到，他们所能凭借的也仅仅只是通过一双眼睛去观察不同类别材料的表面物理性质，从而进行判断。而一些矿物，它们与透闪石－阳起石软玉有着很高的相似度。比如蛇纹石，其在物理性质、光学特点、化学成分上与透闪石－阳起石有着很高的相似度，即使是当代具有丰富经验和相关知识的宝石学家或地质学家可能都会有鉴定错误的可能，正如我们看到以往对盘龙城遗址出土玉器鉴定的结果那样。那么古人又将如何认知呢？

　　虽然目前根据当前的材料状况，我们还难以对此进行明确的分析，但盘龙城玉器的情况或许可以提供一些线索。盘龙城遗址所发现的玉器在材质上展现出明确的同一性，说明玉器工匠对于软玉这类材质已经有着明确的认知，并很少出现与其他类似材料混淆的现象。那么，这种知识或认知体系已然是一种成熟且稳定的状态了。我们前面提到，古人无法借助现代仪器的便利来实现对于材质的甄别，而其所能采用的范式，便是在大量实践的基础上，不断积累经验，从而得到稳定的认知。因此，在一个知识或认知体系稳定之前，应当是经历过一段时间的尝试期，而在这一期间内，材料的选择应当是从多源逐渐向单一发展。

　　盘龙城在商代早中期的用玉情况显然已经进入到了大量实践后的稳定期，而这种稳定的知识体系的形成则应该是发生于更早的时期。在长江中游地区，新石器时代晚期的石家河文化中出现大量的玉器，而盘龙城遗址中同样出现具有一定石家河文化风格的仿生形玉器。因此，一种可能是盘龙城先民对于玉的认知来自于本地区新石器时代人群的传承。当然考虑到盘龙城与中原地区的联系，以及在一些玉器面貌上的相似性，如戈、柄形器等，或许另一种可能出现的情况是对玉的理解和认知是来自于南下的中原文化的人群。当然实际的情况或许比我们所假设的更为复杂，可能出现的第三种场景便是在前两者共同的作用下形成了我们如今在盘龙城所看到的局面。但无论是哪一种可能，我们仍旧需要更多的证据和线索帮助我们厘清这一认知的发展历程。

　　另外玉质的变化或许存在多种的可能。透闪石－阳起石软玉本身具有温润的光泽以及半透明性的特点，但可能受到次生影响后，原有的光泽和通透便会丧失，这种情况在盘龙城遗址所出玉器中十分常见。一方面这种情况可能是受到了保存环境的影响，但另一方面我们也不能忽视人为因素造成的可能。在一些实验中表明，在较高的温度下，可能失去原有的光泽和通透性，同时颜色会变为黄褐色、灰白色等①。而甲骨文的记载中，存在燎玉的祭祀行为，即在祭祀活动之中烧灼玉器。而盘龙城遗址中大量玉器出现在墓葬之中，因此或许在葬仪之中存在燎玉的祭祀环节，从而使得盘龙城出土的玉器往往缺乏典型的透闪石－阳起石软玉的特征。

二、绿松石

绿松石因其鲜艳的天蓝色自古以来一直受到不同文化群体中人民的喜爱，并在世界各文化中担任着重要的角色。古埃及文明②、波斯文明③、中国古代文明④以及玛雅文明⑤都留下了绿松石在其悠久文化历史中的痕迹。绿松石被认为是一种表生矿物，是由含有铜、磷和铝的火山岩或沉积变质岩在地表水和大气降水的作用下，通过风化淋滤逐渐形成的，因此其矿料来源具有很好的可溯性。对其产地的研究可以为探讨早期文明中不同地域之间的文化交流、交通贸易等问题提供强有力的证据。因此，绿松石产地来源的研究一直是国内外学界关注的焦点。

关于中国出土绿松石的产地研究，国内学者主要通过文献资料论证和科技考古两个方面展开深入研究。徐良高等认为绿松石具备古代文化传播、交流和长距离贸易的标志性特征，提出了"绿松石之路"的可能性，并强调相关研究的重要性⑥。方辉则认为东北地区的绿松石可能来自西北地区，包括陕西在内⑦。庞小霞支持了史前绿松石就近取材、本地制作的观点⑧。

---

① Hansford S H. *Chinese Carved Jades*. Greenwich, Conn. New York Graphic Society, 1968; Wen Guang, Zhichun Jing. Chinese Neolithic jade: a preliminary geoarchaeological study. *Geoarchaeology*, 1992, 7(3): 251-275; Tsien H-h, Fang J-n. Mineralogy and alteration of Chinese archaic jade artifact. *Western Pacific Earth Sciences*, 2002, 2(3): 239-250.

② Carò F, Deborah S, Brunella S. Proveniencing turquoise artifacts from ancient Egyptian contexts: a non-invasive XRF approach. *Proceedings of the Sciences of Ancient Egyptian Materials and Technologies (SAEMT) Conference*, Cairo, Egypt, 2017(4); Pogue, Joseph Ezekiel. *The Turquoise: A Study of its History, Mineralogy, Geology, Ethnology, Archaeology, Mythology, Folklore, and Technology. Vol. 12.* National Academy of Sciences, 1915.

③ B Shirdam, A H Shen, M Yang, et al. Persian turquoise: the ancient treasure of Neyshabur. *GEMS & GEMOLOGY*, 2021, 57(3): 240-257; Kostov R. Archaeomineralogy of turquoise in Eurasia. in: Guirec Querré, Serge Cassen, Emmanuelle Vigier, eds., *La Parure en Callaïs du Néolithique Européen*, Oxford: Arcaheopress, 2019: 387-396.

④ 河南省文物考古研究院、中国科学技术大学科技史与科技考古系、舞阳县博物馆：《河南舞阳县贾湖遗址2013年发掘简报》，《考古》2017年第12期；庞小霞：《中国出土新石器时代绿松石器研究》，《考古学报》2014年第2期。

⑤ 秦小丽：《跨文化视角下的绿松石与镶嵌礼仪饰品研究》，《中原文化研究》2020年第6期；Weigand P C, Harbottle G. The role of turquoises in the ancient Mesoamerican trade structure. *The American Southwest and Mesoamerica: Systems of Prehistoric Exchange*, Boston, MA: Springer US, 1993: 159-177; Harbottle G, Weigand P. Turquoise in Pre-Columbian America. *Scientific American - SCI AMER*, 1992, 266(2): 78-85; Weigand P C. Turquoise: formal economic interrelationships between Mesoamerica and the North American Southwest. *Archaeology Without Borders: Contact, Commerce, and Change in the U.S. Southwest and Northwestern Mexico*, Boulder: University Press of Colorado, 2008: 343-354.

⑥ 徐良高、赵春燕：《"绿松石之路"的价值及其探索的可行性讨论》，《三代考古》（四），科学出版社，2011年。

⑦ 方辉：《东北地区出土绿松石器研究》，《考古与文物》2007年第1期。

⑧ 庞小霞：《中国出土新石器时代绿松石器研究》，《考古学报》2014年第2期。

此外，学者们重点关注了对单个遗址或某个地区部分遗址出土绿松石制品进行产地科技分析的研究。这些遗址包括贾湖遗址[①]、二里头遗址[②]，山西襄汾陶寺、临汾下靳、定襄中霍三处先秦遗址[③]，齐家坪和磨沟遗址[④]，湖北郧县和丹江口墓葬[⑤]，以及新疆东部的两处遗址[⑥]。通过对这些遗址中出土的绿松石制品进行科技分析，研究者们致力于揭示绿松石的具体产地，为我们更全面地了解古代文明的贸易、文化交流等方面提供了深刻的见解。

盘龙城遗址中出土了较多数量的绿松石制品，同时经过一系列科学分析后发现，这些绿松石在材质与来源方面十分统一，主要是来自于鄂豫陕的交界地区。而在这一区域内，绿松石呈现出南、北两个区域的分布状况。盘龙城遗址中的绿松石同时来自于两个矿带之中，考虑到南矿带主要位于湖北十堰附近，沿随枣走廊可沿河直达盘龙城，因此这为盘龙城先民提供了十分便捷的条件去获取有关资源并进行绿松石器的制作。

然而盘龙城遗址中同样出土有不少北矿带中的物料，考虑到盘龙城与中原王朝的关系，以及在绿松石技术上的相似度，除盘龙城有条件自行获取材料和生产绿松石器外，另一种可能性也浮现于眼前，即盘龙城所见的一些绿松石器是在中原地区进行加工和生产而后运输至盘龙城使用。由于在中原地区进行有关的生产，导致南北矿带的绿松石混杂使用，而这些产品随后被运输至盘龙城。无论是哪种情况的出现，或是同时出现，都意味着绿松石资源利用的背后有着复杂的社会系统。由此看来，通过对盘龙城遗址出土绿松石器的分析，我们在对盘龙城绿松石类型、技术、材质特征、产地类型、潜在矿区的揭示之上，也为后续更深入讨论有关社会组织、区域间互动等方面提供了线索。

三、石料

谈及石器，关于石器的功能与用途一直是学术界长期关注的事情。不少学者通过如型式分析、微痕分析、民族学与人类学调查等方式来研究石器的用途，在这方面学界已取得了较多的成果，我们在前文已有相关的叙述与讨论，在此便不再赘述。

目前，学术界对于不同类型的石器各自的大体功能与用途已有较为一致和明确的看法，如石斧和石锛等用作砍伐、石刀和石镰等用于切割等。同时，对于石器材质方面的研究，亦有不少学者关注，至少在不少考古发掘报告中以及有关石制品的研究中，都有简单的对石制品材质的鉴定。然而，石器功能与材质之间的关系，或者说由功能所引发的石器形制上的差

① 冯敏、毛振伟、潘伟斌等：《贾湖遗址绿松石产地初探》，《文物保护与考古科学》2003年第3期；毛振伟、冯敏、张仕定等：《贾湖遗址出土绿松石的无损检测及矿物来源初探》，《华夏考古》2005年第1期。

② 叶晓红、任佳、许宏等：《二里头遗址出土绿松石器物的来源初探》，《第四纪研究》2014年第1期；先怡衡、梁云、樊静怡：《洛南河口遗址出产绿松石产地特征研究》，《第四纪研究》2021年第1期。

③ 李延祥、张登毅、何驽等：《山西三处先秦遗址出土绿松石制品产源特征探索》，《文物》2018年第2期。

④ 李延祥、赵绚、贾淇等：《甘肃齐家坪遗址和磨沟遗址出土绿松石产源探索》，《广西民族大学学报（自然科学版）》2021年第3期。

⑤ 余玲珠、秦颍、罗武干等：《利用稀土等微量元素示踪鄂西北一带古代绿松石的产地》，《稀土》2009年第5期。

⑥ 先怡衡、李欣桐、周雪琪等：《新疆两处遗址出土绿松石文物的成分分析和产源判别》，《光谱学与光谱分析》2020年第3期；先怡衡、樊静怡、李欣桐等：《巴里坤西沟遗址1号墓出土绿松石制品来源初探》，《边疆考古研究》2020年第1期。

异与材质之间的关系，关于这一方面的研究，学界所关注的还相对较少。

　　材质与功能和形制往往会形成一种因果的关系。人们为了满足一定的使用功能，会打造出特定形制的器物，而为了满足这样的功能和形制，人们也必须去选取适合的材料来作为原料去制作想要得到的器物。如中国新石器时代对于玉料的利用，如红山文化、良渚文化、石家河文化等，为了满足宗教和等级差异上的需求，体现出与一般生活化物质的差别，因而采用了更为稀少和精美的玉料作为原材料加工各类玉器，同时也由于玉料柔韧的特质，使得人们可以加工出如玉琮、镂空饰品等精美的玉器。同理，进入青铜时代，当人们为了区别于新石器时代的传统，用新的媒介重新定义身份等级的时候，为了满足这一需求，人们选择了青铜，一种无论从获取到加工都较为困难的材质，制作繁复精美的青铜器，以彰显做器人的地位。而青铜在高温下的流动性确保了其能被塑造成各种各样的形状，同时常态下的坚固性与韧性保障了青铜器的长久存在，满足了人们"子子孙孙，永保用之"的需求。在本节中，对于本书所研究的石制品而言，我们将探寻石制品材质与石制品功能、形制之间的关系。试图观察它们之间是否存在规律性的关联，从而探求盘龙城人在石制品加工中的行为与选择。在以下的分析中我们仍旧从石器和建筑类石制品两方面分别进行分析。

　　盘龙城遗址所出石器目前可分为15小类，纺轮、磨石（砺石）、锛、铲、杵、刀、斧、戈、臼、镰、球、勺、铅锤、钺、凿，虽然种类较多，但实际上有些类别的石器在功能上具有较高的重合性，基本有着大致相同的功能属性，只是在具体的使用场景上存在着一定的差异。同时，本书也主要是为了探求功能与材质之间的联系，因此从大的功能性角度将石器分类，是更优、也是更直观的分类选择。从功能的角度来看，盘龙城遗址所出石器大致可分为六大类，即砍砸类，包括斧、锛、凿三种石器；刮削类，包括刀、镰、铲三种石器；碾磨类，包括杵、臼两种石器；打磨类，包括磨石（砺石）；其他日常生活类包括勺、球、纺轮、铅锤等各种石器；礼器类，包括戈、钺两种石器。以下我们分类进行观察。

　　砍砸类，这类石器的主要用途是对物体进行砍或者砸等垂直方向的施力性运动。这种施力有着单次时间短、非持续性，以及施力物与被施力物接触面积小等特点。当然，这类石器偶尔也利用刃部进行简单的刮削，但是主要的功能还是在砍砸之上。正是由于这些特点，因此要求砍砸类石器在形制上需要有一个较小的施力点作为前端（一般为刃部），同时有一个较大且厚重的尾端，以便于在挥动的过程中，通过尾端重量带来巨大的惯性冲击力，传导至前端带来集中的、强爆发的力量，从而完成砍砸的动作。由于力的作用是相互的，因此在这一过程之中，砍砸类器物本身也会受到巨大的反作用力。所以综上两个方面考虑，砍砸类器物需要具有较高的硬度、较好的力的传导性，从而可以完成砍砸动作，同时也需要具有一定的韧性来抵御反作用力。我们来看一下盘龙城遗址所处的该类石器的材质状况。盘龙城遗址所出砍砸类石器的材质种类较为丰富，石灰岩、砂岩、片岩等均有，其中石灰岩较多。石灰岩是一种以方解石为主体的岩石，硬度较低（Mohs=1～3），质地均一性较好；砂岩与片岩，两类岩石的主体均为石英、长石等，硬度较高（Mohs=6～7），质地均一性根据内部矿物的颗粒结构而定，越是矿物颗粒细小且矿物之间的裂隙包含较多岩屑的，其均一性便较好，若颗粒较大且无太多岩屑位于裂隙之中，则均一性较差。因此，选择石灰岩制成的砍砸类石器，虽然容易加工，且力的传导性和韧性也较好，但是其硬度十分低，很容易破损。反观选择砂岩与片岩，虽然在加工难度上比加工石灰岩的难度大，但是硬度较大，且如果采用矿物颗粒细小且矿物之间的裂隙包含较多岩屑的该类岩石，在获得较大硬度的同时，也有着较好的韧性和力的传导性，且降低了加工打磨上的难度。而根据我们的切片显示（见图4.31、图4.33、图4.35），盘龙城遗址所出砍砸类石器确实采用了类似的砂岩与片。从历时性的角度看，在盘龙城第二阶段早期出现的砍砸类石器的材质种类较为多样，各类岩石均有，其中以石灰岩为主，这或许是盘龙城人出于便于加工的考虑，但是随着时间的推移，从第二阶段中期开始砂岩和片岩占据了主导，这种选材的转变应该是人们通过长期的试验之后，综合考量各方面的状况，然后进行了最优的选择，并加以确定和延续。

刮削类，这类石器的主要用途是对物体进行铲、刮、割等施力动作，这种力的施加既可以是垂直方向上的，也可以是水平方向上的。这种施力是一种持续性的用力，因此不需要极强的力的爆发性和硬度。同时，由于这类石器的主要用途是为了切割分离，这也要求这类石器需要有一个锋利而纤薄的刃部。综上，刮削类石器在材质上一般不需要很大的硬度，同时在器形上需要一个纤薄锋利的刃部，因而也不需要材质过于坚硬，如此才可以便于打磨成薄刃部。而盘龙城遗址所出该类石器的材质，在选择上，十分符合这一需求。根据前文的统计和附表二中的记录，我们发现盘龙城遗址所出的刮削类石器基本上是采用片岩、砂岩、泥岩制成。首先，泥岩硬度十分低，十分易于打磨成刃。其次，根据我们切片的观察，盘龙城遗址所出刮削类石器在片岩和砂岩的使用上，均是使用含泥量很大的泥质类的片岩和砂岩，如此一来，比之在砍砸类石器中所用的砂岩和片岩，砍砸类石器所用的硬度就会大大减小，从而易于打磨成薄刃（见图4.37、图4.39）。从时间上来观察，似乎从盘龙城初始，人们便开始使用这些材质的岩石制作这类器物，可能很早就对这种材质有了很好的了解。

碾磨类，这类石器主要包括石杵和石臼，通常为组合使用。石杵发力，石臼受力，两者相互挤压，使放置于石臼之中的物体被反复地冲击，最终被捣碎。同时，石杵还会在石臼的凹窝内反复旋转再进一步地碾磨物体。因此，对于这类石器而言，需要有较高的硬度、抗压性，以及耐磨性。从盘龙城遗址所出该类石器的选材上，我们可以看到，几乎全部选择的是花岗岩。由于属于岩浆岩的类别，这类岩石具有结构致密的特点。十分紧凑的颗粒间隙使之具有较高的硬度（Mohs=6），同时也有着与其他类岩石相比更好的抗压性和耐磨性。所以，总体看来，这种岩石十分符合制作石杵和石臼的需求。但是，也正是由于花岗岩具有如此的特点，也使得它难以被加工，不过却可以长久地使用，或许正是由于这点原因，目前在盘龙城遗址所发现的石杵和石臼并不算太多。

打磨类，这类石器主要为磨石（砺石）。用途是对其他物体进行打磨之用，如镰、刀等，因此出于这样的用途，如同现代砂纸一样，这类石器需要有一个相对粗糙的表面，可以形成较大的摩擦力，同时还需要较大的硬度，这样才能用来打磨其他物体。我们看到在盘龙城遗址所发现的所有打磨类石器均为砂岩制作而成。不同于制作砍砸类石器所用的砂岩，打磨类石器上所采用的砂岩所含岩屑、泥沙的量十分之小，且石英颗粒大小均一性非常好，这样的砂岩不仅在硬度上会更高，也会有十分均匀的磨砂质表面，可以使被打磨物体均匀地在其表面摩擦，进行充分的打磨。盘龙城人似乎从最早就已经认识到了这点，因而在材质的选择上，自始至终保持一致性。同时，我们还发现打磨类石器之间也存在着一定的差异，有些石器内部结构的颗粒较大，有些则较小，这样的差异也会反映在石器本身的表面上，如此的差异可能是对于打磨程度不同需求的反映，粗略打磨可以选用颗粒较为粗糙的砂岩制成磨石，精细打磨则与之相反。

礼器类，目前发现的此类石器主要包括戈、钺。这类石器主要作为随葬品，作为身份和等级的象征，无太多的实用价值。通常这类石器会仿照玉器、青铜器的造型制作，因此在外形上比之其他类石器会更加复杂，多出了如钻孔、镂空、纹饰等在其他类石器上看不到的元素。由于没有使用价值，同时制作起来又十分繁复，所以在选用材质上可以选择实用性差、但是易于加工的岩石。我们看到盘龙城人一般会选取质地十分柔软的泥岩（Mohs=3）。这类岩石含泥沙量大，质地柔软，所以可以很容易地被加工成各种造型，很符合礼器类石器的要求。当然，我们也看到一件用花岗岩制作的石钺，这样的选择可能是出于制作人其他的考量，如希望器物长久保存或用一种较为难以加工的材质制作器物更加体现身份地位等。

其他日常生活类石器，这一类石器包含的种类十分丰富，如球、纺轮、铅锤、勺等。由于种类十分庞杂，发现数量又少，我们还尚且没有发现大量聚类的现象，我们还难以推测其选材的依据。同时这些材料均为早年发掘的资料，不仅很少有材质信息，而且难以见到实物。根据已刊布的资料，这些器物均为砂岩制成，而且体量很小，或许是在制作其他大宗类的石器时，如砍砸类等，用所余下的石料制成。

以上我们对盘龙城遗址所出石器的材质与功能之间的联系方面进行了逐类的分析，接下来我们再看建筑类石制品的状况。

建筑类石制品，主要可以分为两类，一类为柱础石，另一类为成条码放的石头带。根据前文的分析与观察，这两类石制品材质上十分一致，均为石英岩制成。这是一种硬度很大（Mohs=7）的石材，可以承受很大的力量且不易风化。对于建筑类石制品来说，作为柱础石，既需要很大的强度，也需要能够长久地保持强度；作为非柱础石而言，虽然或许不需要很大的强度，但是需要长久的保存，抵御各类风化。同时，建筑类石制品的体量一般也十分巨大，需求量也很大，在我们前文的统计中以及附表中便可以看到。因此，面对用途上的要求以及用量上的需求，石英岩这种广泛存在于盘龙城遗址之内和附近周边地区的岩石，便是一种很好的建筑类石制品的原料。虽然这种岩石十分难以加工，但是建筑类石制品一般仅仅需要简单处理即可，如简单地捶打、凿等，不需要再进一步的打磨等工序，因此作为建筑类石制品原料而言，石英岩仍旧十分理想。我们看到盘龙城人也确实是这样选择的，他们自始至终都选用石英岩作为建筑材料。

可以看到，盘龙城人对于各类石材的运用十分合理，出于不同功能性的考虑，他们选用不同类别的岩石制作成不同功用的石制品。虽然在某些类别的岩石运用上有过一定时间的探索，但很快便找到了更为合适的材质并加以固定和沿用。即使面对同一类别的岩石，如砂岩，盘龙城人根据他们的需求而选用不同性质的砂岩，如砍砸类、刮削类、打磨类，虽然都使用了大量的砂岩作为原材料，但是根据每一类的具体功能上的需求，在砂岩的选择上也存在着不同，砍砸类选择有一定含泥量但是又含有较多石英的砂岩以保证硬度和韧性，刮削类则选择含泥量较高的砂岩以便于打磨成刃，打磨类则选取含泥量少、石英颗粒均一分布的砂岩，从而保证了高强的硬度和均匀的砂质表面。总体看来，盘龙城人在石材选择上有着良好的认知和运用，从自身需求的角度出发，去选择最合适的材质并加以利用。他们虽然没有现代人对于石材精准的认知，但是他们或许通过经验性的观察，形成了自己稳定的认知与意识，并一直延续下去。

第二节　资源分布所反映的聚落格局

遗物在遗址内的空间位置往往可以反映遗址不同地点间功能性差异、重心的转移等各方面的问题。如在新石器时代某遗址的某个地点发现了大量玉器，或是在青铜时代的某处遗址的一个地点发现了大量青铜器或卜筮祭祷的甲骨和竹简，那这个地点往往会与埋葬、祭祀有关，可能为墓地或者祭祀区域；当在一个区域内发现密集的加工工具和众多原料、半成品，那这一区域则可能指向某一类物品的加工区。这是遗物的空间分布所反映的地点功能性的情况。而另一种情形，如在同一遗址的某一地点，早期发现了大量的遗物，到了晚期则变得十分稀少，但另一地点则与之相反，早期稀少而晚期丰富。由于遗物的多寡往往与人类活动有关，活动频繁则遗物较多，活动不频繁则遗物较少，那么遗物的情况则可能反映了人类活动重心的转移。

以上的两种情形，分别从同一时间内的空间平面和不同时间的空间平面，同时进行了时与空两个维度的观察。而在本节之中，我们也将从这两个方面来探究石质品的分布状况是否有着一定的规律可循，是否其分布的背后能够反映出遗址变化的某些状况。由于石器本身出土数量多、种类丰富，并分布于遗址各处以及各类遗迹单位之中，因此对空间的体现性会更具有优势。相比之下，玉器以及绿松石器，虽然也在遗址各处有所发现，但主要见于墓葬之中，出土背景相对单一。因此，我们首先基于石器的情况对聚落的空间分布进行分析，随后以玉器、绿松石器的情况进行补充。

为了进行这方面的分析，我们在选用材料的时候需要考虑到材料时间与空间两个方面的属性，因此材料需要既有时间信息也有空间信息。盘龙城遗址所发现石器总计339件，其中时空两方面均有信息的共计133件；建筑类石制品发现及采样量总计211件，由于建筑类石制品都是包含在一处建筑类遗迹之中组合使用，因此我们不需要独立观察每块建筑类石制品，只需要从遗迹的角度观察即可，从遗迹方面算，这些石制品属于14处建筑类遗迹，其中有时空信息的有13处。接下来我们将从时间和空间两个维度上对这些石制品的分布状况进行观察与分析。我们所选用的时间框架体系就是我们上文所提到的盘龙城发展的"三阶段"。

盘龙城第一阶段，包括《盘龙城（1963～1994）》中的第一、二期。这一阶段发现的石制品数量极少，仅在王家嘴发现一件石锛。这样的数据量难以反映出，也很难支撑任何规律性。因此对于这一阶段的状况，我们暂不作分析。

盘龙城第二阶段，包括《盘龙城（1963～1994）》中的第三至五期。这一阶段所发现的石制品数量已十分之多，其中包括88件石器和7处建筑类遗迹。我们对不同地点发现的石制品量进行了统计（图5.1），其中在遗址中、南部的地点，如王家嘴、小嘴等地发现数量较大，而在遗址北部的杨家湾岗地（包括杨家湾、杨家嘴）发现数量较少。接下来我们分地点进行观察。城垣，作为当时城市的核心区域，发现石器数量很少，但是在城垣内所发现的建筑类基址很多，且第二阶段最大的两座建筑基址，一号和二号宫殿便位于城垣内；李家嘴和楼子湾，是目前盘龙城遗址所发现的两处较为成规模的墓地，发现的石器数量十分少，也没有发现建筑类基址；王家嘴，位于城垣南部的低平地区，这一区域是这一阶段内发现石制品最多的区域，大概占到总数的一半，其中包括42件石器和2处小型建筑基址，石器种类较为丰富，以镰、刀为主；小嘴，位于城垣西侧，发现仅次于王家嘴的石制品数量，其中石器主要为斧、锛、凿、磨石（砺石）等，建筑类石制品则主要为码放在灰沟边整齐有序的石头带；杨家湾和杨家嘴，同处于城垣北侧的岗地之上，发现石器数量较王家嘴和小嘴更少，也仅仅发现1处小型建筑基址。从以上的分析中我们大致可以看出，根据石制品分布的分析（包括石制品数量和种类两个方面），我们可以一窥第二阶段整个城市的空间分布景观。可以推测城垣区当时可能更多的是作为与行政事务有关的区域，因此少见与生活生产类有关的石器分布；由于石器很少作为随葬品出现，且墓地处一般也没有太多的建筑类基址，因此在李家嘴和楼子湾没有发现较多石制品也属于正常现象；在王家嘴发现较多的小型房址，同时发现大量且丰富的石器，尤其以镰、刀为主，这或许表明该地区为一处密集生活的场所，可能与日常的农业生产生活息息相关；在小嘴没有发现房屋类遗迹，但是有明显的人工码放成条的石头带在灰沟的边缘，同时发现有大量斧、锛、凿、磨石等与其他手工业生产相关的石器，根据近年对于小嘴的发掘显示该区域的土壤中有很高的金属含量，且发现有铜渣、陶范等铸造类遗物，结合石制品的发现，这一区域很可能与手工业制造有着紧密的联系[①]；杨家

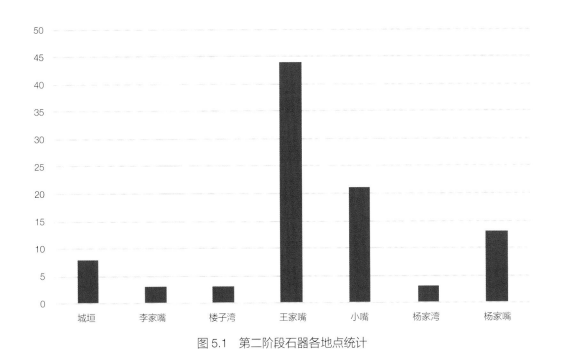

图 5.1　第二阶段石器各地点统计

---

①　武汉大学历史学院、湖北省文物考古研究所、盘龙城遗址博物院：《武汉市盘龙城遗址小嘴2015～2017年发掘简报》，《考古》2019年第6期。

湾与杨家嘴组成的北部岗地，在这一广阔的区域中仅发现少量石器和一座小型建筑类基址，这里应当属于盘龙城人的生活区之一，但并非主要的活动和生活的区域。总体看来，在第二阶段，通过石制品的反映，盘龙城似乎显示出了一定的功能分区和中心地带，城垣可能作为主要的行政事务中心，而位于城垣南侧的王家嘴则为主要的农业生产与生活区域，西侧的小嘴则可能为手工业区域，北侧的杨家湾－杨家嘴岗地应为次要的生活区域，而位于外围的楼子湾和李家嘴则属于埋葬区。因此，这一时期盘龙城人的活动重心应处于整个盘龙城的中部和南部区域，对于杨家湾－杨家嘴岗地还未充分开发与利用。

盘龙城第三阶段，包括《盘龙城（1963～1994）》中的第六、七期。这一阶段发现石制品的数量也较多，但是相较于第二阶段，已有了明显的下降，总共在这一阶段中发现石器44件、建筑类遗迹6处。通过统计（图5.2），我们发现这一阶段呈现出了与第二阶段完全不同的分布情况。在这一阶段中，城垣地区的宫殿已经遭到废弃，而在杨家湾－杨家嘴所处的岗地上，则发现了杨家湾F4这一当时最大的单体建筑，其体量不亚于第二阶段城垣的一、二号宫殿。而且，在这一岗地上还发现了很多其他的小型建筑遗存。同时，发现石器的数量占到了当时发现总数的88.63%（该岗地发现第三阶段石器39件，其余各地发现5件），前一阶段发现石制品较多的地点，纷纷衰落并遭到废弃，如王家嘴的主要农业生产生活区和小嘴的手工业生产区等。这样的显现或许表明，在这一阶段，无论是行政事务中心或是生产生活中心，都已从整个城市的中、南部转移到了北部的杨家湾－杨家嘴岗地之上，而原有的功能区也纷纷地衰落消失，可能出现集中整合于城市北部的岗地之上的情况。

综上所述，通过对石器类别与数量在时间和空间两个层面上的观察，我们能够窥测整个遗址的分布状况与格局的变化。我们不仅能够看到盘龙城城市重心的转移，从第二阶段城垣、王家嘴、小嘴所代表的城市中部和南部转移到了第三阶段杨家湾－杨家嘴岗地所代表的城市北部，还能看到整个城市格局的变化，从第二阶段的各区域相对较为明晰的功能划分到第三阶段功能区可能集中整合于杨家湾－杨家嘴岗地之上。同时，通过对于石制品数量上的

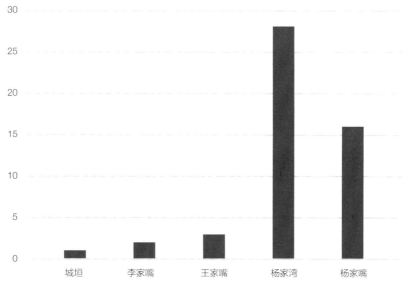

图5.2　第三阶段石器各地点统计

历时性观察，我们看到从第二阶段发现88件石器和7处建筑类遗存并分布于7个地点之中，到第三阶段发现44件石器和6处建筑类遗存并分布于5个地点之中，不仅是在数量上有很大的减少，同时在分布范围上也有了缩减。这或许在某些层面上体现出如张昌平、孙卓二位所分析的那样，盘龙城由第二阶段的繁盛到第三阶段的衰落[1]。

玉器与绿松石器的情况似乎更加印证了聚落中心的转移特点。两类器物由于主要发现于贵族墓葬之中，因此它们的分布特征也更加反映了盘龙城贵族阶层在聚落中的分布与移动。盘龙城第一阶段中，玉器与绿松石器的发现较为稀少，主要集中在王家嘴所发现的墓葬之中。随后进入到第二阶段聚落中心转移至了城垣一带，这一时期主要的相关发现则是来自于城垣东北侧的李家嘴贵族墓地。而到了第三阶段，随着聚落中心进一步地北移至杨家湾岗地，玉器以及绿松石器也更多地发现于杨家湾－杨家嘴岗地之上的贵族墓中。不过如果从发现数量上来看，从第二阶段到第三阶段，玉器和绿松石器并没有出现明显的减少，且在材料上也始终保持一致，并且还出现有金片绿松石器这种十分稀少且珍贵的器物。这种现象似乎与衰落状况又形成了鲜明的对比，因此对于盘龙城聚落从第二到第三阶段的社会变化是十分复杂的，仍需要更多的分析来揭示社会的变迁及其缘由。

第三节　资源背后的生产与组织

在本章的前两节中，我们探讨了盘龙城先民对于石质资源在材质上的选择以及在空间上的分布状况，进而探讨了它们背后所反映的人类意识与行为。在本节中，我们将通过对相关器物制造方面的分析，对有关产品背后所反映的生产与组织情况进行初步的分析。在三类石质品中，石器的出土数量最为庞大，材料来源也相对清晰，整体的状况相比于玉器和绿松石器更为明晰。因此我们选择先从石器入手探讨社会组织与生产的有关问题，随后对玉器及绿松石器的情况进行简要讨论。

器物的制造通常需要一个操作流程，很多学者将这个操作流程称之为操作链。对于一件石器而言，其大致经历了石料开采→石器加工→石器消费与使用→石器废弃这四个主要的环节。目前很多学者主要关注于第一、二个环节，尤其是第二环节，重点关注有关石器加工方面，试图探索古人是如何将适宜的石料逐步制作成石器的。但是，对于磨制的石器而言，由于在加工的过程中大量使用磨制的方法，这样的方法会将之前的加工痕迹几乎全部磨去，因此如果没有大量半成品的发现，仅靠成品和废品的观察，我们将难以了解该类石器的加工技术与制作流程。对于本书所研究的盘龙城遗址而言，便面临如此的情况。我们在盘龙城遗址所发现的石器之中，几乎没有发现有关石器半成品的任何材料，因此我们想要对这一个环节进行讨论是不现实的。面对这样的情况，我们将从宏观的角度去考察盘龙城遗址石器的生

---

[1]　张昌平、孙卓：《盘龙城聚落布局研究》，《考古学报》2017年第4期。

产，从大的环节出发，试图探索盘龙城遗址在石器生产方面的信息。

由于在上文中我们已经对盘龙城遗址所出石器有了一个较为详细的梳理，在本节中我们将不再赘述。接下来我们仍从石器和建筑类石制品两个角度来观察盘龙城遗址所出石器的生产。

盘龙城遗址已发现339件石器，在所发现的339件石器之中，我们没有发现任何一件在石器加工过程之中的半成品或坯料，所发现的石器均为成品或已残损的废品。而且，根据我们前文的分析，遗址中所发现石器的原料基本来自于远离遗址的大别山南麓西缘地区，距遗址的直线距离在70~80千米左右，在遗址及附近周边地区没有发现这些原材料。同时，我们在遗址之中，也从未发现过这些石器所用的原材料。根据以上的信息显示，我们可以看到，在遗址之中，既不见制作石器所需的原材料，也不见石器加工中所产生的坯料、废料和半成品。因此，我们可以推测盘龙城遗址所出的这些石器很可能不是在遗址内所加工生产的，而是直接从外边运输而来。对于石器生产的地点则可能存在两种可能。第一是在石料开采点附近就地加工，第二是距离石料开采点有一定距离的地点进行石器加工。前者是一个集石料开采和石器制造于一体的加工点，而后者则是一个专门化的加工点，采石与石器加工在不同的地点进行。对于这两种可能，我们更倾向于第一种可能性，即石料开采点有可能同时承担石器加工点，理由有二。首先，从运输成本上考虑。石器的加工是一个减地的过程，由于打击、琢磨等操作，往往会损失部分石料，因此最终得到的石器的重量会低于所需石料的重量，因此直接运输石器的成本与难度显然要低于运输石料的，一次性将石器直接从原料地开采和加工好运送至最终地显然要比先从原料地将原料运送至加工点，然后石器制作好后再运送至最终地要更直接也更节约运输成本。其次，从石器加工方面和原料成本考虑。虽然我们所研究的这一时期内的石器加工主要为磨制技术，但是在磨制成形之前，仍旧需要对石料或坯料进行打制的操作。如果所选用的石料内部裂隙较多、质地不均匀，那么在打制的过程之中很可能造成石料破裂而丧失了进一步加工成指定石器的可能性。在盘龙城遗址所发现的石器之中，大量选用了片岩、砂岩类，这两类岩石中一些类别的岩石内部质地不均一且包含较多裂隙，因此在打制的过程中很可能出现随机崩裂的现象。如果将石料运输到一个距离原料地较远的加工点进行石器加工，由于石料的崩坏，不仅浪费了原料，同时还需要从原料点再次运输原料来，从而不仅增大了原料成本，也增大了运输成本。但是，如果在原料点就地加工，仅需要损失一些原料，不会很大地增加运输成本。因此从以上两个方面考虑，在原料点同时进行石器的加工或许是一个更为合理和节约成本的选择。

看完石器，我们再来观察一些建筑类石制品的情况。建筑类石制品相较于石器有明显的几个差异。第一，材质上的差异以及原材料距离遗址的距离。建筑类石制品大量采用遗址内和附近周边地区可见的石英岩制成，而石器所主要采用的片岩和砂岩等来自于远离遗址的山区。第二，所需体量的差异。通过前文的统计中我们便可以看出，石器中体量最大的当属石臼，体量可达3000立方厘米左右，其余小件石器基本不超过300立方厘米，而对于建筑类石制品而言，基本不会低于300立方厘米，且体量达到3000立方厘米以上者甚多，甚至可达数万立方厘米，所以在体量上建筑类石制品要远高于石器。第三，加工难度的差异。建筑类石制品主要包括柱础石和规律码放的石头带，对于柱础而言，只需要有一个平面保证立柱即可，而对于非柱础石类的石制品而言，仅需大小接近，有时或许有不同石块接合的问题，但也仅需要处理几个平面即可。相比之下，加工石器不仅仅是要处理几个平面，而是需要进行多个立体面的加工，这之中不仅有平面也有曲面，而且在工序上也还多出很多步骤。所以可见加工石器的难度要远远高于加工建筑类石制品的难度。根据这三点我们可以大致推测，对于这样一项需要原材料多的简单性的加工工作而言，在遗址或附近周边地区加工是最为合理和节约成本的。如此便可以节约大量的运输成本。同时，遗址及附近周边地区也有这样的地质条件可以支撑这一加工所需的原材料。综上，我们认为盘龙城遗址所出建筑类石制品很可能是遗址或附近周边地区加工生产的，甚至可能直接挑选合适的石材简单处理或不处理直接使用。

以上我们对两类石制品的生产方式和地点分别进行了分析。对于石器而言，盘龙城作为地方性的中心聚落，其可能并不具备石器制造的职能，很可能仅仅是作为整个石器生产链中的最后一环，即最终输入点或消费点，而石器的生产可能是在外围地区进行，很大可能在原料点附近。通过对盘龙城周边的地理环境和相关遗址点分布似乎也支撑这种可能。盘龙城周边有多条南北向河流经过，自大别山发源，后向南注入长江，如府河、滠水等，这些河流几乎都途经我们所推测的盘龙城遗址所出石器的原料产地，因此这在交通上提供了极大的便利。同时，根据以往的调查和普查资料显示，在大别山南麓与盘龙城之间，府河沿线有袁李湾、矮子墩、中分卫湾、张家墩等商代遗址，滠水沿线有金牛畈、笔架山、夫子台、光头造等遗址①。这一系列沿河的遗址，将大别山南麓与盘龙城遗址相连，这些遗址在距离上也分布得十分有规律，通常在20千米左右。这种现象很可能体现出一种传输路线，自大别山开采石料和加工石器后经过这些遗址点的转运最终进入盘龙城。对于建筑类石制品而言，由于其体量与需求量都比较大，长途的运输十分耗费成本，同时由于这一类石制品相对石器要求较低且制作简单，因此盘龙城人选择就地取材，如此便极大地减少了制造建筑类石制品的成本。

我们看到，虽然都是关于石制品的制造，但是对于不同类别的石制品，盘龙城人可能有着不同的考量，为了达到最优的成本控制，他们采用了不同类型的生产模式。一种是直接进口产品，另一种则是自行生产，无论是哪一种模式最终所要达到的都是以最有效的方式获取产品。

玉器与绿松石器的情况目前仍不清晰。对玉器而言，虽然或许玉料至少存在两个源头，但具体来自于何处，我们仍不知晓。同时，遗址之中也未发现有关玉器生产的遗迹、遗物，且所发现的玉器也并不存在坯料、半成品等与不同生产环节有关的遗物。因此，综合以上的现象，玉器也可能存在由外部直接输入的可能，且考虑到盘龙城与王朝之间的关系，或许其中还存在一些玉器是直接得到了来于商王朝中心地区的馈赠。

绿松石虽然有着明晰的物料来源，但同样缺乏与生产有关的各类遗迹、遗物。但结合物料来源的二元性以及中原地区自二里头文化时期以来形成的成熟的绿松石器生产体系，盘龙城中所发现的绿松石器应该也存在本地获取加外来输入的复合模式的可能性。

---

① 国家文物局：《中国文物地图集：湖北分册（上册）》，第124页，西安地图出版社，2002年；国家文物局：《中国文物地图集：湖北分册（下册）》，第27～34页，西安地图出版社，2002年。

通过对三类石质物品的分析可以看到，在盘龙城遗址之中，无论是哪一类的器物都没有明显得在遗址内生产的迹象，那么这就给人一种盘龙城本身并没有承担有关手工业的功能，或是被转移至了城市之外的印象。这种产业转移的现象在世界早期文明中十分常见，如在美索不达米亚北部的青铜时代早期（公元前3500～前2100年），早期国家的形成伴随着聚落间的分化。中心性聚落为更好地凸显和强化其作为政治和宗教中心的角色与功能，一方面修建大型公共建筑以展现其中心性。另一方面，通过转移部分职能至下层聚落，如陶器和农产品的生产，从而建立起聚落间的关系网络。如Tell Brak遗址，在苏美尔文明国家形成之初的乌鲁克文化时期，该遗址逐步发展为上哈布尔区域的中心城市。随着角色功能的转变，一些大型的公共设施开始出现，如神庙、城墙等。同时，人口大量涌向中心城市导致城市原有的耕地被转变为城市用地，因此大量的农业活动被转移至周边一些中小型城镇之中，并由中小型城镇为中心城市提供主要农产品[1]。通过创建一种协同作用的、聚落间的网络体系，我们不仅可以看到Tell Brak以及周边区域稳步发展，同时整个苏美尔文明国家也逐步走向繁荣。

对于盘龙城这类的区域中心城市或聚落而言，它的主要职能是处理政治事务以及维持所在疆域的稳定。在中国青铜时代早期，礼制作为稳固政权的核心要素，其中青铜器是最显著的物质表现形式。因此，青铜器的生产活动都直接掌握在统治阶层的手中并可以全面监管。所以我们可以看到，盘龙城中存在专门生产铜器的活动区域。至于石质资源或石质物品的生产，会被区域中心类的城市或聚落移出，并转移到一些周边特定的地点。通过这种职能转移，中心城市或聚落内可以有更充裕的空间和劳动力从事其他重要的活动。同时，这种转移也简化了中心类城市或聚落的一些非核心的功能，从而能够确保将更多的资源用于主要的、核心的功能运转之中。

---

① Charles M, Pessin H, Hald M M. Tolerating change at Late Chalcolithic Tell Brak: responses of an early urban society to an uncertain climate. *Environmental Archaeology*, 2010, 15(2): 183-198; Ur J A. Urban form at Tell Brak across three millennia. *Preludes to Urbanism: The Late Chalcolithic of Mesopotamia*. McDonald Institute Monographs, 2014: 49-62; Frangipane M. Different trajectories in state formation in Greater Mesopotamia: a view from Arslantepe (Turkey). *Journal of Archaeological Research*, 2018, 26(1): 3-63.

第六章

结 语

二里冈文化时期的考古学文化为我们揭示出了一个范围广阔、文化扩展力强的早期文明场景。其中作为主要扩张区域的南方，其核心点便是位于当今湖北武汉的盘龙城遗址。作为二里冈文化在南方的重要支点，盘龙城遗址展现出了与之匹配的文化遗存，如大型的宫殿基址、数量众多的高等级墓葬和青铜器，以及近年所发现的与铸造有关的小嘴遗址等。这些物质文化遗存体现了其高层次的社会生活场景以及高水平的手工业技术与社会资源控制。但是对于一个中心遗址而言，或者说对这样一个中心遗址所反映的社会场景而言还存在着大量其他类型的遗物，如陶器、玉器、石器、绿松石器等。这些物质材料中，陶器由于其随着时间与空间在造型风格上的变化与调整，常被学者所关注，用以建立时间上的框架，以及空间上文化与人群的传播和扩散。而包括玉、绿松石、普通石料在内的石质遗存则没有得到重点的关注，因此对于这一类的物质遗存，此前并没有得到系统性的梳理与分析。但在这类石质遗存之中，其中既有能体现社会上层生活的物质表现如玉器和绿松石器，也包含反映了日常生活与生产的普通石器。因此，这些不同类型的石质资料可以从不同的方面反映和体现这个社会的多面性，为更为丰富地了解整个社会的场景，提供了一个以石质资源为切入点的视角。而本书也正是基于这个视角对盘龙城遗址所出土的石质遗存在进行初步梳理的基础之上，从物料的角度出发，探讨盘龙城先民对于石质资源的选择、获取、利用，并进一步窥见当时盘龙城社会在组织、聚落布局等方面的一角。

在之前的章节中，我们以材质为出发点，对盘龙城遗址出土的玉器、绿松石器、石器进行了梳理与分析，一方面汇总了当前盘龙城所出土的相关器物的信息，另一方面通过进行三类器物材质的分析，并结合相关的野外自然样品的数据，我们进一步对物料的源头进行一定程度的探索。通过一系列的分析，对盘龙城先民在有关资源方面的利用产生了一些新的认知。

（一）玉器

对于玉器而言，在以往的认知中，蛇纹石是盘龙城玉器的主要材料[①]。若以矿物学中"玉"的概念来看，盘龙城先民所得、所用之"玉"，皆属于"美石"，而非真正之"玉"。然而通过对盘龙城出土的部分玉器进行重新的近红外光谱检测后我们发现，盘龙城所出土的玉器绝大多数均为软玉，即矿物学中"玉"的概念，而非属于"美石"类的蛇纹石或其他石料。这也就意味着以往对盘龙城"玉"料的认知，可能存在一定的偏差，而造成这一情况的原因或许是直接通过裸眼观察的方式对材质进行判断，忽略了盘龙城本地自然环境或在祭祀活动中对玉器的一些处理所产生表征上的一些变化。通过重新的材质分析可见，盘龙城先民对于"玉"这一概念是有着明确的认知，并非是将"美石"与"玉"完全进行等同，在对于制作玉器的材料选择中，是有着明确的方向的。

随之而来的一个问题便是，这些玉料从何而来？以往的推测认为软玉可能来于新疆和田一带，而蛇纹石来自于辽宁岫岩一带[②]。这一判断的依据主要建立于这两个区域是这两类

---

① 《盘龙城（1963～1994）》，第624、625页。
② 《盘龙城（1963～1994）》，第625、626页。

玉、石料的集中分布区以及裸眼对比观察所得。但实际上这可能依旧存在讨论的空间。首先，这些玉、石料虽然是在一定的地质环境和条件中产生，且有着一些已知的密集分布，但实际上在很多地区相似的地质环境中也有着相应材料的零星分布。因此基于表征观察和经验性的判断需要十分谨慎。而更为理想的尝试，则是需要将不同地点的自然样品和遗址中所出土的器物进行对比，从而对产源做出进一步的判断。其次，对于盘龙城玉器材质的重新认知，也从根本上推动我们需要重新评估物料的来源。然而，在缺乏自然玉、石料对比的情况下，直接判断材料的产源是十分困难的。不过尽管当前我们尚无法确切确定盘龙城玉器原料的具体源头，根据目前的数据，我们仍能识别出盘龙城玉料的可能来源是单一的还是多元的。通过对1300～1600nm波段的波形进行观察后发现，在盘龙城出土的玉器中，存在两种类型的软玉，一种产自镁质大理岩区，另一种与蛇纹石化超基性岩区有关。因此，可以推断盘龙城的玉料来源可能是多元的，而非单一来源。此外，这两类玉料的产状在盘龙城的周边并不存在，且在长江中游这一区域也并不常见。可见这类材料并非是在近距离的区域可以轻易获取，因此此材料的来源可能在距离上也十分遥远。

（二）绿松石器

绿松石器本身在材质的初步判断方面并不像玉器那般困难，因此对于绿松石这一材质的识别并没有太大的问题出现。因此，研究重点便放在了对于绿松石来源的探索之上。由于绿松石本身的产区十分固定，且每个产区之间在表征上也存在一定的差异，而此前的分析也正是基于这一点判定盘龙城所用之绿松石来自湖北郧县一带[①]。为更加明确来源的具体情况，我们通过对盘龙城出土的30件样品进行了显微观察、光谱分析、成分测试以及自然绿松石对比，发现盘龙城出土的绿松石的产源可能来自于多个源头，包括湖北十堰和陕西白河一带、洛南河口、卢氏拐峪等地区。这一结果显示，盘龙城所出土的绿松石器同样也在原材料方面反映出了多源性以及远距离性。

（三）石器

在石质工具与建筑类石质品的生产与制作中，材质的选择是十分重要的一部分，同时也是最基础的一步。以往对于石制品材质的研究，其中既包括对石制品本身材质的鉴定，也包括对石制品来源的推测，通常采用的是肉眼观察外部物理特征的方式。然而，这种方式却受到石制品和岩石保存状况的限制。很可能在数千年的风化之中造成石制品或岩石表面的石皮发生物理特征的改变，从而使研究者对其材质的判断产生了误差。因此，在研究中，我们不仅是通过肉眼辨识物理特征的方式进行观察，同时还通过挑选典型器物进行切片观察其显微结构，从而更为准确地判断石制品或岩石的材质。通过本书的观察与分析，盘龙城遗址所出石制品的材质在不同的类别上有一定的差异，对于石器类常选用片岩、砂岩等岩石作为原料，而对于建筑类石制品而言，则基本全部使用石英岩制成。在此基础之上，我们对遗址周边的大范围地区进行了地质调查，对该地区分布的三套砾石层进行了砾径和岩性的统计，同

---

① 《盘龙城（1963～1994）》，第625、626页。

时结合地质填图资料，我们初步判定盘龙城遗址所出石器的材料来源应主要来自于大别山南麓西缘地带。而建筑类石制品的原料在遗址内及邻近周边地区均可以采集到。相比于玉以及绿松石，石料的获取地点更为单一和近距离。

从材料这一视角出发，可以看到盘龙城先民在石质资源的利用之中存在着两种模式。首先是远距离、多源头的获取模式，主要针对玉、绿松石等高等级遗存。这类资源的分布往往十分有限，因此相对稀有。对于盘龙城遗址而言，在其所处的江汉地区并没有相关资源的分布，这也就意味着如果要获取这一类的资源，需要涉及更远的地区。从盘龙城出土的玉、绿松石器的材质以及溯源分析来看，用于制作两者的材料应都是来自于较远的地区，同时还可能存在着多个地点的资源供给。这样的一种资源获取模式，一方面反映了这一类物品本身材料的稀缺性以及制作成本上的高投入，对应了这类物品的高等级社会属性；另一方面，资源的远距离和多源获取也体现了盘龙城作为商王朝在南方地区中心性聚落的地位，可以有能力完成这种跨越区域的资源获取。

其次是近距离、相对单一源头的获取方式。这一情况主要体现在制作石器的石料以及建筑用石方面。对于石器而言，石料可能主要来源于大别山南麓地区，而建筑用石则在聚落周边即可获得。相对于玉和绿松石，这种一般性的石料由于其广泛的分布性，使得获取这些原料相对更为容易。对于盘龙城，其所处区域的地质条件刚好满足了对于相关石料的需求，因此可以看到这类资源于所在区域便可直接获取。资源的广泛分布以及较近的距离使得这些石料并非稀缺品，同时获取它们的成本也更低，因此以它们为原料的有关石质品也能更好地、更为经济地服务于大范围的日常生活与生产。但即便如此，石料的使用也并非完全随意和偶然，而是经过选择，如建筑用石与石器之间的材料差异。这里面或许有更多的考量，如制作成本的问题，但不可忽视的是先民对于不同类别石料和它们的分布，以及石料与石器之间的关联等方面有着深刻的理解和丰富的知识。

通过以上的分析，虽然我们对于盘龙城石质资源的使用状况有了一个更为清晰的认知，但对于这些器物是如何生产与制作的，仍旧存在疑问。由于本身在盘龙城遗址之中并没有发现有关的作坊类遗迹，以及各类器物的坯料、半成品等，因此我们初步推测，这些石质物品可能是以成品的形式直接进入到盘龙城之中供人使用。如果是这样的一种社会场景，也就意味着针对这些石质产品，可能在当时已经形成了一定的产业链的形态，不同类型的聚落或节点承担着不同的功能。例如，大型、中心性聚落只作为最终产品的输入地，而制作和转运则由一些中、小型聚落完成。这样一种链条式的格局既加强了聚落间的联系，同时也更明确了各自的功能和地位，使得整个社会系统得以更为有序、有效地运行。

盘龙城作为商王朝在其南土所设置的中心城市，其社会地位不言而喻。透过石质资源的视角，我们看到盘龙城在获取石质资源的类别和途径上是十分丰富的。同时，这些石质物品的生产可能也是以产业链的形式存在，作为中心城市的盘龙城主要为产品的输入端，而原料的开采与产品的加工则可能下放到更下级的聚落完成。通过这种输出—输入的流动模式，各种资源被广泛地汇入了盘龙城。这种联系一方面彰显了盘龙城的中心地位，另一方面也促进整个区域形成一个有机的网络。因此，石质资源为我们了解江汉地区商代的社会组织与网络提供了一个新的视角和补充。

附表

附表一　盘龙城检测玉器材质登记表

器物编号	器名	发掘地点	出土单位类型	阶段	近红外测定	材质（原报告鉴定）
采集：0303	柄形器	未知	采集	三	软玉	蛇纹石
采集：0312	柄形器	未知	采集	三	软玉	蛇纹石
采集：0319	戈	未知	采集	二	软玉	蛇纹石
采集：0301	柄形器	楼子湾	采集	二	软玉	蛇纹石
楼子湾：304	玉饰	楼子湾	采集	二	软玉	
楼子湾：0313	凿	楼子湾	采集	三	软玉	蛇纹石
楼子湾 H1 ⑨：1	柄形器	楼子湾	灰坑	三	软玉	
楼子湾 M10：10	柄形器	楼子湾	墓葬	三	软玉	软玉
楼子湾 M4：12	蝉形器	楼子湾	墓葬	二	软玉	软玉
楼子湾 M4：14	柄形器	楼子湾	墓葬	二	软玉	蛇纹石
楼子湾 M5：5	柄形器	楼子湾	墓葬	二	软玉	软玉
楼子湾 M7：3	柄形器	楼子湾	墓葬	二	软玉	蛇纹石
李家嘴：0316	璜	李家嘴	采集	二	软玉	蛇纹石
李家嘴 M1：30	璜	李家嘴	墓葬	二	软玉	蛇纹石
李家嘴 M1：26	柄形器	李家嘴	墓葬	二	软玉	蛇纹石
李家嘴 M1：27	柄形器	李家嘴	墓葬	二	软玉	软玉
李家嘴 M1：28	柄形器	李家嘴	墓葬	二	软玉	软玉
李家嘴 M1：33	戈	李家嘴	墓葬	二	软玉	蛇纹石
李家嘴 M2：14	戈	李家嘴	墓葬	二	软玉	蛇纹石

续表

器物编号	器名	发掘地点	出土单位类型	阶段	近红外测定	材质（原报告鉴定）
李家嘴 M2：15	柄形器	李家嘴	墓葬	二	软玉	
李家嘴 M2：28	戈	李家嘴	墓葬	二	软玉	蛇纹石
李家嘴 M2：29	柄形器	李家嘴	墓葬	二	软玉	蛇纹石
李家嘴 M2：31	柄形器	李家嘴	墓葬	二	软玉	蛇纹石
李家嘴 M2：33	柄形器	李家嘴	墓葬	二	软玉	蛇纹石
李家嘴 M2：41	柄形器	李家嘴	墓葬	二	软玉	软玉
李家嘴 M2：42	戈	李家嘴	墓葬	二	软玉	蛇纹石
李家嘴 M2：74	柄形器	李家嘴	墓葬	二	软玉	软玉
李家嘴 M2：8	柄形器	李家嘴	墓葬	二	软玉	软玉
李家嘴 M3：3	蛇形器	李家嘴	墓葬	二	软玉	蛇纹石
童家嘴 M1：2	柄形器	童家嘴	墓葬	三	软玉	
童家嘴 M1：3	柄形器	童家嘴	墓葬	三	软玉	
采集：310	残饰件	王家嘴	采集	二	钠云母/锂云母	砂金石
王家嘴 H7：4	柄形器	王家嘴	灰坑	二	软玉	蛇纹石
王家嘴：0315	长条形器	王家嘴	采集	二	软玉	蛇纹石
王家嘴 T18②：1	铲	王家嘴	地层	三	软玉	
王家嘴 T7：5	戈	王家嘴	地层	二	软玉	
杨家湾：0323	纺轮	杨家湾	采集	三	白云母＋迪开石	软玉
采集：306	环	杨家湾	采集	三	软玉	软玉
采集：0308	柄形器	杨家湾	采集	三	软玉	蛇纹石

器物编号	器名	发掘地点	出土单位类型	阶段	近红外测定	材质（原报告鉴定）
采集：309	管	杨家湾	采集		硅质云母/锂云母	
杨家湾 H6⑤A：26	柄形器	杨家湾	灰坑	三	软玉	软玉
杨家湾 H6：44	璜	杨家湾	灰坑	三	软玉	蛇纹石
杨家湾 H6：4	戈	杨家湾	灰坑	三	软玉	蛇纹石
杨家湾 M11：19	钺	杨家湾	墓葬	三	蛇纹石＋高岭石	
杨家湾 M11：20	柄形器	杨家湾	墓葬	三	软玉	软玉
杨家湾 M11：26	柄形器	杨家湾	墓葬	三	软玉（疑似含绿泥石）	软玉
杨家湾 M11：43	戈	杨家湾	墓葬	三	软玉	蛇纹石
杨家湾 M11：8	斧	杨家湾	墓葬	三	软玉	
杨家湾 M3：6	锛	杨家湾	墓葬	三	软玉	软玉
杨家湾 M5：5	柄形器	杨家湾	墓葬	三	软玉	蛇纹石
杨家湾 M7：11	柄形器	杨家湾	墓葬	三	软玉	蛇纹石
杨家湾 M7：15	锛	杨家湾	墓葬	三	软玉	蛇纹石
杨家湾 M7：16	管	杨家湾	墓葬	三	软玉	蛇纹石
杨家湾 M7：17	锛	杨家湾	墓葬	三	软玉	蛇纹石
杨家湾 M7：18	锛	杨家湾	墓葬	三	软玉	蛇纹石
杨家湾 T3⑤：12	环	杨家湾	地层	三	软玉	蛇纹石
杨家湾 T3③：11	戈	杨家湾	地层	三	软玉	蛇纹石
杨家嘴：314	柄形器	杨家嘴	采集		软玉	
杨家嘴 M1：11	柄形器	杨家嘴	墓葬	二	软玉	软玉

165

续表

器物编号	器名	发掘地点	出土单位类型	阶段	近红外测定	材质（原报告鉴定）
杨家嘴 M2：3	柄形器	杨家嘴	墓葬	二	软玉	
杨家嘴 M2：8	柄形器	杨家嘴	墓葬	二	软玉	软玉
杨家嘴 M3：1	柄形器	杨家嘴	墓葬	三	软玉	蛇纹石
杨家嘴 M4：10	有孔玉饰	杨家嘴	墓葬	三	软玉	蛇纹石
杨家嘴 M9：6	柄形器	杨家嘴	墓葬	二	软玉	蛇纹石

附表二 盘龙城遗址工具类石制品登记表

编号	阶段	名称	地点	出土单位类型	岩性	重量（克）	尺寸（厘米）							基本描述
							长	宽			厚（高）	径		
								刃宽	中宽	顶（尾）宽		孔径	直径	
王家嘴 T82⑧：3	一	石锛	王家嘴	地层										长方体状，单刃，平顶，横断面呈长方形，经相磨
城垣 T26⑥：7	一	砺石	城垣	地层			8.6		7		2.2			仅存砺石中段，横断面呈长方条状，整体经人工打磨
王家嘴 T81⑦：1	一	石锛	王家嘴	地层			8.2	4.5		3.8	1.9			长方体，单刃，磨制
王家嘴 T62⑦：2	一	石锛	王家嘴	地层			9	3.4		3	3.8			长条状，单刃，上端阶梯状，平顶，磨制
王家嘴 T66⑦：34	一	石锛	王家嘴	地层			9.4	3		2.5	3.4			厚体长条，阴顶，单刃，横剖面长方楔形，磨制
王家嘴 T21⑦：19	二	石锛	王家嘴	地层	石灰岩		9	3.5		3.2	2			青灰色，长条状，横剖面长方形，上部打制，下部磨光

编号	阶段	名称	地点	出土单位类型	岩性	重量（克）	尺寸（厘米）							基本描述
							长	刃宽	中宽	顶（尾）宽	厚（高）	孔径	直径	
王家嘴 T51⑦:1	二	石斧	王家嘴	地层			7	4.5		2.8	2.2			平顶，顶窄刃，横剖面长方形，磨制
王家嘴 T9⑦:1	二	石斧	王家嘴	地层			8.4	3.2	3.5		2.2			扁圆柱形，横剖面椭圆，顶残，双面刃，刃宽于顶，磨制
王家嘴 T30⑦:4	二	石铲	王家嘴	地层			10.4	4			1.4			扁体长长方，横剖面扁椭圆，上端一圆针孔，双面钻，经相磨
王家嘴 T78⑦:2	二	石镰	王家嘴	地层					4.5		0.6			黑色，曲背弧刃，头残，器身两面有条纹，磨制
王家嘴 T78⑦:6	二	石镰	王家嘴	地层			8.4	2.6			1			黑色，弯背，双面刃，尖端作单刃，磨制，横剖面作三角状，局部有打制痕迹
王家嘴 T69⑦:1	二	石镰	王家嘴	地层			10		2.4		0.8			黑色，窄长条状，双面刃，背弯曲刃，磨制
王家嘴 T17⑦:3	二	石镰	王家嘴	地层										黑色，尖端残，身作窄条状，尾部向下斜，呈弧线状，磨制，局部有打击破裂面
王家嘴 T21⑦:20	二	石刀	王家嘴	地层			9.4		2.4					黑色，弧背直刃，双面刃，前端作尖状，后端已断，磨制
王家嘴 T30⑦:7	二	石臼	王家嘴	地层			32		22.4		15.2	10.8		灰色，平面作不规则六边形，较厚实，中间有一圆窝，外部为打制，圆窝磨光
杨家嘴 T30⑦:5	二	石锛	杨家嘴	地层			14.5		5.6		1.6			体呈长条状，单面刃
采集:0405	二	石锛		采集	石灰岩		10.8	5						青灰色，体方，顶部小于刃部
王家嘴:0047	二	石锛	王家嘴	采集	砂岩		10.5	4						灰白色，体作长条状，顶平于刃，圆顶，斜刃，横剖面作长方形，磨制

编号	阶段	名称	地点	出土单位类型	岩性	重量（克）	长	刀宽	中宽	顶（尾）宽	厚（高）	孔径	直径	基本描述
采集：0406	二	石铲		采集			9.6	2.8						平顶、单刃、横剖面作梯形
王家嘴：0407	二	石斧	王家嘴	采集	石灰岩		11.6	7						青灰色、圆顶、直刃、截面呈椭圆形
王家嘴：0408	二	石斧	王家嘴	采集			10.5	6						平顶、弧刃、横截面作弧状
王家嘴：0409	二	石斧	王家嘴	采集	片麻岩		24	6						灰色、偏圆柱体、圆顶、两面弧刃
采集：0403	二	石斧		采集	片麻岩		15	6						青色、扁平长条状、圆顶、双面刃、横断面作长方状
采集：0410	二	石铲		采集	石灰岩		13.6	5.8			1.8			青灰色、平顶双面刃、横截面作长方形、中穿一孔、磨制
采集：0436	二	石铲	王家嘴	采集			9	5.8						横剖面作椭圆形、双面刃、顶残、上钻一圆孔、磨制
王家嘴：0411	二	石铲	王家嘴	采集			9.6	6.1						平顶、弧刃、横剖面作梯形、器身中部有一圆孔、磨制
采集：0413	二	石铲	王家嘴	采集			9	6.6						长方形、平顶、弧刃、横剖面扁圆、磨制
王家嘴：0415	二	石凿	王家嘴	采集			9.5	3			1.2			灰色、平顶、斜刃、磨制
王家嘴：0416	二	石凿	王家嘴	采集			5	2.9						体小、双面刃、平顶、质薄、横剖面作长方形、磨制
王家嘴：0417	二	石镰	王家嘴	采集	板岩		9.5							黑黑色、残损、直背凹刃、磨制
采集：0418	二	石镰		采集	板岩		12							青色、窄条状、头残
王家嘴：0420	二	石镰	王家嘴	采集	板岩		9.6							青色、体作扁圆、尖部呈三角状、尾端下垂
采集：0431	二	石镰		采集			18				1.7			青灰色、弯背、两刃略内凹

编号	阶段	名称	地点	出土单位类型	岩性	重量（克）	尺寸（厘米）							基本描述
							长	宽			厚（高）	径		
								刀宽	中宽	顶（尾）宽		孔径	直径	
采集：0442	二	石刀		采集	板岩		10		3.5					黑色，长条梯形，直背双面刃
采集：0454	二	石刀		采集	板岩		11.7		4.1					灰色，弯背两面直刃，尾端两面磨成刃状，上凿一圆孔
王家嘴：0421	二	石刀	王家嘴	采集	板岩		10.8		4.7					灰色，体作扁平半月状，单面刃，上端有圆孔
采集：0428	二	石刀		采集			17.9		4.2					刀身长，尖端略窄呈柄状
采集：0448	二	石刀		采集			13		4					曲背斜刃
采集：0422	二	石杵		采集			9						4.3	直筒状，顶部打制，表面经磨制
采集：0452	二	石杵		采集			18.8						8.9	圆柱形，上小下大，上平下圆，磨制
采集：0404	二	石杵		采集			9						4.5	上端方，下端圆
王家嘴：0423	二	石杵	王家嘴	采集			16.4							两头圆，横截面呈长方形
采集：0449	二	石臼		采集							12.4	8.4	17	小平底，体偏圆，厚实，中有一圆窝
采集：0440	二	石球		采集									3.8	球状，磨光
采集：0451	二	石球		采集									3.8	球状，磨光
王家嘴：0453	二	砺石	王家嘴	采集										长条三角状，有使用痕迹
王家嘴T66⑥：33	二	石锛	王家嘴	地层	石灰岩		11.2	4.4			2.6			青色，体厚，单面刃，顶部不规则，器身有打制痕迹
王家嘴T71⑥：3	二	石锛	王家嘴	地层										单面刃，且刃面坡度较大
王家嘴T71⑥：12	二	石凿	王家嘴	地层			7.3		3		1.2			单面刃，半成品，打制

续表

编号	阶段	名称	地点	出土单位类型	岩性	重量（克）	尺寸（厘米）						基本描述
							长	宽			厚（高）	径	
								刀宽	中宽	顶（尾）宽		孔径	直径	
王家嘴 T61⑥:5	二	石刀	王家嘴	地层			8.8							黑色、残、长方形、弧刃、体薄、磨制
王家嘴 T61⑥:4	二	砺石	王家嘴	地层			4		2.2					方状体、正面有磨痕、呈凹槽状
杨家湾 M10:1	二	石斧	杨家湾	墓葬			14	4.8			3.6			残、剖面呈长方形、顶端呈扁圆柱状、有肩、平刃、刃部有使用痕迹、上端琢制、下端经打磨
杨家湾 M10:5	二	石镰	杨家湾	墓葬			23.4				1.2			弧背、刃微凹、有残损、一端较宽、另一端略呈尖角
城垣 0401	二	石铲?	城垣	采集	砂岩									灰色、作长条状、顶与刃宽度相当、平顶、截面作扁圆形
采集 0443	二	石铲		采集	石灰岩		8.5		4.2		2.5			青色、厚、截面长方状、顶、刃宽度相当、磨制
采集 0419	二	石铲		采集			6.6	4			2			残损、单刃、截面呈椭圆形、粗磨
采集 0441	二	石铲		采集			11	3.5						弧顶、单刃、截面呈长方形
李家嘴 0424	二	石斧	李家嘴	采集			11.5	6						长方体、平顶、弧刃
李家嘴 0425	二	石斧	李家嘴	采集			15.2							残损、曲背平刃
城垣 T27④D:4	二	石刀	城垣	地层			17.5		6					仅存中段、横长方形、背微曲、平刀
城垣 T27④D:3	二	石镰	城垣	地层					4.7					仅存中段、长弧形、长弧背、平刀
王家嘴 T85⑤:36	二	石刀	王家嘴	地层			6		6					体作半圆形、双面刃、磨制
王家嘴 T13⑤:3	二	砺石	王家嘴	地层			10.8				1			青灰色、长条形、上有琢磨使用痕迹
杨家嘴 T10⑤:10	二	石铲	杨家嘴	地层			6.7	4.2			0.8			长方体、单面刃、磨制

编号	阶段	名称	地点	出土单位类型	岩性	重量(克)	长	刃宽	中宽	顶(尾)宽	厚(高)	孔径	直径	基本描述
杨家嘴T30⑤:1	二	石镰	杨家嘴	地层			11.5							弧背、双面刃略内凹、尖端较薄、尾端残、磨制
杨家嘴T8⑤:18	二	石镰	杨家嘴	地层			6.3			3.4				磨成锯状、双面刃、磨制
杨家嘴T6⑤:21	二	石镰	杨家嘴	地层			6		2.5					窄条状、背下曲、刃微凹、尾残、磨制
杨家嘴T9⑤:16	二	纺轮	杨家嘴	地层							0.8	0.8	3.4	圆饼状、中有一圆孔、周边为直壁、磨制
杨家嘴T11⑤:11	二	纺轮	杨家嘴	地层							0.7	0.5	3.2	圆饼状、中有一圆孔、周边为直壁、磨制
楼子湾M1:13	二	石镰	楼子湾	墓葬			8							残损、三角状、弧背、弧刃
楼子湾G2⑤:3	二	石刀	楼子湾	灰沟										碧绿色、平顶弧背、断面呈楔形
楼子湾G3⑤:1	二	石勺	楼子湾	灰沟			9.5						4	黑色、瓢状、有柄
杨家嘴采集:0426	二	石锛	杨家嘴	采集			11							弧顶、单面刃、磨制
采集:0412	二	石锛		采集			11	3.4			4			顶部向下斜、横剖面作长方楔形、磨制
采集:0444	二	石锛		采集					3.5		3			青灰色、长方体单刃、平顶不规整、粗磨
采集:0439	二	石斧		采集			11	4						长方形、弧顶、平刃
杨家嘴采集:0429	二	石凿	杨家嘴	采集			7.4	3						灰色、质薄、平刃、刃略残、磨制
采集:0430	二	石凿		采集			7.5	3						残损、厚顶、通体磨光
采集:0414	二	石凿		采集			5.3	3.4						灰色、单刀、截面呈椭圆形、磨制

171

续表

编号	阶段	名称	地点	出土单位类型	岩性	重量（克）	长	刀宽	中宽	顶（尾）宽	厚（高）	孔径	直径	基本描述
采集：0427	二	石凿	王家嘴	采集			7	4						灰色，双面刃，磨制
王家嘴：0432	二	石凿	王家嘴	采集			5.1	2.8		2.2				单刀，扁平长方体，体小，平顶，磨制
杨家嘴：0433	二	石凿	杨家嘴	采集			3.6							青灰色，残损，曲背，单面刃，磨制
采集：0438	二	石刀		采集	板岩		9.4		3.4					灰色，弯背直刃，尖端作锐角状，尾端单面刃上翘
杨家嘴：0434	二	石杵	杨家嘴	采集			17						4.2	体作骨节状，上端呈扁形，下端作圆柱状，中间内束
采集：0402	二	石杵		采集			24							灰色，长条状，上细下粗，双面刃，磨制
王家嘴 M1：17	三	石刀	王家嘴	墓葬			7		5.2					作不规则梯形，双面刃，磨制
李家嘴 H8：17	三	石铲	李家嘴	灰坑	石灰岩		8.5		3.5					灰色，长条状，单刀，顶端薄，弧顶，剖面呈椭圆形，磨制
杨家湾 M4：9	三	石斧	杨家湾	墓葬			11.5	5.5			3			扁圆柱状，厚刀作弧顶、顶、剖面呈椭圆形，磨制
杨家湾 M12：2	三	石斧	杨家湾	墓葬			9.2	5.4			2.4			长方体，平顶，双面刀，双面刃中一面斜度较大，磨制
杨家湾 M4：10	三	石镰	杨家湾	墓葬			15.6		5.5		0.6			灰色，扁平三角形，一端宽，一端略呈尖角，弧背，单面刃微凹，器身有竖行条纹，磨制
杨家湾 H1：17	三	石刀	杨家湾	灰坑			7.5		4.6		0.8			平顶平刀，残损
杨家湾 H1：18	三	石刀	杨家湾	灰坑	板岩		4.4		3.7		0.6	0.8		黑色，残缺，平直背，刃微凹，刀身中段残存对钻的圆孔一个，磨制
杨家嘴 T28④：6	三	石铲	杨家嘴	地层			9.3	2.5			1.5			长条状，单面刀，磨制

编号	阶段	名称	地点	出土单位类型	岩性	重量（克）	尺寸（厘米）							基本描述
							长	宽			厚（高）	径		
								刃宽	中宽	顶（尾）宽		孔径	直径	
杨家嘴 T7④:10	三	石锛	杨家嘴	地层			6.7	2.5			2.2			单面刃，磨制
杨家嘴 T40④:1	三	石斧	杨家嘴	地层			9.8	7			2.5			扁圆柱长方体，顶窄平刃，两侧磨平，双面宽弧刃，横剖面作长方形，磨制
杨家嘴 T43④:3	三	石斧	杨家嘴	地层	石灰岩		8		6					灰色，体作长方形，顶残，弧刃，横剖面呈长方形，磨制
杨家嘴 T8④:1	三	石锛	杨家嘴	地层			6	10.4			1.2			平顶，上有一圆孔，磨制
杨家嘴 T46④:1	三	石镰	杨家嘴	地层			8				1			长条三角形，尾端残，尾端有制，宽刃，双面刃，磨制
杨家嘴 T45④:1	三	石镰	杨家嘴	地层			13		5		0.6			弧背直刃，尖残，磨制
杨家嘴 T6④:34	三	石镰	杨家嘴	地层			10.7				0.4			作窄条新月状，曲背凹刃，一端斜出成刃，背部打制，刃部磨制
杨家嘴 T7④:11	三	石球	杨家嘴	地层	砂岩								3.8	灰色，球状
杨家嘴 T7④:10	三	石杵	杨家嘴	地层			16.2						6	圆柱状，两端圆，中部一侧内凹，磨制
杨家嘴 T43④:4	三	砺石	杨家嘴	地层			11.8		4		2			残损，长条状，有使用痕迹
采集:0450	三	石锛	杨家嘴	采集	板岩		10		3					青色，长条状，顶部作斜坡状，单面刃，横剖面作长方楔形，磨制
杨家湾:0435	三	石斧	杨家湾	采集			7	5.5						长方，平顶，弧刃
杨家湾:0437	三	石斧	杨家湾	采集			6		5.5					灰色，长条状，平顶，上有圆孔，刃残
杨家湾 M11:52	三	石戈	杨家湾	墓葬			44.1		7		0.7			深棕色，带黑斑，前锋作三角状，上下刃，中厚，援部作长条状，内接圆有栏，栏侧有三道凸棱，栏宽于内，内作长方形，内近栏处有一圆孔

续表

编号	阶段	名称	地点	出土单位类型	岩性	重量（克）	长	刀宽	中宽	顶（尾）宽	厚（高）	孔径	直径	基本描述
杨家湾 M11：8	三	石铲	杨家湾	墓葬			15.8		4.6		1.4			浅黄色，弧刃，顶端两侧薄，中间厚，长条形，近柄端有一圆孔，刃两面磨制
杨家湾 M11：19	三	石铲	杨家湾	墓葬			24.3	6		5.8	1.3			鸡骨白，平刃，平顶，一端略弧，顶端偏圆，粗磨
杨家湾 T5③：25	三	石镰	杨家湾	地层			11			3.1	0.4			长条状三角形，弧背凹刃，尾端为双面刃，磨制
杨家湾 H6：55	三	石刀	杨家湾	灰坑			7.4				0.8			三角形刀头，长条状身，背略弧，刃平直，双面刀，磨制
采集：01571		石臼	坡垴	采集	花岗岩	3795	18.3		12.8		11.3			灰色，一侧残缺，整体呈上端大，下端小的圆柱状，中部有一凹坑，底部较平，外部琢制，内凹磨光
王家嘴 F3：39	二	石刀	王家嘴	房址	片岩	83	10.3		5.5		0.8			黑色，尖端和尾部残缺，曲背直刀，在一面有多条平行线，磨制
王家嘴：32		石锛	王家嘴	采集	泥岩	197	11.7		3.3		3.7			灰色，刃部和尾部残缺，整体呈平面形状呈长方形，一端有单面刃
王家嘴 F3：5	二	石镰	王家嘴	房址	片岩	36	5.3		3.8		1			灰色，尾部残缺，曲背微弧刃，磨制
王家嘴：27		石斧	王家嘴	采集	砂岩	268	8.7		6.5		2.4			灰色，整体呈长方形，一端有双面刃，顶部为琢制，其余部分磨制
王家嘴 T11①：3		石刀	王家嘴	地层	片岩	75	8.5		5.1		0.8			黑色，整体磨制
王家嘴 T16⑤：6		石镰	王家嘴	地层	片岩	116	13.8		5		1.1			灰色，尖端和尾端有残损，曲背曲刃，刃部呈齿状，磨制
王家嘴：47		石镰	王家嘴	采集	片岩	36	8.1		3.1		0.8			灰色，尾部残损，曲背曲刃，磨制
王家嘴 T6④A：17		石锛	王家嘴	地层	砂岩	188	10.5		4.3		2.2			灰色，整体单面呈长方形，一端有残缺，磨制

编号	阶段	名称	地点	出土单位类型	岩性	重量（克）	尺寸（厘米）							基本描述
							长	宽			厚（高）	径		
								刃宽	中宽	顶（尾）宽		孔径	直径	
王家嘴 M2：10		石斧	王家嘴	墓葬	片岩	264	13		5.1		2.2			灰色，整体平面形状呈长方形，一端有双面刃，磨制
王家嘴 F1：35		石镰	王家嘴	房址	砂岩	44	8.7		3.2		0.9			灰色，尾部残缺，曲背曲刃，磨制
王家嘴 F3：7	二	石锛	王家嘴	房址	砂岩	99	5.7		4.6		1.3			灰色，整体平面形状呈长方形，一端有单面刃，磨制
王家嘴 F3：46	二	砺石	王家嘴	房址	片岩	674	15.5		6.2		4.2			灰色，仅存一面较为完整，整体平面形状呈长方形，磨制
王家嘴 F4：6	二	石斧	王家嘴	房址	片岩	248	7.1		4.9		2.9			灰黑色，顶部残缺，刀部完整，呈双面刃，磨制
王家嘴 F4：7	二	砺石	王家嘴	房址	砂岩	99								
王家嘴 F14：15		石杵	王家嘴	房址	砂岩	374	14		4.5		4			灰褐色，一端有部分残缺，两端广出，中部较窄，破损处疑似经过再次打磨
王家嘴 H1：6	二	石锛	王家嘴	灰坑	片岩	167	9		3		3			黑色，尖端残缺，直背直刃，刀部呈单面刃
王家嘴 H4：5	二	石刀	王家嘴	灰坑	砂岩	61	9.4		3.7		0.9			灰黑色，尖端残缺，刀部呈齿状
王家嘴 H5：2	二	石铲	王家嘴	灰坑	泥岩	181	15.1		8.4		0.6			灰色，顶部和刀部残损，整体平面形状呈梯形，磨制
王家嘴 T3：49		石锛	王家嘴	采集	片岩	61	5.2		3.7		1.2			灰白色，整体平面形状呈梯形，一端有单面刃，磨制，刀部经过细磨
王家嘴 T4②：3		石刀	王家嘴	地层	片岩	75	8.9		4.1		0.9			黑灰色，尾部缺失，曲背直刃，一端也磨出刃，两面均有多道平行线，磨制
王家嘴 T7②：4		石锛	王家嘴	地层	砂岩	27	5.2		2.8		1			灰色，顶部残缺，整体平面形状呈长方形，一端有单面刃，磨制

续表

编号	阶段	名称	地点	出土单位类型	岩性	重量（克）	尺寸（厘米）							基本描述
							长	宽			厚（高）	径		
								刃宽	中宽	顶（尾）宽		孔径	直径	
王家嘴 T7②:5		石镰	王家嘴	地层	片岩	51	9.8		3.5		0.8			黑色，尖端残缺，曲背曲刀，刀背状呈齿状
王家嘴 T8⑤:1		石钺	王家嘴	地层	花岗岩	160	6.3		6.9		1.7			白色，顶部及穿孔残损，顶部有穿孔，整体呈梯形，磨制，穿孔为对钻
王家嘴 T18③A:3		石刀	王家嘴	地层	片岩	57	8.6		3.2		0.9			黑色，尾部残缺，曲背直刀，整体平面形状呈长方形，一侧及顶端磨有刃
王家嘴 T26①:1		石刀	王家嘴	地层	砂岩	67	8.6		5.1		1			灰色，仅存刃部保存完好，磨制
王家嘴 T33②:1		石钺	王家嘴	地层	泥岩	49	5.1		3.9		0.9			灰色，仅存顶部及部分穿孔，整体平面形状呈长方形，磨制，穿孔为对穿
王家嘴 T40①:1		石镰	王家嘴	地层	片岩	27	7.5		2.3		0.8			黑色，尖端和尾部残缺，曲背曲刀，磨制，整体平面形状呈长方形
王家嘴 T51⑤A:34		石锛	王家嘴	地层	片岩	32	7.2		1.4		1.3			灰色，整体平面形状呈梯形，一端呈单面刀，磨制
王家嘴:03		石锛	王家嘴	采集	砂岩	65	4.9		3.9		1.2			灰黑色，刃部微有缺损，单面刀，磨制，形状呈梯形
王家嘴:08		石镰	王家嘴	采集	片岩	74	11.1		3.9		0.8			灰黑色，尾部残缺，曲背曲刀，磨制
王家嘴:09		石镰	王家嘴	采集	砂岩	54	7.7		4.2		1			灰色，尾部残缺，曲背微弧刀，磨制
王家嘴:34		石镰	王家嘴	采集	砂岩	56	10.2		4.1		0.9			灰色，尾部残缺，曲背曲刀，磨制
王家嘴:36		石刀	王家嘴	采集	片岩	34	6.9		4.1		0.7			灰色，尾部残缺，曲背直刀，磨制
王家嘴:38		石钺	王家嘴	采集	泥岩	164	8		7		1.4			黑色，刃部残缺，顶部略有损伤，整体平面形状呈长方形，中部有一穿孔，磨制，穿孔为对钻

编号	阶段	名称	地点	出土单位类型	岩性	重量（克）	尺寸（厘米）					径		基本描述
---	---	---	---	---	---	---	长	刃宽	中宽	顶(尾)宽	厚(高)	孔径	直径	
王家嘴:48		石锛	王家嘴	采集	片岩	181	8.9		4.4		2.3			灰色，刃部略有残损，整体呈长方形状，一端为单面刃，磨制，刃部经过细磨
王家嘴:52		石锛	王家嘴	采集	砂岩	80	5.8		3.1		1.6			灰色，通体磨制
王家嘴:01652		石锛	王家嘴	采集	砂岩	226	9.6		4.5		2.4			青灰色，平面形状略呈梯形，磨制
王家嘴:01653		石刀	王家嘴	采集	片岩	224	18.1		6.1		1.05			灰黑色，曲背直刃，磨制
王家嘴:33		石镰	王家嘴	采集	砂岩	80	9.9		4.4		1.1			黑色，曲背直刃，磨制
王家嘴:02		石刀	王家嘴	采集	片岩	12	4.5		2.8		0.6			灰黑色，仅存头端，整体平面形状呈三角形，曲背直刃，磨制
王家嘴:10		石镰	王家嘴	采集	砂岩	24	5.3		2.2		0.9			灰色，头端和尾部略残缺，曲背曲刃，磨制
王家嘴:22		石刀	王家嘴	采集	片岩	19	5.4		3.6		0.6			黑色，尾部残缺，曲背直刃，磨制
王家嘴:28		石锛	王家嘴	采集	砂岩	31	4.9		2.5		1.1			灰色，顶部残缺，整体平面形状呈长方形，一端为单面刃，磨制
王家嘴:29		石钺	王家嘴	采集	砂岩	210	7		7.3		2.5			灰色，顶部残缺，整体平面形状呈梯形，一端呈双面刃，近顶部有一穿孔，整体单为磨制，穿孔为对钻
王家嘴:1		石斧	王家嘴	采集	片岩	2036	21.5		7.6		6.1			灰色，整体平面形状呈扁形，一端有双面刃，磨制，刃部经过细磨
王家嘴T18:4		石锛	王家嘴	采集	砂岩	54	6.2		2.9		1.2			灰色，整体平面形状呈长方形，一端有单面刃，磨制
王家嘴T1②:1		石刀	王家嘴	地层	片岩	67	7.9		3.3		0.8			黑色，仅存部分刃部和背部，微曲背，直刃，磨制

续表

编号	阶段	名称	地点	出土单位类型	岩性	重量（克）	长	刃宽	中宽	顶（尾）宽	厚（高）	孔径	直径	基本描述
王家嘴T16⑤：1		石刀	王家嘴	地层	片岩	86	11.1		5.3		0.8			黑色，尾部残缺，背部残损，曲背直刃，磨制
王家嘴T8⑤：1		石刀	王家嘴	地层	砂岩	86	8.5		5.2		1.1			灰色，背部及刃部有残损，尾部缺失，整体平面形状呈梯形，曲背直刃，磨制
王家嘴T12④：1		石镰	王家嘴	地层	砂岩	74	10.5		4.3		0.8			黑色，曲背微弧刃，整体平面形状略呈长方形，磨制
王家嘴T14③A：3		石镰	王家嘴	地层	片岩	77	9.5		4.2		1.1			青黑色，尖端残缺，曲背曲刃，磨制
王家嘴T14④：36		石斧	王家嘴	地层	片岩	106	6.2		5.1		1.9			黑色，顶部残损，整体平面形状略呈长方形，一端有双面刃，磨制
王家嘴T16⑤A：1		石斧	王家嘴	地层	砂岩	130	8.1		3.7		2			灰色，顶部略有残损，状呈长方形，一端有双面刃，整体磨制，刃部细磨
王家嘴：19		石锛	王家嘴	采集	砂岩	97	6.3		3.6		2.9			灰色，整体平面呈长方形，一端为单面刃，磨制
南城外采：1	三	石斧	王家嘴	采集	片岩	364	9.5		5.9		3.4			灰黑色，整体平面形状呈梯形，磨制
南城外M1：17		石刀	王家嘴	墓葬	片岩	64	7.3		5.2		0.8			灰黑色，刃部保存较好，整体平面形状呈长方形，磨制
王家嘴T54①：1		石镰	王家嘴	地层	片岩	84	10.9		4.1		0.9			黑色，尖端及尾部残缺，刃部保存较好，曲背弧刃，磨制
王家嘴：41		石镰	王家嘴	采集	泥岩	30	7.8		3.2		0.7			灰色，曲背曲刃，磨制
南城垣采：1		石臼	坡垴	采集	花岗岩	3795	18.3		12.8		11.3			灰色，一侧有残缺，整体呈上端大，下端小的圆柱状，中部有一凹坑，底部较平，磨制
坡垴4TM19：1		石刀	城垣	地层	片岩	59	7.6		4.4		0.9			青灰色，表面略有残损，整体平面呈长方形，两侧有刃，磨制

编号	阶段	名称	地点	出土单位类型	岩性	重量（克）	长	刀宽	中宽	顶（尾）宽	厚（高）	孔径	直径	基本描述
														尺寸（厘米）——宽、径
城垣 4TQT14③：1		石锛	城垣	地层	片岩	349	11.6		4.3		3.2			灰黑色，顶部和刀部略有缺损，整体平面形状呈长方形，一端有单面刀，磨制
城垣 4TR11②D：1		石刀	城垣	地层	砂岩	63	6.4		5.3		0.8			灰色，两端均残，仅存中部，平面形状呈长方形，直背直刀，两面有多道平行线，磨制
城垣 4TU20②：1		石刀	城垣	地层	砂岩	77	9.8		4.7		0.8			灰色，两端残，仅存中部，平面形状呈长方形，直背直刀，两面有多道平行线，磨制
城垣 4TV17④：10		石刀	城垣	地层	片岩	40	6.8		4.3		0.6			黑色，尖端残缺，刀部残损，平面形状呈长方形，直背直刀，两面有多道平行线，磨制
城垣 TR15①：1		石镰	城垣	地层	砂岩	14	4.5		2.1		0.7			灰色，仅存中段，平面形状呈曲背曲刀，磨制
城垣 TR19②：1		石锛	城垣	地层	片岩	157	8.8		3.8		2.7			黑色，刀部及表面有残损，整体平面形状呈梯形，一端有单面刀，磨制
城垣 4TS11：1		石斧	城垣	地层	片岩	349	9.9		5.7		3.3			黑色，顶部和刀部有残损，整体平面形状呈梯形，一端有双面刀，磨制
城垣 TU39④：1	三	石斧	城垣	地层	砂岩	93	7		4.1		1.1			灰色，顶部及一边残缺，平面形状呈长方形，一端有双面刀
城垣 TB27④D：4	二	石刀	城垣	地层	砂岩	74	10.6		4.3		0.9			灰色，两端残，仅存中部，平面形状呈长方形，直背直刀，两面有多道平行线，磨制
城垣 TB27④D：3	二	石镰	城垣	地层	片岩	18	5.8		2.8		0.7			灰黑色，尾部残缺，平面形状呈长条弧形，曲背曲刀，磨制
李家嘴：05		石斧	李家嘴	采集	砂岩	1393	13.9		10.6		4.8			灰色，刀部顶部均有残损，整体呈长方形，一端有双面刀，整体磋制，刀部细磨

续表

编号	阶段	名称	地点	出土单位类型	岩性	重量（克）	长	刀宽	中宽	顶（尾）宽	厚（高）	孔径	直径	基本描述
李家嘴：07		石斧	李家嘴	采集	片岩	885	17.5		7.9		3.3			灰色，顶部残缺，整体平面形状呈梯形，一端有双面刃，整体磨制，刃部细磨
李家嘴 H8：1	三	石镰	李家嘴	灰坑	泥岩	28	8		4.2		0.7			褐色，尾部残缺，曲背曲刃，磨制
李家嘴 M2 旁采：1	二	石斧	李家嘴	采集	片岩	272	6.3		5.9		3.1			灰色，刃部有残损，顶部残缺，整体平面形状呈梯形，一端有双面刃，整体磨制，刃部细磨
李家嘴：06		石斧	李家嘴	采集	砂岩	199	11.3		4.7		2			灰色，通体磨制
李家嘴：04		砺石	李家嘴	采集	砂岩	153	5.3		4.5		3.1			黄色，整体平面形状呈长方形，一面有明显凹陷
李家嘴：02		石镰	李家嘴	采集	砂岩	48	8.5		3.2		0.9			黑色，尖端和尾部残缺，曲背曲刃，磨制
李家嘴：03		石刀	李家嘴	采集	砂岩	55	8.4		4.2		0.9			黑色，尾部残缺，曲背直刃，磨制
杨家嘴 T6④：21		石镰	杨家嘴	地层	片岩	16	5.5		2.9		0.7			青色，尾部残缺，曲背曲刃，磨制
杨家嘴 T8②：19		石斧	杨家嘴	地层	片岩	381	10.5		5.4		3.1			灰色，刃部残缺，整体平面形状呈梯形，磨制
杨家嘴 T43③A：03		石斧	杨家嘴	地层	砂岩	222	8.2		6		2.1			灰白色，顶部残损，平面形状呈长方形，一端有双面刃，磨制
杨家嘴 T43③A：4		石凿	杨家嘴	地层	片岩	344	13.3		4.1		2.1			灰黑色，一端残缺，长方体，一端呈斜坡状，无刃，磨制
杨家嘴 T9F1②：1	二	铸锤	杨家嘴	地层	砂岩	21	2.6		2.4		2.5			灰色，整体呈圆锥形，磨制
杨家嘴 T30⑤：1		石锛	杨家嘴	地层	泥岩	351	14.3		5.7		2.1			灰色，刃部及表面有残损，一面呈平面形状呈梯形，一端单面刃，一面磨有一道凹槽，磨制

编号	阶段	名称	地点	出土单位类型	岩性	重量（克）	尺寸（厘米）							基本描述
							长	宽			厚（高）	径		
								刃宽	中宽	顶（尾）宽		孔径	直径	
杨家嘴 M9：5		石斧	杨家嘴	墓葬	片岩	207	16.8		5.3		1.1			青灰色，刃部和尾部部分残缺，整体平面形状呈长方形，磨制
杨家嘴：602		石斧	杨家嘴	采集	砂岩	765	11.8		7.4		4.2			灰色，顶部全部残缺，整体平面形状呈长方形，一端有双面刃，磨制
杨家嘴 H11：5	三	砺石	杨家嘴	灰坑	砂岩	74	7.2		4.3		2.3			青灰色，一端残缺，整体平面形状呈长方形，磨制
杨家嘴 M7：2	三	石锛	杨家嘴	墓葬	片岩	142	8.2		3		2.8			青灰色，刃部残缺，整体平面形状略呈长方形，磨制
杨家嘴 M25：1	三	石刀	杨家嘴	墓葬	片岩	126	12.7		5.9		0.8			灰黑色，仅存中部一段，整体平面形状呈长方形，一侧成刃，多道平行线，磨制
杨家嘴 T7④：8		石镰	杨家嘴	地层	砂岩	44	7		3.1		0.9			灰色，尾部和尖端均残，曲背曲刃，磨制
杨家嘴 T8④：18		石镰	杨家嘴	地层	片岩	28	6.3		3		0.7			灰色，尖端残缺，直背曲刃，磨制
杨家嘴 T9②A：22		石斧	杨家嘴	地层	片岩	52	7.2		4.2		1.5			灰黑色，一侧略有残损，整体平面形状呈梯形，一端有双面刃，磨制
杨家嘴 T9③A：23		石锛	杨家嘴	地层	片岩	37	4.2		3.2		1.1			灰色，顶部残损，整体平面形状呈长方形，一端有单面刃，磨制
杨家嘴 T30④：1		石镰	杨家嘴	地层	砂岩	67	10.9		4.3		0.7			灰色，尖端残缺，曲背曲刃，一面有多道平行线，磨制
杨家嘴 T30⑥：1		石锛	杨家嘴	地层	泥岩	74	4.1		3.7		2.3			灰色，顶部残缺，整体平面形状呈长方形，一端有单面刃，磨制
杨家嘴 T45③：1		石刀	杨家嘴	地层	片岩	96	13.2		4.8		0.9			黑色，尾部残缺，曲背直刃，两面有多道平行线，磨制
杨家嘴 T46③：1		石镰	杨家嘴	地层	泥岩	54	8.1		4.2		0.8			灰色，尖端和尾部均有残缺，直背曲刃，一面有多道平行线

续表

编号	阶段	名称	地点	出土单位类型	岩性	重量（克）	长	刃宽	中宽	顶（尾）宽	厚（高）	孔径	直径	基本描述
杨家嘴T47②D：1		石刀	杨家嘴	地层	片岩	111	11.3		5		1			黑色，尾部残缺，整体平面形状呈长方形，直背直刃，磨制
杨家嘴T47②D：1		石刀	杨家嘴	地层	片岩	46	6.1		4.6		0.9			黑色，尾部残缺，曲背直刃，磨制
杨家嘴T47③A：2		石刀	杨家嘴	地层	砂岩	85	7		5.6		1.4			灰色，尾部残缺，曲背直刃，磨制
杨家嘴T1209③：1		石镰	杨家嘴	地层	片岩	66	9		6		0.7			黑色，尾部残缺，曲背直刃，一面有多条平行线，磨制
杨家嘴：02		石锛	杨家嘴	采集	砂岩	402	10.8		5.5		3.6			灰色，整体平面形状呈梯形，一端有单面刃，磨制
杨家嘴：06		石刀	杨家嘴	采集	砂岩	37	4.5		4.2		0.8			黑色，尾部和尖端均残缺，直背直刃，磨制
杨家嘴：8		石镰	杨家嘴	采集	片岩	47	7.2		3.1		0.8			灰黑色，尖端和尾部均残缺，曲背曲刃，刃呈齿状，磨制
杨家湾：466		石镰	杨家湾	采集	片岩	82	11.3		5.2		0.7			黑色，尖端残缺，曲背曲刃，两面有多条平行线，磨制
杨家湾T44②：1		石刀	杨家湾	地层	砂岩	75	13.4		4.8		0.8			灰色，尾部残缺，曲背弧刃，刃部呈齿状，磨制
杨家湾T1④：1		石镰	杨家湾	地层	片岩	45	8.8		2.9		0.8			黑色，尾部残缺，曲背曲刃，磨制
杨家湾T2③：1		石刀	杨家湾	地层	片岩	49	6.2		5		0.8			黑色，尾部残缺，曲背直刃，两面有多条平行线，磨制
杨家湾M14：3	三	砺石	杨家湾	整葬	砂岩	245	11.3		5.5		1.7			灰色，整体平面形状呈长方形
杨家湾Q1712T1919②：1	三	石刀	杨家湾	地层	片岩	117	10.5		5.1		1.1			黑灰色，一端略残，整体平面形状呈长方形，两侧均有刃，磨制

编号	阶段	名称	地点	出土单位类型	岩性	重量（克）	长	刃宽	中宽	顶（尾）宽	厚（高）	孔径	直径	基本描述
杨家湾 Q1712T1518②：1	三	石杵	杨家湾	地层	砂岩	524	11.9		4.3		3.4			灰色，一面残缺，整体呈哑铃状，两端大中间细。磨制。
杨家湾 T318②：1	三	石斧	杨家湾	地层	砂岩	509	11.5		4.8		4.2			灰白色，顶部和刃部有磨损，整体平面形状呈长方形。磨制。
杨家湾 T2018①下：1	三	石锛	杨家湾	地层	片岩	221	10.6		4.3		2.35			青灰色，顶部残损，整体平面形状呈梯形。磨制。
杨家湾 T2020②下：1	三	石刀	杨家湾	地层	片岩	85	10.7		5.2		0.85			灰黑色，尾部残缺，曲背直刃。磨制。
杨家湾 T0917④：1	三	石臼	杨家湾	地层	花岗岩	9555					15.5	8.2	18.1	灰色，整体为桶状，石料中部掏空呈一凹窝状，外部琢制加粗磨，凹窝内细磨。
杨家湾：1		石臼	杨家湾	采集	花岗岩	4835					13.3	7.1	18.1	灰色，整体残缺一半，筒状，中部掏空，掏空区域上部外敞，中部收束，下部变大。粗磨加琢制。
杨家湾 M13：18	三	石铲	杨家湾	墓葬	砂岩	196	15.1		8.5		1.4			黄色，顶部残缺，整体平面形状呈长方形，一端为双面刃，中部有一穿孔，通体磨制，穿孔为单向钻。
杨家湾 T9H1②：18		石刀	杨家湾	灰坑	泥岩	28	4.3		3.7		0.8			黑色，尖端残缺，一侧有刃。磨制。
杨家湾 T24⑤A：1		石刀	杨家湾	地层	砂岩	14	4.9		3.9		0.6			灰色，仅存尖端，平面形状呈三角形，曲背直刃。磨制。
杨家湾 T37①：1		石刀	杨家湾	地层	片岩	44	7.3		4.5		0.8			黑色，尾部残缺，曲背直刃，两面有多道平行线。磨制。
杨家湾 T37③A：10		石镰	杨家湾	地层	砂岩	22	5.3		2.3		0.9			黑褐色，尖端和尾部均残缺，直背曲刃。磨制。
杨家湾 T37⑤：56		石镰	杨家湾	地层	片岩	69	8.5		5		0.8			灰褐色，尖端和尾部残缺，曲背曲刃，刃部呈齿状。磨制。

编号	阶段	名称	地点	出土单位类型	岩性	重量（克）	长	刀宽	中宽	顶（尾）宽	厚（高）	孔径	直径	基本描述
杨家湾 T104④A：1		石刀	杨家湾	地层	片岩	49	7.2		4.7		0.8			青色，尾部残缺，曲背直刃，一面有多条平行线，磨制
杨家湾 T1219②下：1	三	石镰	杨家湾	地层	砂岩	32	7.8		2.6		0.7			黑色，尾部残缺，曲背曲刃，两面均有多条平行线，磨制
杨家湾 T1219③下：1	三	石镰	杨家湾	地层	片岩	66	10.8		4.1		0.9			青灰色，尾部残缺，背部部分残缺，曲背直刃，磨制
杨家湾 T2019③：1		石刀	杨家湾	地层	片岩	65	10.2		5.1		0.7			青黑色，尖端和尾部残缺，曲背直刃，磨制
杨家湾 Q1712T1720：1	三	石斧	杨家湾	地层	砂岩	340	9.5		5.9		3			灰色，顶部、刃部均有残缺，整体平面形状呈梯形，一端有双面刃，磨制
杨家湾 T1819②：1		石凿	杨家湾	地层	片岩	301	10.1		3.1		3.5			灰黑色，刀部及表面有残损，整体平面形状呈长方形，一端有单面刃，磨制
杨家湾：04		石锛	杨家湾	采集	片岩	142	5.9		4.7		2.2			青灰色，顶部残缺，整体平面形状呈长方形，一端有单面刃，磨制
杨家湾：02		石锛	杨家湾	采集	泥岩	230	11		4.8		2.8			灰色，整体平面形状呈梯形，一端有单面刃，磨制
杨家湾：05		砺石	杨家湾	采集	砂岩	406	9.3		4.3		3.1			黑色，表面略有残损，整体形状为长方体，一面有凹槽
杨家湾：06		石铲	杨家湾	采集	砂岩	186	9.5		8.9		1.3			灰黑色，顶部和刃部有残缺，整体平面形状呈"凸"字形，中部有一穿孔，一端呈双面刃，整体磨制，穿孔为双面钻
杨家湾：03		石斧	杨家湾	采集	砂岩	552	12.1		5.6		3.9			灰色，刃部与顶端略有残缺，整体平面形状呈长方形，一端有双面刃，磨制
杨家湾：14		石斧	杨家湾	采集	片岩	131	6.9		5.3		1.9			灰黑色，顶部与表面略有残缺，整体平面形状呈梯形，一端呈双面刃，磨制

编号	阶段	名称	地点	出土单位类型	岩性	重量（克）	尺寸（厘米）							基本描述
							长	刃宽	中宽	顶（尾）宽	厚（高）	孔径	直径	
杨家湾：07		石刀	杨家湾	采集	片岩	36	8		3.2		0.7			青色。尾部残缺。曲背直刃。磨制
杨家湾T9H1②：17	三	石刀	杨家湾	灰坑	砂岩	64	7.5		4.6		0.9			黑色。尾部残缺。直背直刃。整体平面形状呈长方形，一面有多条平行线。磨制
杨家湾：08		石臼	杨家湾	采集	花岗岩						23	13.5	40.5	灰色。整体石料平面呈不规则圆形，中部内凹平面呈圆形，外部粗磨加琢制，内凹细磨
杨家湾：09		石锛	杨家湾	采集	砂岩	195	9.4		3.2		2.8			灰色。一侧有残损。整体平面形状呈长方形。一端单面刃。磨制
杨家湾M12：2	三	石斧	杨家湾	墓葬	片岩	231	8.5		5		2.1			黑色。整体平面形状呈梯形。一端有双面刃。磨制
汇家湾M1填土：1		石刀	汇家湾	墓葬	砂岩	40	7.1		6.2		0.5			灰色。仅存部分刃部。磨制
汇家湾：1		石刀	汇家湾	采集	砂岩	59	8.6		4.4		0.9			灰色。尾部残缺。整体平面形状呈三小型。曲背直刃。磨制
大邓湾：1		石锛	大邓湾	采集	片岩	312	11.8		3.5		3.2			灰白色。表面略有残损。整体平面形状呈长方形。一端有单面刃。磨制
2011HPPWYT1518：1		采集		采集	片岩	307	10.5		5.1		3.1			灰黑色。刃部和顶部残缺。整体平面形状呈梯形。一端有双面刃。另一端被现整的削去
2011HPT1220③下：1		石斧		地层	砂岩	289	9.7		5		3.1			灰色。整体略呈梯形。一端有双面刃。整体磨制。刃部细磨
采集：601		石斧		采集	砂岩	865	15.5		7.4		3.3			灰色。刃部略有残损。整体平面形状呈长方形。一端有双面刃。整体磨制。刃部细磨
采集：607		石杵		采集	砂岩	598	9.7				5.3		5.7	灰色。残缺一端。整体为一段膨大的圆柱体。磨制

续表

编号	阶段	名称	地点	出土单位类型	岩性	重量(克)	长	刀宽	中宽	顶(尾)宽	厚(高)	孔径	直径	基本描述
采集：608		石刀		采集	泥岩	59	9.9		4.6		1.4			灰色。尖端和尾部均残缺。直背曲刃。磨制
邓五毛上交		石锛		采集	片岩	123	10.1		4		1.1			黑色。整体平面形状呈长方形。近顶部有一穿孔。整体为磨制。穿孔为单面面钻
采集：01		石斧		采集	砂岩	494	10.7		6.1		4.2			灰色。顶部仅存一半。刃部残损。整体平面形状略呈梯形。一端有双面刃。磨制
采集：02		石斧		采集	砂岩	178	6.6		6.5		2.6			灰色。顶部残缺。整体平面形状呈长方形。一端为单面刃。磨制
采集：05		石锛		采集	片岩	235	13.7		3		3			灰色。整体平面形状呈长方形。一端有单面刃。磨制
采集：06		石锛		采集	泥岩	72	6.5		3.8		1.5			灰色。刃部分残缺。整体平面形状呈梯形。一端有双面刃。磨制
采集：07		石斧		采集	片岩	269	12.3		4.1		2.9			灰黑色。刃部和顶部有残损。状呈长方形。一端有单面刃。磨制
采集：11		石斧		采集	泥岩	145	9.4		3		2.3			灰色。整体平面形状呈长方形。一端单面刃。磨制
采集：418		石锛		采集	砂岩	126	7.5		4.1		1.2			灰色。整体平面形状呈梯形。一端有单面刃。磨制
采集：406		石斧		采集	砂岩	434	11.8		6.2		3			灰色。刃部和顶部略有残缺。整体平面形状呈梯形。一端有双面刃。磨制
采集：407		石斧		采集	片岩	111	7.1		5.1		1.7			灰色。侧边及顶部有残缺。一端为双面刃。平面形状呈梯形。磨制
采集：413		石锛		采集	片岩	155	5.8		4.6		2.1			黑色。顶部和刃部有残缺。呈梯形。一端有双面刃。通体磨制。两侧均为琢制

编号	阶段	名称	地点	出土单位类型	岩性	重量（克）	尺寸（厘米）							基本描述
							长	宽			厚（高）	径		
								刃宽	中宽	顶（尾）宽		孔径	直径	
采集：419		石锛		采集	砂岩	158	6.6		4.5		2.8			灰色，顶部残缺，整体平面形状呈长方形，一端有双面刃，整体磨制，刃部细磨
采集：420		石镰		采集	砂岩	85	9.8		5.2		1			灰色，尾部残缺，曲背曲刃，磨制
采集：422		石刀		采集	片岩	16	5.5		3.3		0.5			黑色，尾部残缺，平面形状呈三角形，两侧均有刃，磨制
采集：425		石锛		采集	片岩	89	5.7		4.2		1.2			灰黑色，整体平面形状略呈长方形，一端有单面刃，通体磨制，刃部细磨
采集：426		石斧		采集	片岩	426	8.1		5.4		3.9			灰黑色，顶部残缺，整体平面形状呈长方形，一端有双面刃，磨制
采集：428		石刀		采集	砂岩	222	17.4		4.7		1.5			灰色，尖端残缺，整体平面形状呈长方形，直背直刃，磨制
采集：429		石刀		采集	片岩	110	12.1		4.2		1.2			灰色，整体平面形状略呈长方形，直背直刃，两面磨制有道平行线，磨制
采集：434		石镰		采集	片岩	39	8.4		3.1		0.7			黑色，尖端残缺，曲背曲刃，磨制
采集：438		石斧		采集	砂岩	262	8.5		4.6		2.9			灰色，整体平面形状呈长梯形，一端有双面刃，磨制
采集：443		石刀		采集	片岩	48	8		3.4		1			黑色，尾部残缺，曲背曲刃，磨制
采集：444		石锛		采集	砂岩	152	7.2		3.4		2.9			灰色，周身有不同程度的残损，整体平面形状呈长方形，一端形成斜坡，刃部破损，磨制
采集：449		石刀		采集	砂岩	81	9.1		4.9		0.9			黑色，尾部残缺，曲背直刃，一面有多道平行线，磨制
采集：450		石刀		采集	砂岩	39	7.3		3.8		0.7			灰色，尖端残缺，直背直刃，磨制

编号	阶段	名称	地点	出土单位类型	岩性	重量（克）	尺寸（厘米）						径		基本描述
							长	宽			厚（高）		孔径	直径	
								刃宽	中宽	顶（尾）宽					
采集：453		石铲		采集	砂岩	75	11.7		3.5		0.9				灰色，两侧及刃部有残损，整体平面形状呈长方形，一端有双面刃，近顶部有一残缺的穿孔痕迹，通体磨制，穿孔为单面钻
采集：455		砺石		采集	砂岩	55	8.3		2		1.6				灰色，两端均有残缺，一面有凹陷状呈长方形
采集：458		石锛		采集	片岩	17	3.9		1.7		1.1				灰色，顶部略有残损，整体平面形状呈长方形，一端有单面刃，磨制
采集：459		石镰		采集	片岩	43	6.2		3.9		1				灰黑色，尾部残缺，直背曲刃，刃部呈齿状，磨制
采集：466		石镰		采集	泥岩	34	7.5		3.3		0.9				黑色，尖端和尾部均有残损，曲背曲刃，磨制
采集：471		石斧		采集	砂岩	370	9.5		6		3				灰色，刃部残缺，整体平面形状呈梯形，磨制
采集：472		石刀		采集	泥岩	165	12.9		4.4		1.6				灰色，尾部残缺，整体平面形状呈长方形，两侧有刃，磨制
采集：433		石斧		采集	砂岩	454	10.8		7.1		3.2				灰色，顶部和刃部略有残损，一端有双面刃，整体平面形状呈梯形，磨制
采集：01386		石刀		采集	砂岩	63	7.1		5.4		0.8				黑色，仅存中段，一侧有刃，整体平面形状略呈长方形，一面有多道平行线，磨制
采集：01387		石刀		采集	砂岩	78	7.9		5.3		0.8				黑色，仅存中段，两侧均有刃，整体平面形状呈长方形，磨制
采集：01428		石斧		采集	片岩	376	12.6		5.4		2.9				灰色，刃部及表面有残损，一端有双面刃，整体平面形状呈长方形，磨制
采集：01462		石刀		采集	片岩	58	11.7		4.5		0.7				黑褐色，尾部残缺，曲背直刃，磨制

续表

附表

编号	阶段	名称	地点	出土单位类型	岩性	重量（克）	长	刀宽	中宽	顶（尾）宽	厚（高）	孔径	直径	基本描述
采集：01467		石刀		采集	片岩	34	6.8		4.9		0.6			褐色，尾部残缺，曲背直刀，磨制
采集：01502		石斧		采集	砂岩	289	11.4		5.2		2.4			灰色，表面及刀端部略有残损，整体平面形状呈梯形，一端有双面刃，通体磨制，刀部细磨
采集：01564		石锛		采集	砂岩	60	6.2		2.8		2.1			灰色，磨制
采集：01566		石斧		采集	片岩	245	8.8		4.9		2.9			灰色，刀部及表面略有损伤，整体平面形状呈梯形，一端有双面刃，磨制
采集：01951		石锛		采集	片岩	122	7.3		4		2			青灰色，整体平面形状呈长方形，一端有单面刃，磨制
采集：01952		石镰		采集	砂岩	68	10.2		4.7		0.8			黑色，曲背微弧，磨制
采集：01953		石锛		采集	片岩	569	15.3		4.1		3.8			灰黑色，刀部残损，整体平面形状略呈梯形，一端有单面刃，磨制
采集：01954		石钺		采集	泥岩	213	9.9		8.1		1.6			灰白色，中部有穿孔，通体磨制，穿孔为对钻
采集：04		石刀		采集	片岩	33	8.1		3		0.8			黑色，尾部残缺，曲背直刀，磨制
采集：08		石斧		采集	砂岩	1171	16.2		7.5		5.6			灰色，顶部残缺，一端有双面刃，整体平面形状呈梯形
采集：427		石锛		采集	砂岩	136	6.9		3.9		2.1			灰色，整体平面形状呈长方形，磨制
采集：465		石斧		采集	砂岩	760	13.4		6.2		4.6			灰色，整体平面形状呈梯形，顶部琢制，其余部位磨制
采集：468		石锛		采集	片岩	209	9.3		2.9		2.8			灰色，整体平面形状呈长方形，磨制
采集：421		石镰		采集	片岩	68	10.4		3.8		0.9			黑色，表面略有残损，曲背曲刃，磨制

189

编号	阶段	名称	地点	出土单位类型	岩性	重量（克）	尺寸（厘米）							基本描述
							长	刀宽	中宽	顶（尾）宽	厚（高）	孔径	直径	
采集：424		石镰		采集	泥岩	79	12.2		4.9		0.8			灰色，尖端残缺，曲背曲刃，磨制
采集：442		石刀		采集	砂岩	55	9.9		3.4		0.9			灰色，基本完整，直背直刃，两面有多条平行线。磨制
采集：447		石刀		采集	片岩	32	6.2		4.2		0.7			褐色，尾部残缺，直背直刃，两面有多道平行线。磨制
采集：448		石刀		采集	片岩	48	10.1		4		0.7			青黑色，表面略有残损，曲背直刃，磨制
采集：457		石刀		采集	片岩	96	11.6		6.2		0.8			青灰色，尾部残缺，整体平面形状略呈长方形。磨制
采集：01669		石钺		采集	砂岩	200	8.2		6.1		1.7			灰黑色，刀部和顶部均有残缺。整体平面形状呈长方形。中部有一穿孔，通体磨制。穿孔为对钻
采集：01853		石斧		采集	砂岩	294	8.9		5.7		2.7			灰黑色，整体平面形状呈梯形。一端有双面刃。刃部细磨
采集：01675		石镰		采集	泥岩	31	8.2		2.9		0.8			黑色，尾部残缺，曲背曲刃，磨制
徐国胜地中采：2		石铲		采集	片岩	152	6.9		4.8		1.8			灰黑色，刃部残缺，整体平面形状呈梯形。一端有单面刃，磨制
余秋珍上交		石镰		采集	砂岩	34	6.7		4.5		0.7			黑色，尾部残缺，平面形状略呈梯形。直背曲刃，磨制
小嘴 Q1710T0114④：5	二	石铲	小嘴	地层	片岩		5.2		3.8		1.2			灰绿色，尾部残缺，仅存前端
小嘴 Q1710T0116⑤：20	二	磨石	小嘴	地层	砂岩									灰褐色，大部分残缺，仅存一段
小嘴 Q1710T0214④：20	二	石刀	小嘴	地层	片岩									灰黑色，发绿、大部分残缺，仅存中部一段
小嘴 Q1610T2016④：4	二	石铲	小嘴	地层	泥岩									灰色，尾部残缺，仅存前端

编号	阶段	名称	地点	出土单位类型	岩性	重量（克）	尺寸（厘米）								基本描述
							长	宽			厚（高）	径			
								刃宽	中宽	顶（尾）宽		孔径	直径		
小嘴 Q1813T0116H28：21	二	磨石	小嘴	灰坑	砂岩										灰色，仅存一部分，其中一面带有一道凹槽
小嘴 Q1710T0314⑥：6	二	磨石	小嘴	地层	砂岩										褐色，仅残存一小部分
小嘴 Q1610T2012H42：30	二	磨石	小嘴	灰坑	砂岩										灰褐色，仅残存一小部分
小嘴 Q1710T0311③：10	二	石铲	小嘴	地层	砂岩										黑色，仅残存刃部
小嘴 Q1813T0116H28：11	二	石斧	小嘴	灰坑	砂岩										黄褐色，整体粗糙，尾部残缺
小嘴 Q1610T2016④：8	二	石斧	小嘴	地层	片岩										灰色夹褐斑，刃部崩失，尾端残缺
小嘴 Q1610T1915G1：37	二	石凿	小嘴	灰沟	片岩										青黑色，尾部残缺，仅存刃部
小嘴 Q1619T1912②：1	二	石凿	小嘴	地层	片岩										灰色，刃部残缺，仅存尾部
小嘴 Q1710T0116②：10	二	石镰	小嘴	地层	片岩										黑色，仅存中部一段
小嘴 Q1610T2016④：9	二	石斧	小嘴	地层	片岩										灰褐色，尾部残缺，仅存刃部
小嘴 Q1710T0413H13：4	二	石铸	小嘴	灰坑	片岩										灰绿色，尾部残缺，仅存刃部
小嘴 Q1710T0312③：10	二	石斧	小嘴	地层	片岩										灰绿色，带褐色麻点，刃部残损
小嘴 Q1710T0413③：15	二	石刀	小嘴	地层	片岩										青灰色，仅存中部一段
小嘴 Q1610T1915G1：8	二	石刀	小嘴	灰沟	片岩										青灰色，仅存中部一段
小嘴 Q1610T1913②：1	二	石刀	小嘴	地层	片岩										灰绿色，尾部残缺，仅存刃部
小嘴 Q1710T0215⑦：1	二	石铸	小嘴	地层	片岩										灰绿色，尾部残缺，仅存前端

附表三　盘龙城遗址建筑类石制品登记表

编号	阶段	名称	出土地点	尺寸（厘米）			岩性
				长	宽	厚	
一号宫殿基址 D27	二	柱础石	城垣	58	25	21	
一号宫殿基址 D30	二	柱础石	城垣	90	60	19	
二号宫殿基址 D6	二	柱础石	城垣	75	75		
二号宫殿基址 D8	二	柱础石	城垣	60	50		
PWZF2S1～S22	二	柱础石	王家嘴				
PWZF7S1	二	柱础石	王家嘴	30	30		红砂石
PWZF7S2	二	柱础石	王家嘴	30	30		红砂石
PWZF7S3	二	柱础石	王家嘴	30	30		红砂石
PWZF7S4	二	柱础石	王家嘴	30	30		红砂石
PYWF1D3、D4、D13	二	柱础石	杨家湾				
PYWF2D1	三	柱础石	杨家湾	40	28	10	
PYWF2D5	三	柱础石	杨家湾	39	26	14	
PYWF2D8	三	柱础石	杨家湾	46	30	10	
PYWF2D10	三	柱础石	杨家湾	46	22	10	
PYWF3D1（6）	三	柱础石	杨家湾	20	10		
PYWF3D2	三	柱础石	杨家湾	22	15		
PYWF3D3	三	柱础石	杨家湾	25	25		
PYWF3D4	三	柱础石	杨家湾	20	20	20	
PYWF3D5	三	柱础石	杨家湾	20	20	20	

编号	阶段	名称	出土地点	尺寸（厘米）			岩性
				长	宽	厚	
PYWF3D6（6）							
杨家湾 F4K1	三	柱础石	杨家湾	25	20		石英岩
杨家湾 F4K10	三	柱础石	杨家湾	45	40	14	石英岩
杨家湾 F4K12	三	柱础石	杨家湾	30	30	20	石英岩
杨家湾 F4K13	三	柱础石	杨家湾	20	20	15	石英岩
杨家湾 F4K14	三	柱础石	杨家湾	45	23		石英岩
杨家湾 F4K15	三	柱础石	杨家湾	60	50		石英岩
杨家湾 F4K16	三	柱础石	杨家湾	40	38	15	石英岩
杨家湾 F4K17	三	柱础石	杨家湾	40	30		石英岩
杨家湾 F4K20	三	柱础石	杨家湾	55	35		石英岩
杨家湾 F4S1	三	柱础石	杨家湾	45	30	35	石英岩
杨家湾 F4S2	三	柱础石	杨家湾	45	45	5	石英岩
杨家湾 F4S3	三	柱础石	杨家湾	35	20	5	石英岩
杨家湾 F4S4	三	柱础石	杨家湾	47	25		石英岩
杨家湾 F4S5	三	柱础石	杨家湾	35	15		石英岩
杨家湾 F4S6	三	柱础石	杨家湾	25	20		石英岩
杨家湾 F4S7	三	柱础石	杨家湾	40	25		石英岩
杨家湾 F4S8	三	柱础石	杨家湾	45	20		石英岩
杨家湾 F4S9	三	柱础石	杨家湾	45	45		石英岩
	三	柱础石	杨家湾	40	35		石英岩

续表

编号	阶段	名称	出土地点	尺寸（厘米）			岩性
				长	宽	厚	
杨家湾 F4S10	三	柱础石	杨家湾	50	50		石英岩
PYZF1S1	二	柱础石	杨家嘴	16	14	3	
PYZF1S2	二	柱础石	杨家嘴	18	11	11	
PYZF1S3	二	柱础石	杨家嘴	20	17	5	
PYZF1S4	二	柱础石	杨家嘴	20	17	10	
PYZF1S5	三	柱础石	杨家嘴	37	20	9	
PYZF2S1	三	柱础石	杨家嘴	25	15	18	
PYZF2S2	三	柱础石	杨家嘴	25	15	16	
PYZF2S3（2）	三	柱础石	杨家嘴	20	15		
PYZF2S4	三	柱础石	杨家嘴	24	17	12	
杨家嘴石础遗迹 S1	三	柱础石	杨家嘴	13	10		
杨家嘴石础遗迹 S2	三	柱础石	杨家嘴	35	30		
杨家嘴石础遗迹 S3	三	柱础石	杨家嘴	30	20		
杨家嘴石础遗迹 S4	三	柱础石	杨家嘴	22	20		
杨家嘴石础遗迹 S5	三	柱础石	杨家嘴	25	16		
杨家嘴石础遗迹 S6	三	柱础石	杨家嘴	22	16		
杨家嘴石础遗迹 S7	三	柱础石	杨家嘴	18	12		
杨家嘴石础遗迹 S8	三	柱础石	杨家嘴	12	10		
杨家嘴石础遗迹 S9	三	柱础石	杨家嘴	25	20		

编号	阶段	名称	出土地点	尺寸（厘米）			岩性
				长	宽	厚	
杨家嘴石础遗迹 S10	三	柱础石	杨家嘴	35	20		
杨家嘴石础遗迹 S11	三	柱础石	杨家嘴	28	25		
杨家嘴石础遗迹 S12	三	柱础石	杨家嘴	25	20		
杨家嘴石础遗迹 S13	三	柱础石	杨家嘴	26	20		
杨家嘴石础遗迹 S14	三	柱础石	杨家嘴	21	20		
杨家嘴石础遗迹 S15	三	柱础石	杨家嘴	15	14		
杨家嘴石础遗迹 S16	三	柱础石	杨家嘴	14	10		
杨家嘴石础遗迹 S17	三	柱础石	杨家嘴	20	15		
杨家嘴石础遗迹 S18	三	柱础石	杨家嘴	15	10		
杨家嘴石础遗迹 S19	三	柱础石	杨家嘴	35	20		
杨家嘴石础遗迹 S20	三	柱础石	杨家嘴	30	22		
杨家嘴石础遗迹 S21	三	柱础石	杨家嘴	20	15		
杨家嘴石础遗迹 S22	三	柱础石	杨家嘴	24	15		
杨家嘴石础遗迹 S23	三	柱础石	杨家嘴	24	20		
王家嘴石础遗迹（17）	三	柱础石	王家嘴				
JP1S1	三	石块	杨家湾	14	10.5	6.5	石英岩
JP1S2	三	石块	杨家湾	11.6	8.5	8	石英岩
JP1S3	三	石块	杨家湾	11	9.5	5.5	石英岩
JP1S4	三	石块	杨家湾	12	9	8.5	石英岩

续表

编号	阶段	名称	出土地点	尺寸（厘米）			岩性
				长	宽	厚	
JP1S5	三	石块	杨家湾	24.5	13	12	石英岩
JP1S6	三	石块	杨家湾	28	16	13.5	石英岩
JP1S7	三	石块	杨家湾	21	15.4	6	石英岩
JP1S8	三	石块	杨家湾	17.5	13.3	7	石英岩
JP1S9	三	石块	杨家湾	24	15.5	6.5	石英岩
JP1S10	三	石块	杨家湾	15.5	10	5	石英岩
JP1S11	三	石块	杨家湾	26	23	14	石英岩
JP1S12	三	石块	杨家湾	16	6.4	5.7	石英岩
JP1S13	三	石块	杨家湾	19	13	12	石英岩
JP1S14	三	石块	杨家湾	22	15.5	8	石英岩
JP1S15	三	石块	杨家湾	7.5	6	5.5	石英岩
JP1S16	三	石块	杨家湾	9.5	6	6	石英岩
JP1S17	三	石块	杨家湾	10	7.5	7	石英岩
JP1S18	三	石块	杨家湾	10	8.7	2.6	石英岩
JP1S19	三	石块	杨家湾	10	5	3.7	石英岩
JP1S20	三	石块	杨家湾	9	7	3.5	石英岩
JP1S21	三	石块	杨家湾	11	9.7	6.2	石英岩
JP1S22	三	石块	杨家湾	12.5	9.1	5	石英岩
JP1S23	三	石块	杨家湾	5.7	4.7	2.5	石英岩

编号	阶段	名称	出土地点	尺寸（厘米）			岩性
				长	宽	厚	
JP1S24	三	石块	杨家湾	12.5	12	7.4	石英岩
JP1S25	三	石块	杨家湾	10	7	6	石英岩
JP1S26	三	石块	杨家湾	12	4.5	3.8	石英岩
JP1S27	三	石块	杨家湾	30	24	16	石英岩
JP1S28	三	石块	杨家湾	36	27	15	石英岩
JP1S29	三	石块	杨家湾	16.5	9.5	8	石英岩
JP1S30	三	石块	杨家湾	13	13	7.5	石英岩
JP1S31	三	石块	杨家湾	15	6.6	6.5	石英岩
JP1S32	三	石块	杨家湾	16	13	8	石英岩
JP1S33	三	石块	杨家湾	15	11	6	石英岩
JP1S34	三	石块	杨家湾	16	14	9	石英岩
JP1S35	三	石块	杨家湾	50	34	24	石英岩
JP1S36	三	石块	杨家湾	10	8.5	7	石英岩
JP1S37	三	石块	杨家湾	13	9.5	9.5	石英岩
JP1S38	三	石块	杨家湾	16	12.5	10.5	石英岩
JP1S39	三	石块	杨家湾	13.5	11	5.5	石英岩
JP1S40	三	石块	杨家湾	14	8.5	6	石英岩
JP1S41	三	石块	杨家湾	32	18	13	石英岩
JP1S42	三	石块	杨家湾	29	19	18	石英岩

续表

编号	阶段	名称	出土地点	尺寸（厘米）			岩性
				长	宽	厚	
JP1S43	三	石块	杨家湾	16	10	9	石英岩
JP1S44	三	石块	杨家湾	19.5	11.5	8	石英岩
JP1S45	三	石块	杨家湾	11.7	9.1	7	石英岩
JP1S46	三	石块	杨家湾	16	11.6	10.5	石英岩
JP1S47	三	石块	杨家湾	12.6	8.4	7	石英岩
JP1S48	三	石块	杨家湾	11.5	8	5.7	石英岩
JP1S49	三	石块	杨家湾	24.4	12	7	石英岩
JP1S50	三	石块	杨家湾	30	18.5	11	石英岩
JP1S51	三	石块	杨家湾	19	14	8.5	石英岩
JP1S52	三	石块	杨家湾	30	19	18	石英岩
JP1S53	三	石块	杨家湾	4.5	4.5	3.5	石英岩
JP1S54	三	石块	杨家湾	25	13.5	7	石英岩
JP1S55	三	石块	杨家湾	14	10	6.2	石英岩
JP1S56	三	石块	杨家湾	9.5	8	5	石英岩
JP1S57	三	石块	杨家湾	22.5	19	8	石英岩
JP1S58	三	石块	杨家湾	11	7	4.5	石英岩
JP1S59	三	石块	杨家湾	8.5	6.5	4	石英岩
JP1S60	三	石块	杨家湾	6.5	5.5	4.4	石英岩
JP1S61	三	石块	杨家湾	13	9.5	8	石英岩

| 编号 | 阶段 | 名称 | 出土地点 | 尺寸（厘米） | | | 岩性 |
				长	宽	厚	
JP1S62	三	石块	杨家湾	6.5	6	5	石英岩
JP1S63	三	石块	杨家湾	11	10	5.5	石英岩
JP1S64	三	石块	杨家湾	12.5	7	4	石英岩
JP1S65	三	石块	杨家湾	31	25	14	石英岩
JP1S66	三	石块	杨家湾	10.5	8.5	5.5	石英岩
JP1S67	三	石块	杨家湾	7	6	3	石英岩
JP1S68	三	石块	杨家湾	13	10.5	7.5	石英岩
JP1S69	三	石块	杨家湾	10.5	8	4.8	石英岩
JP1S70	三	石块	杨家湾	18	10	5	石英岩
JP1S71	三	石块	杨家湾	9	6	5.5	石英岩
JP1S72	三	石块	杨家湾	8	7	4.5	石英岩
JP1S73	三	石块	杨家湾	10.5	9	6	石英岩
JP1S74	三	石块	杨家湾	11	6	4	石英岩
JP1S75	三	石块	杨家湾	13	10.5	6.5	石英岩
JP1S76	三	石块	杨家湾	17	8	5.5	石英岩
JP1S77	三	石块	杨家湾	21.5	11	10	石英岩
JP1S78	三	石块	杨家湾	16.5	8	6	石英岩
JP1S79	三	石块	杨家湾	17.5	14	7	石英岩
JP1S80	三	石块	杨家湾	15.5	11	6	石英岩

续表

编号	阶段	名称	出土地点	尺寸（厘米）			岩性
				长	宽	厚	
JP1S81	三	石块	杨家湾	21.5	12	8	石英岩
JP1S82	三	石块	杨家湾	16	14	11	石英岩
JP1S83	三	石块	杨家湾	28	15.5	11	石英岩
JP1S84	三	石块	杨家湾	9.5	7	6	石英岩
JP1S85	三	石块	杨家湾	15	8	7	石英岩
JP1S86	三	石块	杨家湾	12	8	7.5	石英岩
JP1S87	三	石块	杨家湾	12.5	10.5	8	石英岩
JP1S88	三	石块	杨家湾	14	13.5	7.5	石英岩
JP1S89	三	石块	杨家湾	21	12	6.5	石英岩
JP1S90	三	石块	杨家湾	21	11	8	石英岩
JP1S91	三	石块	杨家湾	19	12	9.5	石英岩
JP1S92	三	石块	杨家湾	11	9.5	7.5	石英岩
JP1S93	三	石块	杨家湾	11	8.5	6.5	石英岩
JP1S94	三	石块	杨家湾	7.5	6	4	石英岩
JP1S95	三	石块	杨家湾	8.5	6	3	石英岩
JP1S96	三	石块	杨家湾	14	11	6	石英岩
JP1S97	三	石块	杨家湾	9	7	6	石英岩
JP1S98	三	石块	杨家湾	10	9	6	石英岩
JP1S99	三	石块	杨家湾	6	4.5	3	石英岩
JP1S100	三	石块	杨家湾	13	9	6	石英岩

编号	阶段	名称	出土地点	尺寸（厘米）			岩性
				长	宽	厚	
S1	二	石块	小嘴	29.7	14.9	14.2	石英岩
S2	二	石块	小嘴	31.1	13.2	12	石英岩
S3	二	石块	小嘴	23	19.9	12.1	石英岩
S4	二	石块	小嘴	21.9	16.3	12.2	石英岩
S5	二	石块	小嘴	35.4	25.2	12.7	石英岩
S6	二	石块	小嘴	24.8	23.5	13.4	石英岩
S7	二	石块	小嘴	29.1	21.7	8.4	石英岩
S8	二	石块	小嘴	32.9	17.1	16.8	石英岩
S9	二	石块	小嘴	33.4	8.2	15.8	石英岩
S10	二	石块	小嘴	31.6	15	12.1	石英岩
S11	二	石块	小嘴	29.5	10.1	6.3	石英岩
S12	二	石块	小嘴	32	19.4	11.4	石英岩
S13	二	石块	小嘴	26.1	10	18	石英岩
S14	二	石块	小嘴	12.6	9	8.4	石英岩
S15	二	石块	小嘴	21.5	8.9	14.1	石英岩
S16	二	石块	小嘴	29.4	19.8	24.8	石英岩
S17	二	石块	小嘴	20	9.6	6.9	石英岩
S18	二	石块	小嘴	26.9	16	18.8	石英岩
S19	二	石块	小嘴	30.6	9.5	18.1	石英岩
S20	二	石块	小嘴	21.1	14.1	11.8	石英岩

续表

编号	阶段	名称	出土地点	尺寸（厘米）			岩性
				长	宽	厚	
S21	二	石块	小嘴	26.5	21.9	12.1	石英岩
S22	二	石块	小嘴	30.4	22.8	11.8	石英岩
S23	二	石块	小嘴	22.4	11.5	10.5	石英岩
S24	二	石块	小嘴	31.8	17.8	15.5	石英岩
S25	二	石块	小嘴	25.4	15.9	28.6	石英岩
S26	二	石块	小嘴	25.6	23.9	11	石英岩
S27	二	石块	小嘴	26.1	28.2	10.3	石英岩
S28	二	石块	小嘴	31.5	18.3	15.6	石英岩
S29	二	石块	小嘴	25.2	14.5	12.2	石英岩
S30	二	石块	小嘴	38.4	24.4	14	石英岩
S31	二	石块	小嘴	39.2	19.2	8.5	石英岩
S32	二	石块	小嘴	28.1	23.7	10.5	石英岩
S33	二	石块	小嘴	30.5	22.8	14.8	石英岩
S34	二	石块	小嘴	31.5	23.1	23.4	石英岩
S35	二	石块	小嘴	12	7.4	4	石英岩
S36	二	石块	小嘴	14	8.2	5	石英岩
S37	二	石块	小嘴	36	23.2	22.1	石英岩
S38	二	石块	小嘴	31.2	23.9	11.8	石英岩
S39	二	石块	小嘴	26.5	24.5	10.1	石英岩

附表四　叶店王家洼砾石调查登记表

坐标（N：30°43′03.09″，E：114°15′08.78″）

（单位：厘米）

编号	长	宽	厚	颜色	材质	编号	长	宽	厚	颜色	材质	编号	长	宽	厚	颜色	材质	编号	长	宽	厚	颜色	材质
1	17	12.5	7.3	灰	石英岩	13	11.4	8.7	5.6	灰	石英岩	25	6.8	4.5	4.4	灰	石英岩	37	31	20	12.5	灰	石英岩
2	23	21.5	9	灰	石英岩	14	13	10.2	8	灰	石英岩	26	10.8	6.6	5.5	褐	石英岩	38	19.5	11	10.8	灰	石英岩
3	33.5	31.5	18	灰	石英岩	15	25.8	13.5	9.3	灰	石英岩	27	8.5	3.8	8.4	灰	石英岩	39	22	18.5	5.8	褐	片岩
4	13.3	10.5	9.5	灰	石英岩	16	6.8	4.3	3.6	灰	石英岩	28	11.2	8.5	5.6	灰	石英岩	40	8.5	7	3.4	褐	石英岩
5	19.8	12.3	7.5	灰	石英岩	17	6.8	4.4	3.4	灰	石英岩	29	8.2	6.3	4.5	灰	石英岩	41	5	4.3	2.5	褐	石英岩
6	12	10.6	6.5	灰	石英岩	18	6.8	5.4	4.6	灰	石英岩	30	7.2	6.7	4.7	褐	石英岩	42	18	9.6	7.8	灰	石英岩
7	7.7	5.7	5.6	灰	石英岩	19	25	16.5	15.5	灰	石英岩	31	7.7	6.8	3.8	灰	石英岩	43	12.3	8	2.3	灰	石英岩
8	6.8	5.7	5.6	褐	石英砂岩	20	18.8	11	4.1	褐	石英砂岩	32	27	17.5	11	灰	石英岩	44	6	5.5	3.8	黄	石英岩
9	8.2	6.3	5	灰	石英岩	21	12.8	8.5	5.6	灰	石英岩	33	15.5	13.8	6.3	灰	石英岩	45	14.5	11	5	灰	石英岩
10	7.5	5.8	4.8	灰	石英岩	22	13.5	10.5	8	灰	石英岩	34	11.8	6.2	4.4	灰	石英岩	46	10	7	2.8	灰	石英岩
11	13	9.7	7.8	灰	石英岩	23	19.5	9	8	灰	片岩	35	16	9.5	5.5	灰	石英岩	47	17.5	13.5	7.5	灰	石英岩
12	16	13.5	4.8	灰	石英岩	24	13	11	7.7	灰	石英岩	36	8.3	6.3	4.4	灰	石英岩	48	12.6	10	5.3	黄	石英岩

续表

坐标（N: 30° 43' 03.09"，E: 114° 15' 08.78"）

编号	长	宽	厚	颜色	材质
49	9.8	8.7	4.5	灰	石英岩
50	4.6	3.2	2.4	灰	石英岩
51	4.8	3.5	2.3	灰	石英岩
52	9.3	8.7	3.6	灰	石英岩
53	10.5	6.8	4	灰	石英岩
54	7	5.5	3.2	灰	石英岩
55	7.4	5.8	4.2	灰	石英岩
56	9	7.5	4.5	灰	石英岩
57	6.5	3.6	2.8	灰	石英岩
58	9.7	7.5	3.5	红	片岩
59	8.5	7.2	3.4	灰	石英岩
60	15.2	8.5	7	灰	石英岩
61	13.2	11.3	8.3	灰	石英岩
62	8.5	5.8	4	黄	石英岩
63	17	14.4	8.4	灰	石英岩
64	15.8	6.3	5.5	灰	石英岩
65	22	16	13	灰	石英岩
66	10.5	6.8	4.4	灰	石英岩
67	7.8	6.7	5.2	黄	石英岩
68	8.5	6.5	3.7	灰	石英岩
69	7.2	5.8	4.4	褐	石英砂岩
70	29	20	14	灰	石英岩
71	7.3	5	4	灰	石英岩
72	7.2	5.3	2.8	灰	石英岩
73	15.5	15	7.4	灰	石英岩
74	12.5	10.8	5.8	灰	石英岩
75	11.5	8.8	7.4	灰	石英岩
76	7.3	6.8	4.8	灰	石英岩
77	18.5	10.8	8	灰	石英岩
78	10.8	10.5	5.5	褐	石英砂岩
79	32	31.5	13.5	灰	石英岩
80	27	18	8.5	灰	石英岩
81	28	18	14	灰	石英岩
82	12.8	9	5.5	褐	石英砂岩
83	27	16	10.5	灰	石英岩
84	17.8	15.6	7	灰	石英岩
85	17.8	8.5	8	黄	石英岩
86	14.5	8.8	5.4	灰	石英岩
87	7.4	6.5	4.3	灰	石英岩
88	17.5	11.5	11	褐	片岩
89	20.5	18	14	灰	石英岩
90	24	13	12	灰	石英岩
91	23.5	15	11	灰	石英岩
92	21	16	11.5	灰	石英岩
93	14.5	10.8	10.5	白	石英岩
94	28.5	18	9.5	白	石英岩
95	30	27	12	灰	石英岩
96	16.5	12	6.5	白	石英岩
97	29	18.5	13	灰	石英岩
98	13	9	4	灰	石英岩
99	25.5	18.5	10.5	灰	石英岩
100	29.5	22.5	11.3	灰	石英岩

附表五 横店白家岗第2层砾石调查登记表

坐标（N：30°46′28.57″，E：114°18′19.14″）

（单位：厘米）

编号	长	宽	厚	颜色	材质	编号	长	宽	厚	颜色	材质	编号	长	宽	厚	颜色	材质	编号	长	宽	厚	颜色	材质
1	5.7	5.2	3.7	灰白	石英岩	13	15	9.5	8.6	灰白	石英岩	25	9.8	7.8	5.2	灰白	石英岩	37	5.5	4.3	2.7	灰	石英岩
2	6.4	4.9	2.8	灰白	石英岩	14	8.8	7.2	4	灰白	石英岩	26	8	7.7	3.8	灰	石英岩	38	7	4.7	3.8	灰	石英岩
3	6.3	4.8	2.5	灰白	石英岩	15	8.7	5.2	3.2	灰白	石英岩	27	10.4	7.7	5.5	灰白	石英岩	39	6.5	5.2	3.6	灰白	石英岩
4	6	5.7	2.3	灰白	石英岩	16	8.5	7	5.2	灰白	砂岩	28	11	6	5.5	灰	砂岩	40	13.5	8	4.7	灰白	石英岩
5	5.1	4.6	2.3	灰白	石英岩	17	9	6.1	5.4	灰白	石英岩	29	7.3	5.8	3.2	灰	石英岩	41	9	8.4	3.2	灰白	石英岩
6	4.4	2.7	2.2	灰白	石英岩	18	11.5	9.4	5.7	灰白	石英岩	30	10.1	8.7	5.4	灰白	石英岩	42	10	6.8	5	灰白	石英岩
7	9.8	7.4	5.1	灰白	石英岩	19	9.7	8.7	6.8	灰白	石英岩	31	8.3	6.8	2.5	灰	石英岩	43	7.8	7.2	4.5	黑	砂岩
8	6.4	5.7	2.2	灰白	石英岩	20	15.6	10	8.6	灰白	石英岩	32	7.2	5.7	3.7	灰	石英岩	44	6.4	5.8	2.6	灰白	石英岩
9	11.1	6.5	4.4	灰白	石英岩	21	12	8.8	5.4	灰白	石英岩	33	6.6	5.7	3.7	灰	石英岩	45	6.1	4.2	2.3	灰白	石英岩
10	11	8	4.4	灰白	石英岩	22	9.1	7.5	3.3	灰白	石英岩	34	4.8	4.5	1.6	灰	石英岩	46	10	4.8	2.8	灰白	石英岩
11	11	8.4	4.1	灰白	石英岩	23	8	7.7	3	灰白	石英岩	35	17	10.7	8	灰	石英岩	47	9.8	4.5	4	灰白	石英岩
12	9.5	6	2.3	灰白	石英岩	24	7.7	5.6	3.7	灰白	石英岩	36	7.3	6.5	2.7	灰白	石英岩	48	9.2	7.8	4.4	灰白	石英岩

续表

坐标（N：30°46'28.57"，E：114°18'19.14"）

编号	长	宽	厚	颜色	材质	编号	长	宽	厚	颜色	材质	编号	长	宽	厚	颜色	材质	编号	长	宽	厚	颜色	材质
49	6.5	5.1	2.8	灰白	石英岩	62	5.4	4.7	2.8	灰	石英岩	75	9.8	6.8	4.8	灰	石英岩	88	3.8	3.3	3	白	石英岩
50	11	10.5	4.8	灰白	石英岩	63	11	5.8	5.6	灰	石英岩	76	6.8	4.2	1.8	灰	石英岩	89	4	3.8	2.8	灰	石英岩
51	8.2	7.3	5.5	灰	石英岩	64	5.2	3.4	2.5	灰	石英岩	77	8.8	7.2	3.3	灰	石英岩	90	5.1	3.8	3	灰	石英岩
52	5.4	4.5	2.5	灰	石英岩	65	5.5	4.6	3.8	灰	石英岩	78	4.7	4.3	3	灰	石英岩	91	4.2	3	2.5	灰	石英岩
53	8	6.7	4.3	灰	石英岩	66	5.5	5.2	3.8	灰	石英岩	79	8.9	8.4	3.3	灰	石英岩	92	8	6.3	4.5	灰	石英岩
54	13.5	7.5	4.4	灰	石英岩	67	4.3	3.8	2.3	白	石英岩	80	6	5	4.5	白	石英岩	93	6.8	5.8	4.2	白	石英岩
55	8	6.7	4.3	灰	石英岩	68	8.7	5	4.3	灰	石英岩	81	4.2	3.4	2.8	灰	石英岩	94	8.6	6	3.1	白	石英岩
56	5.8	4.8	2.7	灰	石英岩	69	4.5	3.4	2.2	白	石英岩	82	5.2	4	2.6	白	石英岩	95	7.3	5.2	4.2	灰	石英岩
57	7.7	7.2	4.6	灰	石英岩	70	5.2	3.8	2.5	灰	石英岩	83	8	7.6	3.2	灰	石英岩	96	6	5.2	3.2	白	石英砂岩
58	11	8.7	2.6	灰	石英岩	71	4.8	4.7	2.3	灰	石英岩	84	7.5	7.3	2.8	灰	石英岩	97	15	8.6	7.5	灰	石英岩
59	10	6.5	3.2	灰	砂岩	72	4.5	3.7	2.8	灰	石英岩	85	6.1	4	1.6	黑	砂岩	98	17	10.5	9.8	灰	砂岩
60	5.6	3.8	2.4	灰	砂岩	73	7.7	5.5	4.3	白	石英岩	86	7.6	5.3	3	灰	石英岩	99	9	8.5	4	灰	石英岩
61	10	9.8	5.3	灰	石英岩	74	8.5	6.6	4.3	灰	砂岩	87	5.5	4.8	3.5	灰	石英岩	100	11.8	9	7	灰	石英岩

附表六　横店白家岗第4层砾石调查登记表

坐标（N: 30° 46′ 28.57″, E: 114° 18′ 19.14″）

（单位：厘米）

编号	长	宽	厚	颜色	材质
1	24	15	13	灰白	石英岩
2	9.8	8	3.8	灰白	石英岩
3	6.5	5.8	4.6	灰白	石英岩
4	9.6	6.5	6.3	灰白	石英岩
5	3.8	3.7	2.5	灰白	石英岩
6	12	8.5	4.8	灰白	石英岩
7	8	5.5	4	灰白	石英岩
8	5.4	2.3	2.1	灰白	石英岩
9	6.6	5.7	4.5	灰白	石英岩
10	4.3	4.2	2.3	灰白	石英岩
11	8.3	6.8	5	灰白	石英岩
12	13.5	10.5	9.3	灰白	石英岩
13	9.2	7	5.2	灰白	石英岩
14	5.5	3.8	2.8	灰白	石英岩
15	9.5	6.8	5.2	灰白	石英岩
16	12.8	9.5	7	灰白	石英岩
17	7.8	7	4	灰白	石英岩
18	16.5	9.8	6.7	灰白	石英岩
19	12.5	9	4	灰黑	砂岩
20	9.8	7.2	5.7	灰白	砂岩
21	8.3	6.5	5.8	灰白	砂岩
22	6.2	5.5	2.3	灰白	石英岩
23	20.5	14.5	7.5	灰白	石英岩
24	8.2	5.2	3.3	灰白	石英岩
25	9.3	8	5.1	灰白	石英岩
26	10.5	8.5	6.3	白	石英岩
27	6	4.5	3.8	白	石英岩
28	9	6.8	5.2	白	石英岩
29	9.5	9.5	4.6	白	石英岩
30	5.8	4.8	2.8	白	石英岩
31	5.8	4.6	3.5	白	石英岩
32	6.3	4.2	3.8	白	石英岩
33	13	9.8	5.5	白	石英岩
34	11	10.5	7.2	白	石英岩
35	6.2	3.8	3.5	白	石英岩
36	6.8	4.3	3.4	白	石英岩
37	13	9.2	6.5	白	石英岩
38	7.5	6.1	5.2	白	石英岩
39	5.8	4.5	1.5	黑	砂岩
40	12	11	5.7	白	石英岩
41	8.8	8.7	2.3	白	石英岩
42	6.5	4.5	4.3	白	石英岩
43	7.4	6.3	3.3	白	石英岩
44	6	4.5	2.8	白	石英岩
45	9.7	7.5	3.3	白	石英岩
46	8	7	3.3	白	石英岩
47	15	12.5	8	灰黑	砂岩
48	20	16	12	白	石英岩

续表

坐标（N: 30° 46′ 28.57″，E: 114° 18′ 19.14″）

编号	长	宽	厚	颜色	材质	编号	长	宽	厚	颜色	材质	编号	长	宽	厚	颜色	材质	编号	长	宽	厚	颜色	材质
49	4.3	2.8	2.3	白	石英岩	62	3.8	3.1	2.6	灰白	石英岩	75	7.3	5.5	4.8	灰白	石英砂岩	88	3.5	3.4	2	灰白	石英砂岩
50	5.2	5	3	白	石英岩	63	3.7	3.3	2.2	灰白	石英岩	76	4.3	4.2	2.8	灰白	石英岩	89	4.1	3.2	3	灰白	石英砂岩
51	6	5.8	3.5	灰白	石英岩	64	6.3	3.6	3	灰白	石英岩	77	7.5	6.2	3.8	灰白	石英岩	90	6.3	4.5	3.3	白	石英岩
52	10	7.5	4.8	灰白	石英岩	65	6.7	4	1.7	灰白	石英岩	78	4	2.8	1.8	灰白	石英岩	91	3.5	2.8	2.3	白	石英岩
53	6.5	5.8	2.8	灰白	石英岩	66	5	4.5	2.8	灰白	石英岩	79	4.2	3.5	2.8	灰白	石英岩	92	3.8	2.4	2.2	白	石英岩
54	6.2	5.2	2.2	灰白	石英岩	67	5.2	5	3	灰白	石英岩	80	2.8	2.6	1.7	灰白	石英岩	93	3.6	3.3	2	白	石英岩
55	4.8	3.2	3.1	灰白	石英岩	68	4.5	3.3	1.7	灰白	石英岩	81	6	4	2.8	灰白	石英岩	94	6	3.8	2.8	白	石英岩
56	5.8	4.5	3.2	灰白	石英岩	69	4.3	3	1.8	灰白	石英岩	82	6	5.7	2.8	灰白	石英岩	95	4.5	2.8	1.8	白	石英岩
57	5.2	4.8	2.1	灰白	石英岩	70	5.3	4.4	1.8	灰白	石英岩	83	4.7	3.3	3	灰白	石英砂岩	96	2.8	2.6	1.8	白	石英岩
58	6.2	4.4	3.5	灰白	石英岩	71	6	3.8	2.4	灰白	石英砂岩	84	4.5	2.1	2	灰白	石英砂岩	97	5.3	2.8	1.8	白	石英岩
59	7.5	6	3.8	灰白	石英岩	72	6.3	3.8	2.5	灰白	石英砂岩	85	5	3.8	2.4	灰白	石英砂岩	98	2.8	2.7	1.4	白	石英岩
60	6.8	3	2.5	灰黑	砂岩	73	6.8	5	3.8	灰白	石英砂岩	86	3.6	2.8	2.3	灰白	石英砂岩	99	6.8	4	2.5	白	石英岩
61	5.1	4.1	2	灰白	石英岩	74	4.3	3.5	2.8	灰白	石英岩	87	2.8	2.3	2	灰白	石英砂岩	100	4.3	3.3	2.4	白	石英岩

附表七　黄陂小四屋咀第1层砾石调查登记表

坐标（N：30°55′42.63″，E：114°17′07.16″）

（单位：厘米）

编号	长	宽	厚	颜色	材质	编号	长	宽	厚	颜色	材质	编号	长	宽	厚	颜色	材质	编号	长	宽	厚	颜色	材质
1	3.5	3.2	1.5	褐	石英岩	13	4.2	3	1	褐	石英岩	25	6.5	3.4	2.5	褐	石英岩	37	2.8	1.5	0.9	褐	石英岩
2	3.3	2.2	2	褐	石英岩	14	4.5	3.7	2.9	褐	石英岩	26	2.4	1.5	0.7	褐	石英岩	38	2	1.8	1.8	褐	石英岩
3	3.9	2.4	1.8	褐	石英岩	15	4.2	3	2.1	褐	石英岩	27	4	1.8	1	褐	石英岩	39	1.8	1.8	1.5	褐	石英岩
4	7	3	3	褐	石英岩	16	3.1	2	1.4	灰褐	石英砂岩	28	4.5	2	1	褐	石英岩	40	3.4	2	1.1	褐	石英岩
5	2.3	2.3	2	褐	石英岩	17	4.9	3.8	2	灰褐	石英砂岩	29	2.3	1.9	1.9	褐	石英岩	41	5	3.2	1.5	褐	石英岩
6	4	2.5	1.3	褐	石英岩	18	7	3.7	2.2	灰褐	石英砂岩	30	5	4	2.3	褐	石英岩	42	8.5	5.5	4.8	褐	石英岩
7	3	2.5	1.8	褐	石英岩	19	3.2	3	2.4	灰褐	石英砂岩	31	2.2	2.2	1.5	灰	砂岩	43	3.5	2.7	1.5	褐	石英岩
8	3	2.3	2	褐	石英岩	20	5	2.3	2	褐	石英岩	32	2.3	2	2	灰	砂岩	44	4	2.4	1.4	褐	石英岩
9	4.2	4	2.2	褐	石英岩	21	2.7	2.5	1	褐	石英岩	33	2	1.5	0.8	褐	石英岩	45	4.4	3	2.8	褐	石英岩
10	3	2.3	2	褐	石英岩	22	3.2	3	2	褐	石英岩	34	2	1.8	0.9	褐	石英岩	46	4.7	2.5	1.8	褐	石英岩
11	5	3.5	2	褐	石英岩	23	3.5	2	1.3	褐	石英岩	35	4.7	3	1.3	褐	石英岩	47	4.7	4	2.7	褐	石英岩
12	4.2	3.5	2.3	褐	石英岩	24	4	3.3	1.8	褐	石英岩	36	3.5	2.5	0.8	褐	石英岩	48	5	3.6	2.3	褐	石英岩

续表

坐标（N：30°55′42.63″，E：114°17′07.16″）

编号	长	宽	厚	颜色	材质	编号	长	宽	厚	颜色	材质	编号	长	宽	厚	颜色	材质	编号	长	宽	厚	颜色	材质
49	4.5	4	2	褐	石英岩	62	4	3	2	白	石英岩	75	3	2	1.8	白	石英岩	88	3.3	3.1	1.2	白	石英岩
50	3.7	2.4	2.4	褐	石英岩	63	3	2	1.4	灰	砂岩	76	3.2	2.6	1	白	砂岩	89	3.2	2.3	1.7	白	石英岩
51	3.5	2.7	2.3	白	石英岩	64	2.7	2	2	白	石英岩	77	3.3	1.5	1.4	白	石英岩	90	2.7	2.4	2	褐	砂岩
52	3.3	2.7	1.3	白	石英岩	65	5.4	3.2	2.7	白	石英岩	78	3.2	2	1.2	白	石英岩	91	4	2.8	1.8	白	石英岩
53	3.7	2.5	1.8	白	石英岩	66	2.5	2	1	白	石英岩	79	3	2.1	1.6	白	石英岩	92	3.5	2	1.7	白	石英岩
54	3	2.5	1.8	白	石英岩	67	2.5	1.7	1.1	白	石英岩	80	2.3	2.2	1.5	白	石英岩	93	2.5	2	1	白	石英岩
55	3.5	2.7	2	白	石英岩	68	5.5	4	2.8	白	石英岩	81	2	1.5	1	白	石英岩	94	3	2.8	1.4	白	石英岩
56	3	2.1	1.2	白	石英岩	69	1.3	1.3	1	白	石英岩	82	3	2	1.5	白	石英岩	95	2.5	2	1.5	白	石英岩
57	3	1.7	1	灰	石英岩	70	9	7.5	6.5	白	石英岩	83	3.2	1.5	1.3	白	石英岩	96	3	1	0.8	白	石英岩
58	2.9	1.8	1.6	白	石英岩	71	4.5	3.5	2	白	砂岩	84	3	1.8	1.8	白	石英岩	97	2.5	1.5	1	白	石英岩
59	2	1.5	0.6	白	石英岩	72	4	3	1.8	白	石英岩	85	2.2	1.7	1.1	灰褐	石英砂岩	98	5.5	3	1.8	白	石英岩
60	2.5	2	1	白	石英岩	73	4	3	2	白	石英岩	86	2.4	1.2	1	灰褐	石英砂岩	99	3.8	3.5	2	白	石英岩
61	3.5	3	2.5	白	石英岩	74	3.2	2.8	1.3	灰褐	石英砂岩	87	2.7	2.3	1.7	灰褐	石英砂岩	100	5.8	4	2.5	白	石英岩

附表八　黄陂小四屋咀第3层砾石调查登记表

（单位：厘米）

坐标（N：30°55′42.63″，E：114°17′07.16″）

编号	长	宽	厚	颜色	材质	编号	长	宽	厚	颜色	材质	编号	长	宽	厚	颜色	材质	编号	长	宽	厚	颜色	材质
1	7	3.4	3.2	白	石英岩	13	4.8	3.9	2	白	石英岩	25	8	6.5	4.5	白	石英岩	37	3.1	2.5	2.2	白	石英岩
2	4.4	3.7	1.1	白	石英岩	14	4	2.4	2.3	白	石英岩	26	6.5	5	3.6	白	石英岩	38	3.5	2.4	1.5	白	石英岩
3	4	3	2.3	白	石英岩	15	9.3	6.2	4.3	白	石英岩	27	6.7	4	2	白	石英岩	39	5.2	2.2	2	白	石英岩
4	4	2.5	1.9	白	石英岩	16	11	6.5	6.2	灰褐	石英砂岩	28	9.5	6.7	4.1	白	石英岩	40	3.6	2.3	1.8	白	石英岩
5	3	2.3	1.2	白	石英岩	17	9.3	7.2	3.9	灰褐	石英砂岩	29	5.6	3.8	2.7	白	石英岩	41	6	2.8	1.7	白	石英岩
6	3.5	3	1.8	白	石英岩	18	6.9	5	3.2	灰褐	石英砂岩	30	3.7	2.3	2.1	白	石英岩	42	15.5	12.5	7.4	白	石英岩
7	4.5	3	2	白	石英岩	19	17.5	11.5	8.5	灰褐	石英砂岩	31	3	2.3	0.9	白	石英岩	43	4.7	3.5	2.5	白	石英岩
8	3.2	3	2.1	白	石英岩	20	3.2	2.5	2	白	石英岩	32	4	2.8	2	白	石英岩	44	5.2	3.5	1.9	白	石英岩
9	2.3	1.5	1.1	白	石英岩	21	4.4	3.4	1.2	白	石英岩	33	3	2.9	0.5	白	石英岩	45	2.8	1.8	1	白	石英岩
10	2	1.5	0.6	白	石英岩	22	5	4	2	白	石英岩	34	5	3.5	2.5	白	石英岩	46	3.5	2.8	2	白	石英岩
11	6.5	5.2	4.2	白	石英岩	23	8	5.7	2.1	白	石英岩	35	3.8	1.5	1.4	白	石英岩	47	3	2	1.8	白	石英岩
12	7.2	3.7	3.5	白	石英岩	24	9	4.8	3.2	白	石英岩	36	6	3.2	1.8	白	石英岩	48	9.5	4.8	2.8	白	石英岩

附　表

续表

坐标（N：30°55′42.63″，E：114°17′07.16″）

编号	长	宽	厚	颜色	材质	编号	长	宽	厚	颜色	材质	编号	长	宽	厚	颜色	材质	编号	长	宽	厚	颜色	材质
49	4.8	2.8	1.7	白	石英岩	62	3.5	2.2	2.1	白	石英岩	75	7.8	4.9	2.5	白	石英岩	88	4.8	3.6	2.8	白	石英岩
50	4.2	3	1.2	白	石英岩	63	5	3.6	1.6	白	石英岩	76	3.2	2	1.8	白	石英岩	89	5.3	3.9	2.8	白	石英岩
51	7.7	6	3	白	石英岩	64	4.5	3.6	3.5	白	石英岩	77	5.5	2.5	1.7	白	石英岩	90	12	8.9	5.5	白	石英岩
52	5	3.2	2	白	石英岩	65	4.9	3.2	2.1	白	石英岩	78	8.4	6.2	3.4	白	石英岩	91	10	4.4	3	白	石英岩
53	4.8	3.5	2	白	石英岩	66	3	2.9	2.1	白	石英岩	79	3	2.6	1.8	白	石英岩	92	5.4	4.5	3	白	石英岩
54	6.5	4.7	2.5	白	石英岩	67	2.5	1.2	1	白	石英岩	80	2.8	2.5	1.7	白	石英岩	93	4	3	2	白	石英岩
55	5	3.1	2.4	白	石英岩	68	2.8	2	1	白	石英岩	81	4.2	2.5	1.8	白	石英岩	94	4.6	3.3	2	白	石英岩
56	4.6	4	2.3	白	石英岩	69	2	2	1.2	白	石英岩	82	5.6	4.5	3.7	白	石英岩	95	4	3.5	1.5	白	石英岩
57	3.6	2.8	2	白	石英岩	70	4	2.5	1.9	白	石英岩	83	11.5	7.9	4.5	白	石英岩	96	13.5	9	4.5	白	石英岩
58	7	2.5	2.3	白	石英岩	71	6	3.5	2	红褐	石英砂岩	84	8.8	6.4	3.7	白	石英岩	97	4	2.6	1.4	白	石英岩
59	5	3.4	3.1	白	石英岩	72	6.2	5.3	2	红褐	石英砂岩	85	3.8	2.5	2.4	白	石英岩	98	7	4	3.9	白	石英岩
60	2.6	2.5	1.5	白	石英岩	73	4.5	3	2.5	红褐	石英砂岩	86	3.7	2.6	1.9	白	石英岩	99	4	3	2.5	白	石英岩
61	6.6	4.3	3.6	白	石英岩	74	12.2	9.5	3.9	红褐	石英砂岩	87	3.5	3.2	1.5	白	石英岩	100	4	3.4	1.5	白	石英岩

附表九　黄陂肖家墙第1层砾石调查登记表

（单位：厘米）

坐标（N：30°54′22.96″，E：114°21′00.59″）

编号	长	宽	厚	颜色	材质	编号	长	宽	厚	颜色	材质	编号	长	宽	厚	颜色	材质	编号	长	宽	厚	颜色	材质
1	9	8	6	白	石英岩	13	5.5	4	2.5	白	石英岩	25	7.5	7	3	白	石英岩	37	11	9	2	灰	石英砂岩
2	10	8	4.5	白	石英岩	14	9.5	6	4	白	石英岩	26	6	5	4	白	石英岩	38	9.5	8	3	灰	砂岩
3	7	5	2.5	白	石英岩	15	6	4	2	白	石英岩	27	8	4	3	白	石英岩	39	8	5.5	4	白	石英岩
4	7.5	7	4	白	石英岩	16	5.5	3.5	2	白	石英岩	28	6	3	2.5	白	石英岩	40	8	5.5	3.5	白	石英岩
5	4	3	1.8	白	石英岩	17	4	2.5	2	白	石英岩	29	6.5	5	4	白	石英岩	41	6	4.5	2.5	白	石英岩
6	4.5	3	1.5	白	石英岩	18	6	5.4	3.5	白	石英岩	30	7	4.5	2.5	白	石英岩	42	4	3.5	2	白	石英岩
7	4	3.7	2.1	白	石英岩	19	6	4	3.5	白	石英岩	31	3	2	1.1	白	石英岩	43	3.5	3	2	白	石英岩
8	6.5	5.5	2	白	石英岩	20	6.5	6	3.3	白	石英岩	32	3	3	1.5	白	石英岩	44	5	3.5	2	白	石英岩
9	4	4	1.5	白	石英岩	21	4.5	3	2	白	石英岩	33	6	4.5	3	白	石英岩	45	11.5	7.5	5	白	石英岩
10	4	3.5	2.5	白	石英岩	22	3.5	2.5	1	白	石英岩	34	3	2	1.5	白	石英岩	46	4	3.3	1.5	白	石英岩
11	4.4	3.5	2	白	石英岩	23	5.5	4	1.5	白	石英岩	35	3	3	2.3	白	石英岩	47	5.5	4.5	2	白	石英岩
12	3.5	3.3	2	白	石英岩	24	8	5.5	4	白	石英岩	36	9	7.5	2.5	灰	砂岩	48	9	6.5	3	白	石英岩

坐标（N: 30°54′22.96″，E: 114°21′00.59″）

编号	长	宽	厚	颜色	材质	编号	长	宽	厚	颜色	材质	编号	长	宽	厚	颜色	材质	编号	长	宽	厚	颜色	材质
49	5	3.5	2	白	石英岩	62	7	2	1.9	白	石英岩	75	6	4	2.5	灰	砂岩	88	6.5	3.5	2	白	石英岩
50	5.1	3.1	2	白	石英岩	63	3.5	2.4	1.9	白	石英岩	76	8	6	3.2	灰	砂岩	89	5	2.5	1.2	白	石英岩
51	4.5	3	1.5	白	石英岩	64	4.9	3	2.1	白	石英岩	77	5	2.5	2	白	石英岩	90	4	3.9	2	白	石英岩
52	3	2.1	2	白	石英岩	65	4	3.2	2	白	石英岩	78	3	2	1.6	白	石英岩	91	4	3.5	2	白	石英岩
53	8	6.5	4.7	白	石英岩	66	4.3	3.5	1.5	白	石英岩	79	6	3	2.5	白	石英岩	92	4	2.5	2.4	白	石英岩
54	7.5	6.5	3.5	灰	石英岩	67	5	4	2.4	白	石英砂岩	80	7	6.5	4	白	石英岩	93	7.5	6.5	3.3	白	石英岩
55	7.5	6	3.5	白	石英岩	68	6	3.5	2.4	白	石英岩	81	8	7.5	5.5	灰	石英砂岩	94	5.8	4	3	白	石英岩
56	7.5	6.5	4	白	石英岩	69	7	5	3	白	石英岩	82	7.9	6	3.5	白	石英岩	95	3	2	1.6	白	石英岩
57	9.5	5.2	3	白	石英岩	70	3	2	1.5	白	石英岩	83	7.5	7	4	白	石英岩	96	10	7.5	4.5	白	石英岩
58	9	5.3	4.5	白	石英岩	71	4	2.5	2	白	石英岩	84	3.5	2.4	2	白	石英岩	97	6	5.8	3.5	白	石英岩
59	7.4	4.3	2.8	白	石英岩	72	4.5	2.8	2.2	白	石英岩	85	3	2.5	0.5	白	石英岩	98	7.5	6.5	4.6	白	石英岩
60	10.5	3.5	2.2	白	石英岩	73	8	5.5	2.2	白	石英岩	86	5	3.5	2.3	白	石英岩	99	5.2	3.6	2	白	石英岩
61	5.4	3.3	2.5	白	石英岩	74	5.4	5	2	白	石英岩	87	4	2.8	1.5	白	石英岩	100	7.5	3	1.5	白	石英岩

附表十　黄陂背宋塆第2层砾石调查登记表

坐标（N：30° 54′ 22.96″，E：114° 21′ 00.59″）

（单位：厘米）

编号	长	宽	厚	颜色	材质	编号	长	宽	厚	颜色	材质	编号	长	宽	厚	颜色	材质	编号	长	宽	厚	颜色	材质
1	13	8.5	6	褐	石英岩	13	10.5	7	5.5	褐	石英岩	25	2.5	2	1.5	褐	石英岩	37	3.5	2.8	2	褐	石英岩
2	4.5	3	2.5	褐	石英岩	14	10.5	4	3	褐	石英岩	26	3.5	3	2	褐	石英岩	38	4	2.5	1.3	褐	石英岩
3	5.5	4.5	2.5	褐	石英岩	15	5.5	4.5	1.6	褐	石英岩	27	4.5	4	2	褐	石英岩	39	3	2.5	2	褐	石英岩
4	9.5	6	3	褐	石英岩	16	5	3	3	灰褐	石英砂岩	28	3.5	3	2	褐	石英岩	40	4.5	3.7	1	褐	石英岩
5	4	3	2	褐	石英岩	17	4.5	2.5	2	灰褐	石英砂岩	29	3	2	1	褐	石英岩	41	6	4.5	2.5	褐	石英岩
6	3	2.3	2.1	褐	石英岩	18	2.5	2.5	2	灰褐	石英砂岩	30	2.5	2	1	褐	石英岩	42	4	3.5	2	褐	石英岩
7	3.5	2.5	2	褐	石英岩	19	3.5	3	1.5	灰褐	石英砂岩	31	10	9.5	5	灰	砂岩	43	3	2	1	褐	石英岩
8	4	4	2.5	褐	石英岩	20	2.3	2	1	褐	石英岩	32	16	13	7	灰	砂岩	44	5	3.5	2	褐	石英岩
9	2	2	1	褐	石英岩	21	4	3	2	褐	石英岩	33	4.5	3	3	褐	石英岩	45	3.5	2.5	2.4	褐	石英岩
10	3	3	0.9	褐	石英岩	22	5	3.5	2	褐	石英岩	34	2.6	2.5	1.1	褐	石英岩	46	3	2.5	1	褐	石英岩
11	2	1.9	1	褐	石英岩	23	3.5	2	2	褐	石英岩	35	5	3.5	2	褐	石英岩	47	4	2.3	1.3	褐	石英岩
12	3.5	2	1.5	褐	石英岩	24	3	2.5	1	褐	石英岩	36	4.5	3.5	2	褐	石英岩	48	3.5	2.4	0.3	褐	石英岩

续表

坐标（N: 30° 54′ 22.96″, E: 114° 21′ 00.59″）

编号	长	宽	厚	颜色	材质	编号	长	宽	厚	颜色	材质	编号	长	宽	厚	颜色	材质	编号	长	宽	厚	颜色	材质
49	3.1	1.7	0.8	褐	石英岩	62	2.5	2.2	1.5	白	石英岩	75	3	2.5	2	白	石英岩	88	3	1.8	1	白	石英岩
50	2	1.8	1	褐	石英岩	63	4.2	2	2	灰	砂岩	76	3	2	0.5	白	石英岩	89	8.5	6	3	白	石英岩
51	4	3	2.2	白	石英岩	64	9	4.5	3.2	白	石英岩	77	5	4	2.2	白	石英岩	90	6	4	3.9	褐	砂岩
52	10	7	4.5	白	石英岩	65	8	6	4	白	石英岩	78	4	2.2	2	白	石英岩	91	3	2	1.9	白	石英岩
53	9.5	8	5	白	石英岩	66	2.5	2	1.5	白	石英岩	79	3.5	3	1.5	白	石英岩	92	4	3.5	2.5	白	石英岩
54	7	5	3	白	石英岩	67	2.5	1.5	1	白	石英岩	80	3.6	2.3	1.3	白	石英岩	93	3	2.5	1.4	白	石英岩
55	4	4	2	白	石英岩	68	4	2.5	2	白	石英岩	81	4	2	1.2	白	石英岩	94	4.5	3.5	2	白	石英岩
56	4	3	2.5	白	石英岩	69	6.5	3.5	2	白	石英岩	82	3.5	3	2	白	石英岩	95	7.5	6.8	3	白	石英岩
57	3.5	2.5	1.1	白	石英岩	70	3	2	1.5	白	石英岩	83	5	3.5	2.8	白	石英岩	96	5	2.5	2	白	石英岩
58	3.5	3	1.5	灰	砂岩	71	6.5	4.5	2	白	石英岩	84	6	4	3.9	白	石英岩	97	3.5	2.6	1	白	石英岩
59	4.5	4.5	3	白	石英岩	72	5	3.2	1	灰褐	石英砂岩	85	3.5	2	1	白	石英岩	98	8	4.9	4.4	白	石英岩
60	4	2.5	1	白	石英岩	73	4	3.5	2	灰褐	石英砂岩	86	2.8	2	1	白	石英岩	99	5	2.6	2.6	白	石英岩
61	5.3	3.5	2.5	白	石英岩	74	6.5	4.5	2	灰褐	石英砂岩	87	4.5	3	2	白	石英岩	100	5	4.5	3	白	石英岩

附表十一　黄陂肖家湾第3层砾石调查登记表

坐标（N: 30°54′22.96″, E: 114°21′00.59″）

（单位：厘米）

编号	长	宽	厚	颜色	材质	编号	长	宽	厚	颜色	材质	编号	长	宽	厚	颜色	材质	编号	长	宽	厚	颜色	材质
1	9.7	5.2	4	白	石英岩	13	8.4	7	6.4	白	石英岩	25	7	3	2	白	石英岩	37	3.7	3.5	2	白	石英岩
2	5.5	3.5	3.3	白	石英岩	14	5.3	4.3	3	白	石英岩	26	6	5	3	白	石英岩	38	4.5	3.5	3	白	石英岩
3	10.5	6.5	4.6	白	石英岩	15	6.5	3	2.5	白	石英岩	27	6.5	2.8	1.3	白	石英岩	39	7.4	5	3.5	白	石英岩
4	14	11.5	6	白	石英岩	16	8.5	5	2.2	白	石英岩	28	9	6.4	2	白	石英岩	40	7.5	6	3	白	石英岩
5	9.5	6.5	6	白	石英岩	17	5.2	4	2.1	白	石英岩	29	7.3	4.8	4	白	石英岩	41	5.5	3	2.2	白	石英岩
6	13.5	5	4.5	白	石英岩	18	7	4.5	3	白	石英岩	30	6.5	4.5	4.4	灰	石英砂岩	42	4	3.5	2.5	白	石英岩
7	7	4.2	3.8	白	石英岩	19	7	5	2.1	白	石英岩	31	7	4.5	4	白	石英岩	43	5.5	4	3	白	石英岩
8	8	5	3.4	白	石英岩	20	7.1	4	2	白	石英岩	32	7.5	5	3.5	白	石英岩	44	11	8.5	7.5	白	石英岩
9	5.5	4.5	2.5	白	石英岩	21	6	3.5	2.5	白	石英岩	33	6.5	4.4	4	白	石英岩	45	10	7.8	4	白	石英岩
10	7	4.5	2	白	石英岩	22	7.5	5.3	3	白	石英岩	34	8	7	3.9	白	石英岩	46	6	4.3	2.5	白	石英岩
11	8.5	5.5	3.6	白	石英岩	23	15.5	11	7	白	石英岩	35	9.8	7	4	白	石英岩	47	7.5	4.9	3	白	石英岩
12	5.1	4	3.5	白	石英岩	24	10.5	9	7.5	白	石英岩	36	10	6.5	6.3	白	石英岩	48	7	6	1.9	白	石英岩

续表

坐标（N: 30° 54′ 22.96″, E: 114° 21′ 00.59″）

编号	长	宽	厚	颜色	材质	编号	长	宽	厚	颜色	材质	编号	长	宽	厚	颜色	材质	编号	长	宽	厚	颜色	材质
49	6.3	4.5	2	白	石英岩	62	11	8	2.5	黑	砂岩	75	8.5	6.5	4	白	砂岩	88	5	4.5	3	白	石英岩
50	4.5	4	3.1	白	石英岩	63	6.4	3	1.5	黑	砂岩	76	6	4.5	2.5	灰白	石英砂岩	89	11	8.5	6.3	灰白	石英砂岩
51	6	3.8	2.4	白	石英岩	64	9	6.8	4.5	白	石英岩	77	5.5	4	2	白	石英岩	90	9.5	5.5	3.8	灰白	石英砂岩
52	12	9.5	6	白	石英岩	65	8.5	6.8	4.5	白	石英岩	78	10	7.5	2	灰白	石英砂岩	91	9	7.5	3.5	灰白	石英砂岩
53	5	4	3.9	白	石英岩	66	9	7.5	3.5	白	石英岩	79	5.5	4	2	白	石英砂岩	92	6	5	3.5	白	石英砂岩
54	6	5	3.5	白	石英岩	67	8.5	8	4	白	石英岩	80	4.5	4	3.5	灰白	石英砂岩	93	4.5	4	3	白	石英砂岩
55	6.5	4	3.5	白	石英岩	68	7	3.3	3	白	石英岩	81	4.2	2	2	白	石英岩	94	5	4	3.5	白	石英岩
56	8	4.6	4	白	石英岩	69	4.5	3.5	2	白	石英岩	82	7	3.7	3	白	石英岩	95	8	6	4	白	石英岩
57	5.3	3.8	2	白	石英岩	70	5.5	4	3	白	石英岩	83	7.5	6	4	白	石英岩	96	4	3.5	2	白	石英岩
58	7	6.5	3.5	白	石英岩	71	11.5	7	2	白	石英岩	84	7	4.5	4	白	石英岩	97	3.5	3.4	2	白	石英岩
59	7.5	5.5	4	白	石英岩	72	5	3.5	2	白	石英岩	85	13.5	10.5	7	白	石英岩	98	3.9	2.5	2	白	石英岩
60	5	5	3.4	白	石英岩	73	7.5	4.5	2.5	白	石英岩	86	7.5	3.5	2.5	白	石英岩	99	5.5	4.5	2	白	石英岩
61	12	7	6	白	石英岩	74	6.5	5	3	白	石英岩	87	4.5	3	2.5	白	石英岩	100	7.5	6	5	白	石英岩

Abstract

As the central settlement of the Changjiang River Valley during the Erligang period, Panlongcheng displays a rich array of material culture, with a large quantity of various artifacts unearthed. Over the past few decades of discovery and research, pottery, bronze objects, and related relics have received wide attention and have been fairly well-understood. However, jade, turquoise artifacts, and stone objects have not been as comprehensively studied.

These three types of materials are an integral part of Panlongcheng and each establishes different connections with society and individuals. Due to the rarity and aesthetic appeal, jade and turquoise artifacts were often favored by the elite as symbols of status and prestige, and they played a significant role in the ceremonial activities of the Erligang period. For instance, jade *Ge* and gold objects inlaid with turquoise unearthed at Yangjiawan are clear manifestations of this aspect. If jade and turquoise artifacts represent the upper class of society, then stone tools reflect the foundational aspects of society. Despite the Erligang period being fully immersed in the Bronze Age with significant advancements in metal production, stones remained the most crucial tools for daily production and life during this time. They ranged from everyday stone knives and axes to stone sickles and hoes used in agricultural activities, and even appeared in various crafts, such as grinding stones used in bronze production. Therefore, exploring stone tools provides an opportunity to learn more about social organization and human behaviors, such as the interaction between the function and materials of stone tools, settlement changes as reflected in the distribution of stone tools, and patterns of stone production. More importantly, the analysis of stone tools, as a material form representing the foundational levels of society, offers a new perspective for exploring and understanding Bronze Age society.

Thus, this book investigates the jade, turquoise, and stone artifacts unearthed at the Panlongcheng site and approaches it from both top-down and bottom-up perspectives. By using these three types of materials as a medium, the aim is to comprehensively reveal the social landscape and its connotations of Panlongcheng through these dual perspectives.

Meanwhile, a study on "stone" resources would be a good supplement to current academia. It makes up for the neglect of some materials and resource types in previous studies. On the basis of a thorough knowledge of bronze and pottery resources, combined with the analysis of "stone" resources, we will have the opportunity to look at the interaction between society and resources from a more comprehensive perspective.

后　记

　　自2014年首次参与到盘龙城的考古工作之中，至今刚好十年。虽与众多在盘龙城工作过的前辈学者相比，这不过是一段短暂的时光，但于笔者而言，这十年见证了个人从一个初入考古殿堂的本科生，到如今走上工作岗位的巨大转变。而本书的撰写与出版也算是对笔者过往十年的见证与总结。

　　最初在盘龙城的两年间，由于主要参与杨家嘴M26以及小王家嘴墓地的发掘与整理工作，大量精美的青铜器让笔者一度将目光锁定在青铜器研究之中，并计划以此作为未来研究的主要方向。2016年夏天，在闲谈中，导师张昌平先生感叹盘龙城遗址经过数十年的发掘，出土了数量不少的石器，但却鲜有人关注。或许这仅是张昌平先生的一句感慨，但却让笔者决定走上一条新的道路。

　　此后笔者便将目光聚焦在盘龙城石器之上，而随着杨家湾北坡铺石遗存的发现，与建筑相关的石制品也被纳入观察的范畴。之后在张昌平与荆志淳两位先生的建议之下，"石"的概念进一步扩大，不再仅是观察某类石质器物，而是将"石"作为一类资源去考察，因此玉、绿松石等"石"材质的器物也被囊括了进来。随着对相关材料的梳理，一些问题也逐渐浮现，如材料的来源、选择，器物的制作、生产，以及这些信息背后所反映的社会组织等。笔者发现即使完全进入青铜时代，各类"石"质品依旧在社会的各方面有所体现，而对它们的研究或许可以为我们理解青铜时代的社会提供另一个角度。基于这样的考量，并在张昌平先生的支持下，我们决定以盘龙城遗址为案例，开展相关的研究工作，而这也正是本书的缘起。

　　本书的编写工作由笔者与荆志淳先生共同完成，研究中所涉及的部分科技分析与撰写也得到了来自不同院校及科研机构人员的大力支持。其中第一、四、五、六章为笔者撰写；第二章为笔者与荆志淳先生撰写；第三章第一节杨家湾部分为付海龙、赵雄、李一帆、赵东撰写；第三章第一节李家嘴及王家嘴部分为张晗、辛月、付海龙撰写；第三章第二至四节为刘玲、杨明星、狄敬如、姜炎、何琰撰写。初稿完成后，笔者又进行了补充、修改，并与荆志淳先生一起完成定稿。同时，在本书撰写的过程中，武汉大学历史学院硕士研究生徐子博、余是瑾对图片、表格等内容进行了制作与修改。

此外，本书研究资料的整理工作十分庞杂，涉及不同类别、不同年份的遗物，因此在资料整理、统计、分析的过程中，众多人员参与到了相关的工作之中。除笔者和荆志淳先生外，参与玉器资料整理的人员包括陈丽新、陈晖、李雪婷、余是瑾；参与绿松石相关资料整理的人员包括付海龙、吕宁晨、郭剑、刘畅、张晗；参与石器及地质调查有关资料整理的人员包括路晋东、徐深、邹秋实、王节涛。

在本书的撰写和修改期间，先后得到了哈佛大学傅罗文（Rowan Flad）以及艾米·克拉克（Amy Clark）两位教授的指点和帮助。此外，湖北省文物考古研究院、盘龙城遗址博物院、武汉大学历史学院的诸多同仁，对本书的编写以及修改也提出过众多积极宝贵的意见和建议。

整个研究的设计、资料收集与整理、撰写及出版，先后得到国家文物局、湖北省文化和旅游厅、湖北省文物考古研究院、湖北省博物馆、武汉市博物馆、盘龙城遗址博物院、武汉地质调查中心、武汉大学、中国地质大学（武汉）、南方科技大学、英属哥伦比亚大学、哈佛大学等机构的支持与帮助。同时得到科技部国家重点研发计划资助项目"公元前1500年至公元前1000年中华文明早期发展关键阶段核心聚落综合研究·长江流域商代都邑综合研究"（项目编号2022YFF0903603）、国家社科基金重大项目"湖北黄陂盘龙城遗址考古发现与综合研究"（项目编号16ZDA146），以及湖北省文化和旅游厅的专项资金资助，使得整个研究以及本书的编写工作得以顺利开展与进行。

最后由衷感谢科学出版社雷英女士、董苗女士辛苦的编辑工作。两位的编辑、校对、协调等相关工作，使本书更为完善、也使出版更为顺利！

苏昕于香港大学梅堂

2024年10月2日